本书为国家社会科学基金面上项目"国有企业混合所有制激励模式与有效性研究"（19BGL115）最终成果之一

本书得到上海交通大学安泰经济与管理学院、上海交通大学国家战略研究院资助

混合所有制企业
协同式激励模式及应用

管理
MANAGEMENT

马喜芳 著

The Synergetic Incentive Model and Its Application in Mixed Ownership Enterprises

上海交通大学出版社
SHANGHAI JIAO TONG UNIVERSITY PRESS

内容提要

本书基于协同视角,通过多学科交叉融合,研究了混合所有制情境下多群体、多层次、多视角、多因素的共同作用,提出了以下多路径创新型激励模式:①"胜任力薪酬与企业效益协同"是横向协同的表现方式;②"层级奖惩与企业效益协同"是纵向协同的表现方式;③"组织情境与规则、非规则激励协同"是动态协同的平衡方式;④"包容型激励模式"是多元协同发展下的效益最大化设计;⑤"分类激励模式"是分离均衡思路下的精细化设计。本书提出的这些"接地气、入人心的管理智慧与激励模式"能有效缓解国企混合所有制激励面临的棘手难题,对长期存在的深层次问题与矛盾提供解决思路;得出的"协同型"与"包容型"激励模式能较好地构建激励新秩序规则,丰富激励的本土化应用情境,为企业提质增效找到新路径。

本书可供经管类企业管理、组织行为学与人力资源管理专业本硕博学生、相关研究人员及企业中高层管理人员参考阅读。

图书在版编目(CIP)数据

混合所有制企业协同式激励模式及应用 / 马喜芳著
. — 上海:上海交通大学出版社,2022.12
ISBN 978 - 7 - 313 - 28020 - 6

Ⅰ.①混… Ⅱ.①马… Ⅲ.①国有企业—混合所有制
—激励制度—研究—中国 Ⅳ.①F279.241

中国版本图书馆 CIP 数据核字(2022)第 224327 号

混合所有制企业协同式激励模式及应用
HUNHE SUOYOUZHI QIYE XIETONGSHI JILI MOSHI JI YINGYONG

著　者:马喜芳
出版发行:上海交通大学出版社　　　　　　地　址:上海市番禺路 951 号
邮政编码:200030　　　　　　　　　　　　电　话:021 - 64071208
印　刷:苏州市古得堡数码印刷有限公司　经　销:全国新华书店
开　本:710mm×1000mm　1/16　　　　　印　张:13.75
字　数:242 千字
版　次:2022 年 12 月第 1 版　　　　　　　印　次:2022 年 12 月第 1 次印刷
书　号:ISBN 978 - 7 - 313 - 28020 - 6
定　价:69.00 元

前　言

　　新时代创新驱动下的混合所有制企业激励模式探索,不仅对我国来说是个难题,在世界范围内也没有可资借鉴的先例。在当前原国有企业所有制里的所有权、人事权、经营权、评价权与分配权尚未完全理顺的背景下,消除以往单一所有制企业激励机制的不适应性而引发的发展制约,创新混合所有制企业激励模式,以释放经济活力,具有紧迫且重大的现实意义。

　　激励本身不是简单的技术或者口号,而是一种复杂的、受制于激励对象与应用情境的机制设计。由于涉及资源、权力和利益的重新配置,当前的混合所有制改革在纵深推进过程中面临着一系列深层次问题,包括改革同时受到多个目标影响、多种条件交缠制约、混改双方"混而不合"等,尤其经不起以下几个问题的追问:

　　(1)当前混合所有制改革有瞄准国有企业的"国企改革式"以及立足民营企业的"民企发展式"两个思路。伴随而来的是新体制老体制的冲突问题:混改后其激励模式是沿用原国有企业的岗位工资制,还是采用原民营企业的绩效工资制? 抑或是另起炉灶、另辟蹊径? 如果是后者,如何发挥好新旧体制间的衔接作用、规避不和谐的杂音?

　　(2)当前国有企业在层级激励模式上呈现较大差异性。比如,高层实行"限薪令"下的固定年薪制;中基层则依赖按部就班、相对机械的岗位工资制。由此带来的问题是:在资本与领导"混合"后,如何改进混合所有制企业激励手段单一、针对性不足的问题? 如何解决奖励随意性强、灵活有余而规范不足的问题? 如何构建层级联动、互为促进的协同式激励模式?

(3)混合所有制新公司成立后会面临新的应用情境。制度环境作为企业行为的重要外部因素,会对员工产生重要的引导、约束作用。如何根据原国企、民企的实际需求创新包容型激励模式,既考虑上市企业又覆盖广大非上市企业?既能让混改双方"吃下定心丸"又能激发其"草莽英雄气"?

针对上述难题,本书首次尝试复合型研究思路:国企—民企,高层—基层,运用跨学科理论与方法,分析国企与民企不同的组织结构、组织文化、激励运行特点等,挖掘混合所有制复杂且动态情境下的多主体、多层次、多视角、多因素的共同作用,探索适合中国情境的更为高效的协同式激励模式。

本书研究内容包括:

(1)内容一:混合所有制企业激励改革的经验与问题。运用案例研究方法,以国家电网、新疆国投、东菱振动与上海城投等为研究样本,挖掘了"国企改革式"与"民企发展式"混改过程中关于激励模式的改革经验与困惑。案例研究将为接下来的建模与实证分析奠定基础。

(2)内容二:胜任力薪酬与企业效益协同激励模式构建。由于信息不对称与逆向选择风险,传统的岗位薪酬模式无法有效地甄别员工能力。为消除这种缺陷,本书基于委托代理理论,构建了能主动区分不同胜任力的应用型激励模式,为实现个体效益与企业效益协同提供激励良方。

(3)内容三:层级奖惩与企业效益协同激励模式构建。国企与民企有着截然不同的层级激励特点。国企层级激励的特点在于其浓重的行政色彩下的高层"限薪令",以及相对保守、僵化的中基层激励;而民企层级激励带有个人主观色彩,柔性有余而规范不足。为此,本书运用系统视角下的博弈分析,从微观层面与宏观层面开展基于层级协同的激励模式设计。

(4)内容四:规则/非规则激励与组织情境协同激励模式构建。混改的关键就是要用好"国企的实力加民企的活力"。为探索混改情境对企业活力的影响机制,本书将组织结构、文化、领导柔性激励等作为改革系统中的情境变量,开展了与组织制度激励匹配的协同型实证研究,以期构建混合所有制企业的情境与制度激励协同的激励模式。

通过上述研究,本书得出,为消解"内耗",形成合力,混合所有制企业要开展基于能力、层级、情境的多路径、协同式激励模式,包括构建保护型激励机制,打消民企混改顾虑，助燃奋斗激情；设计约束机制与容错补偿机制，以激发"冒险创新"；建立能力、层级、情境协同式激励，以实现事半功倍；建立分类考核下的分类激励，以实现"提质增效"等。

总之，混合所有制企业激励模式的探索是复杂的。它不是去追寻一个放之四海而皆准的良方，从此一劳永逸；而是这么一个过程：不断地审视其复杂的系统要素、组织情境间的互动反应；基于多维度视角探索协同效应，运用多种研究方式构建路径；最后，挖掘能有效促进混合所有制"心往一处想、力往一处使"的协同式激励模式。这是一个漫长的过程，是一个理论与实践互相碰撞、互相启发的过程。

习近平总书记提出："要把论文写在祖国的大地上。"作为国家社科基金"国有企业混合所有制激励模式与有效性研究"（19BGL115）的最终成果之一，期待本书提出的"协同式"与"包容型"激励模式既有助于新秩序规则的构建，对长期存在的深层次矛盾提供解决思路；本书涵盖的数据、方法与结论能充实混合所有制企业绩效管理、薪酬激励、公司治理等学科知识；研究过程与成果能促进相关学术交流，为混合所有制激励变革提供理论指导与政策参考，给读者带来思考与启示。

由于作者才疏学浅，书中不足之处在所难免，希望能通过后续不断修订使之日臻完善。也希望读者对本书提出宝贵意见与建议，大家共同为丰富和完善混合所有制企业公司治理理论做贡献。

作者联系邮箱：jane_mxf@sjtu.edu.cn。

马喜芳

于上海交通大学董浩云楼中院

2022 年 9 月 18 日

目　录

第 1 章 混合所有制协同式激励模式的研究意义与内容[①]

当前,国企混合所有制激励机制改革取得阶段性成果,但依然存在着相当程度的激励失灵和激励不适问题:一些优势民企对参与混改有"观望"情绪、国企高管对分权心存顾虑、混改后核心员工积极性未被激发等。在此背景下,构建能同时促进原国有与民营资本效益的协同式激励模式具有紧迫性。它不但是铲除国有企业"大而不强""效能低下"的有效抓手,有助于破解国企"非完全市场经济地位"的尴尬局面;还是破解当前混合所有制改革"混而不合"难题的重要途径。

作为本书的开篇章节,本章分析与总结了国企混合所有制改革的阶段性成果与存在问题,探讨了协同式激励模式的研究意义、研究问题与研究对象。尤其是,针对拟开展研究的内容,系统地介绍了拟采用的研究方法、研究思路及其技术路线。比如运用混合均衡与分离均衡建模,探索适合当前国企混合所有制的胜任力薪酬激励模式;运用博弈建模,挖掘混合所有制不同层级的有效激励模式,构建国有资产流失防范型激励机制;运用实证方法,从微观与宏观视角研究混合所有制企业组织情境、规则与非规则激励产生协同的受制条件、影响边界与作用机制。

总之,本章作为开启本书的第 1 章,希冀能引导读者大致地了解我国目前的混合所有制改革的现状、痛点与难点,以及本书的研究内容与方法论。我们期

① 本章部分内容选自:马喜芳. 推进民企参与"混改"需解决激励缺位问题[N]. 企业观察报,2020 - 03 - 30(015). http://baozhi.cneo.com.cn/paper.asp? Aid=778&Fid=442;马喜芳. 国企混改须正视实践难题[N]. 企业观察报,2020 - 04 - 27(013). http://baozhi.cneo.com.cn/paper.asp? Aid=639&Fid =376;马喜芳. 我国国有企业亮剑"战疫",建功再塑新形象[N]. 中国金融信息中心,2020 - 03 - 08. https://mp.pdnews.cn/Pc/ArtInfoApi/article? id=12006416.文章后为《人民日报》、头条、新浪网等转载。

待,随着好奇心的打开,接下来可以渐次探索混合所有制多路径的协同式激励模式及其有效性。

1.1　国企混合所有制改革的阶段性成果、问题与挑战

1.1.1　国企混合所有制改革取得阶段性成果

国有企业为中国的经济发展起到了很大的贡献,甚至被赞誉为"撑起了国民经济脊梁"。2019 年 10 月,中国有 129 家企业上榜世界 500 强企业榜单;其中央企与地方国企占了绝大多数。在 2021 年第一季度,虽然不是所有的央企都在盈利,我国央企的总营业收入还是整体达到了 7.8 万亿元,涨幅超 30%,数据非常漂亮。

与此同时,为进一步提高我国国有企业的国际竞争力,真正做强做优做大国有企业,我国开始了国有企业混合所有制改革(以下或简称为国企混改或混改)。国企混改是指国有资本和民营资本交叉持股而组建的新型企业形式,具有产权结构复杂化、投资主体多样性特点(于樱雪,2017)。它有助于强化企业的市场主体地位与发展空间,从而为改进国有企业的治理结构、提升效率带来契机。

其实,早在 20 世纪 90 年代,我国政策就放开、允许国内民间资本和外资参与国有企业重组改革。2014 年《政府工作报告》明确提出:"加快发展混合所有制经济。"近年来,国企混改呈现步伐加快、领域拓宽、进入"提质增效"、动真格的新阶段。2018 年,国资委、发改委联合发文,要纵深推进,更大力度、更深层次推进混合所有制改革。2019—2022 年,在"国资委负责资本监管、平台公司负责资本运作、企业集团负责日常经营"的三层级框架下,已有一些地方国资委在分类改革、引入国资流动平台、股份制上市、员工持股、项目 PPP 等方面做了大量创新性探索,在混改范围、混改数量、整合力度方面取得了相当成绩。

1.1.2　国企混合所有制改革面临的问题与挑战

成绩的背后,我们还应该客观地、清醒地认识到国有资本与非国有资本、国有企业管理层与民营企业管理领导层合并后,混改节奏与步伐依然较慢,激励机制、激励方法与手段方面尚未取得本质进展。

1) 挑战一:一些优势民企对参与混改有"观望"情绪

当前的国企混改,是在"顶层设计"下自上而下推动的,而不是由下而上自我

萌发和启动的;是国企顺应形势更主动些,而民企面对"开放机遇"时顾虑更大一些。从整体看,"不敢混""不愿混"的现象普遍存在;从项目推进看,雷声大、雨点小甚至没有雨的情况也不乏其例;一些优势民企对于参与混合所有制改革充满"观望""迷茫"气氛。

对民企来说,民企高管主要顾虑是担心"投了钱也没有话语权""吃不到甜头还吃亏"。据调研,混合所有制改革虽然改变了国有独资的股权结构,但国有资本绝对控股、相对控股的"掌控力"功能、管理体制与模式、相对僵化的激励手段却一直没有得到明确提升。民企作为小股东话语权不突出、同股不同权等问题凸显;民企高管对混改后的企业经营决策能否发生根本性改变、对高管中长期激励如何落实缺乏信心。

2)挑战二:国企高管心存顾虑,权力"宝剑"难自弃

混改实施以来,一些国企高管担心民资注入后冲击自身主导地位而采取保守态度;更多的高管担心万一出错,自身薪酬待遇下降甚至乌纱帽不保。在这样的顾虑中,国企高管"宁可不做,不可出错"。很大一部分国企只动了二级、三级子公司,而母公司"流于形式",集团公司业务却并无实质性变化,国企高管双重身份也未改变。

这些疑虑导致,即使实施了混合所有制改革后,国企不肯放弃"权力"尚方宝剑。基于调研,我们发现,一些混合后的国企依然存在"所有者缺位"和"内部人控制"缺陷,因此对权力得失敏感。比如混合后依然沿用之前较为严格甚至刻板的流程、程序、规则等。比如,20万以上的项目必须走投标程序;项目没有国企大股东签字不能往前推进等,加上严苛复杂的人事引进、任免与财务签字权等,大权独揽切断了双方当初"联姻"时的美好初衷,使得双方经营陷入僵局。

3)挑战三:核心员工"各怀心事",积极性未被挖掘

国企的核心员工担心实施混改后,失去国有企业这座靠山,失去原来的工作稳定性。如调研中发现,一些企业在混改过程中,员工不论身份,全部取消原有行政级别重新竞聘录用。这些"一刀切"的粗猛动作可能会增加员工的不安全感,从而抵制混改举措。

而民企的员工则担心:混改后激励能否还像以前那么灵活;考核指标、评价结果能否客观;奖金能否与个人业绩、企业效益紧密捆绑;多劳是否真能多得;在选人用人、激励约束、企业参与、内部竞争等方面是否存在歧视等,均心存顾虑。

1.2 混合所有制协同式激励机制构建的紧迫性与重要性

1.2.1 是铲除"大而不强""效能低下"的有效抓手

毋庸回避,即使到目前,国有企业依然被指责为"大而不强""创新不足"、垄断、腐败等问题。国有企业由于长期计划经济的历史影响,在效能低下方面尤其饱受诟病。以2016年的数据为例,国有企业净资产收益率(ROE)为5.18%,其水平明显低于同期中国上市民营企业8.75%和世界500强企业8.19%。对于创新,有研究指出国有企业与其他所有制企业在研发效率差距明显:每1亿元的研发成本投入中,可收获的发明专利数民企是国企的2.44倍,外企是国企的1.47倍(宁高宁,2019)。

有学者提出,中国企业的"效能低下"也是中国经济近年来逼近"中等收入陷阱"的原因之一。著名经济学家Nicholas曾对全球各个国家企业的管理效能进行调查评估,给中国企业打出的总体得分是2.6,美国企业大于3.3,超过中国企业近30%。简单地测算,如果中国企业可以达到美国企业的管理水平,即便投资不加分毫,我国的GDP总量也能多出30%。这说明,如果国有企业通过混合所有制改革在管理效能方面有突破性进展的话,将为我国经济释放巨大的经济价值。

1.2.2 是破解当前混改"混而不合"难题的重要途径

国企混改难题的背后,是亟须优化的激励机制。

(1)国企权力傲慢的摒弃,有待于激励与约束力度的提升。传统的国企存在两个顽疾:一是固留着权力傲慢,二是科层体制机械僵化缺乏弹性激励,基本固定的年薪、有限的晋升机会难以激发起国企高管去从事"艰辛探索"的冒险精神。因此,必须加大混企的激励与约束力度,倒逼国企高管迈出步子、破旧立新,主动摒弃原来的保守、不作为甚至腐败陋习,从而释放国企活力。

(2)民企"狼性"活力的恢复,有待于激励保障底线的构建。民企是混改中不可或缺的一方,激励保障底线的构建能给民企吃"定心丸",消解"谁吃掉谁、谁掠夺谁、谁被谁同化"等思想顾虑。如保障基本的产权权益、权力配置、利益分配、退出机制等,以恢复民企的市场"狼性"活力,激发民企的"草莽英雄气"激情。

(3)非上市混企的突破,亟待创新型包容性激励机制的推广。当前,在诸多非上市企业跃跃欲试的新阶段,如能考虑推进一种能拓宽激励范畴、加大激励包容性的激励机制,必将如虎添翼。混改现实和形势正急切呼唤新的更具普适性的、操作容易、进退自如的激励机制出台和广泛推行。期待这种激励机制既具有包容性,又涵盖约束力;既能覆盖上市企业,又适合于众多的非上市企业;既能触动国企高管,又能吸引民营企业家,还能打动核心员工。

因此,新时代背景下,亟须运用多种研究方法,开展中国特色理论研究。包括厘清混合所有制"混而不合"的问题;构建更接地气的、明晰的激励模式,从而为"化难增效"、做强做优混合所有制企业提供理论指引与制度保障。

1.2.3　是化解"非完全市场经济地位"局面的现实需要

近年来,中国还因为国企而面临着"非完全市场经济地位"的尴尬局面。西方屡次借个案渲染国企弊端,拒绝承认所谓"市场竞争地位";对"中国制造"多次开展"反倾销调查",以此来打压我国国有企业的国际竞争力。这些事件不仅致使国企形象受损,如公信力、美誉度指数下降,更对我国国有企业进一步发展制造了压力。

正是意识到这些问题,国企混合所有制改革及其激励机制完善被寄予厚望。如果中国能够将大部分国有企业尤其是中央企业改造成混合所有制企业,即中国的国企不再是百分之百为国家所控,那么将来的西方国家遏制我国战略性经济的借口也就随之烟消云散了。由此可见,国企混合所有制改革及其激励模式探索有助于国企摆脱政府的不当控制,便捷各种投资主体的进入,从而从根本上扫除国企"非完全市场经济地位"障碍。

1.3　混合所有制协同式激励模式研究问题、思路与方法

1.3.1　研究问题:从水平到垂直,从情境到机制设计

混合所有制的本质是产权多元化。需要说明的是,本书涉及的混合所有制是狭义上的混合所有制——特指国有资本与民营资本互相混合,不包括国有资本与国有资本/集体资本、国有资本与外资的混合改革等其他组合模式。

本书涵盖的研究问题有:

(1)水平维度的员工激励模式设计。混改后,组织该如何识别员工的不同能力,并根据其能力设计不同的薪酬体系,从而使得不同能力的员工都能尽其所

能,奋发有为,员工实现最大化的同时组织也实现效益最大化,是一个值得研究的问题。

(2)垂直维度的层级激励模式设计。宏观层面看,国资委视角下有混合所有制母公司与子公司激励;微观层面看,总经理视角下有管理层激励与员工激励。本书的第二个研究问题是:如何做好层级协同式激励,以最大限度地同时激励母公司与子公司、管理层与员工,使得各个层级都奋发有为、互相促进,从而实现组织效益最大化。

(3)考虑外在情境的激励模式设计。国有资本与民营资本互相混合后,激励环境(如组织结构、组织文化)发生了较大变迁;如果把其看成是外生变量的话,它们会对混合所有制的内生变量(如规则激励、非规则激励等)产生调节效应。本书的第三个研究主题就是探索混合所有制外在情境与内在激励间的协同效用以及影响机制。

1.3.2　研究对象:参与混改的国企、民企及其员工

本书将从横向和纵向2个维度开展复合性研究(见图1-1),研究对象如下:

水平维度:民营资本阵营与国有资本阵营。

垂直维度:①**国资委:**混合所有制企业激励机制改革的顶层设计者;②**企业高层:**同时兼任混合所有制企业的委托者与代理人,他们既是激励者,也是被激励者;③**企业中基层:**是混合所有制企业的中坚力量,他们既是价值的创造者,也是被激励者。

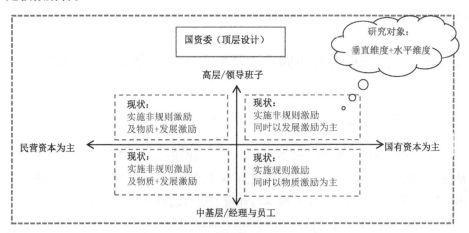

图1-1　协同式激励模式研究对象示意图

1.3.3　研究内容：横向协同、纵向协同与情境协同

1）内容一：识别混合所有制改革中激励模式的经验与问题

混合所有制改革会面临哪些痛点与难点，又有哪些经验？内容一将运用案例研究方法，以国家电网、上海城投、东菱振动与新疆国投等为研究样本，挖掘"国企改革式"与"民企发展式"混合所有制改革过程中的激励改革相关经验与困惑，从而将为接下来的理论建模与实证分析提供理论指引。

2）内容二：采用分离均衡式契约安排，建立能力协同激励体系

混合所有制改革的"混"不仅仅是资本的"混"，也是员工的"混"。针对混改后如何裁定员工工资的问题，内容二拟构建能主动识别员工能力的模型，运用分离均衡式契约安排，将激励力度与业绩增长、做大蛋糕的能力紧密挂钩，以实现激励模式能协同促进不同能力的员工尽其所能、积极参与混合所有制改革的目的。

3）内容三：通过博弈建模，探索微观与宏观层面层级协同激励模式

考虑到混合所有制企业会一定程度保留原国有企业的官僚组织结构，会不可避免地涉及层级管理，内容三将从微观（企业内部层面）与宏观（母子公司层面）视角出发，基于不同层级的特质、动机、互动反应，构建包括策略组合的均衡博弈模型；演绎分析混合所有制企业层级互动博弈过程及激励机制设计对策，从而为构建协同式层级激励模式提供思路。

（1）微观层面（混合所有制企业部门层面）。在该部分，研究将运用委托代理理论，针对不同层级设计一种能同时激励组织中高层部门总监/经理与基层员工的激励模式：激发混合所有制企业基层员工摒弃内在动机不强、创新意愿不足甚至怠工偷懒等陋习；同时，倒逼高层规范履职、积极作为，对基层展开认真监管，从而从根本上解决混合所有制企业不同层级的激励难题。

（2）宏观层面（混合所有制企业集团母子公司层面）。混合所有制企业层级激励博弈，不仅存在于组织高层与基层之间，还存在于企业集团母公司与子公司之间。在该部分，本书将运用双重委托代理理论，构建国资委视角下的国企集团母子公司互动博弈模型，演绎分析混合所有制母公司监管与子公司营私舞弊、转移资产的双重博弈过程。研究结果将为防范国企混合所有制资产流失、提升母公司对子公司监管有效性提供激励对策。

4）内容四：实证探索非规则激励与关键情境协同影响机制（微观）

混合所有制变革会带来组织结构、组织情境的巨大变迁。研究四的目的，就

是识别、预测混合所有制变革带来的结构与情境变迁对组织非规则激励带来的影响机制。该部分,研究将运用实证研究方法,基于"过犹不及"效应与领导替代效应为理论基础,以混合所有制企业员工为研究对象,探索混合所有制企业中变革型领导与员工创造力之间倒 U 型的关系;以及组织情境(即工作正式化与权力距离)对其相关关系的调节作用。研究将为提升混合所有制企业激励模式的有效性提供理论依据(见图1-2)。

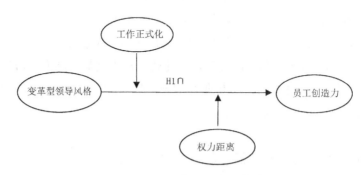

图1-2   实证研究一之理论模型

5)内容五:实证研究领导柔性激励与组织制度激励协同影响机制(中观)

国有企业参与混合所有制改革,不仅仅是资本的混合,更是领导风格的混合。在该部分,研究提出,与组织激励一样,领导的有效性也不是发生在真空中,而是与组织情境紧密相关(见图1-3)。组织激励和领导风格都属于不同的子系统,前者对个体行为具有牵引和控制效应,后者被嵌于这种特定的外界情境之中,是一种"外界压力"。只有当领导风格与作为管理制度的组织激励协同合作时,才能促进它们间的互相作用和互相平衡。混合所有制企业才能加倍迸发出干事激情与创新动力。运用来自260家混合所有制企业的员工及其主管的配对问卷调查,研究调研了领导风格与组织激励的协同效应与作用边界。

6)内容六:实证研究组织情境与激励模式协同影响机制(宏观)

以价值创造为导向的绩效工资制激励模式是民营企业创新发展的法宝。同时,成长中的民营企业面临着组织规范化、集权化与组织规模的快速变化。然而,鲜有文献研究民企的激励模式及其组织创新会否被其变化的组织结构改变。

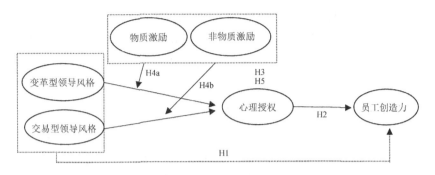

图 1 - 3　实证研究二之理论模型

借鉴战略决策理论与组织理论,内容四以参与了混合所有制改革的民营企业为研究对象,实证探索混合所有制民企的组织结构变迁对原民企奉行的绩效工资制的影响机制。研究对识别、预测参与混合所有制改革后,民企如何保持既有的激励模式优势提供了理论启示(见图 1 - 4)。

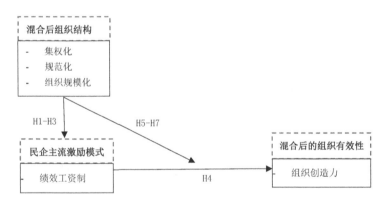

图 1 - 4　实证研究三之理论模型

1.3.4　协同式激励研究思路与研究方法

1) 研究思路:如何从"混而不合"到"混且合和"

基于协同论、委托代理理论、领导替代论与"过犹不及"等理论基础,本书将剖析混合所有制企业面临的激励问题、受阻原因、规则/非规则激励特点、潜在协同因素与动因等,从而从水平维度、垂直维度以及加入外生变量的情境下,探索混合所有制企业激励模式及其应有之效,开展创新型激励体系设计,挖掘激励模式对员工创新、组织创新与组织效益最大化的影响机制。

总之,本书将从多个维度探索适合中国情境的更为高效的激励模式与实现路径,从而为突破"混而不合"、实现"混且合和"及"1+1＞2"提供理论与政策依据。

2) 研究方法:案例研究、数学建模和实证研究相结合

本书注重定性与定量研究方法融合、理论研究与实务工作相结合。具体研究方法包括案例访谈、分离均衡建模、博弈模型构建、实证分析中的数据采集、SPSS 多元回归分析和 Bootstrapping 等研究方法。如:运用案例研究,探索混合所有制企业组织结构、文化、环境等对激励模式有效性的影响机制;运用分离均衡建模,探索适合混合所有制企业的胜任力薪酬激励模式;运用博弈建模,挖掘混合所有制企业不同层级的有效激励模式;构建系统视角下的国有资产流失防范型激励机制;运用大规模问卷调研的实证研究,研究混合所有制企业规则与非规则激励的受制条件、影响边界与影响结果。

1.3.5　协同式激励研究主要理论基础

1) 协同视角

混合所有制企业应该致力于追求整体大于局部之和的方法。由于激励构念本身存在多学科、多学派、多维度、多层次交互性等特质,因此非常适合运用协同视角予以研究。协同视角(synergetic perspective)是指具有特定功能的子系统之间可以弥补彼此的缺陷,从而为组织有效性提供更好支持,从而实现"1+1＞2"的一种思考角度。

本书提出,混合所有制企业的激励存在不同学科/学派、不同层次、不同维度上协同的可能性,包括空间、结构、层级等维度的激励综合匹配模式。因此可以考虑从系统与协同视角对其最优激励模式进行研究,整合与深化的多路径协同模型,从而为混合所有制激励创新提供新视角。

2) 委托代理理论

本书认为,国企集团母公司与下属子公司之间、混合所有制企业高管与员工之间存在一定的委托代理关系。委托代理(principal-agent)关系隐含有这样的前提:委托人与代理人之间存在着天然的信息不对称,因此,掌握更多的私人信息的代理人将直接影响不知情者即委托人的利益(Zardkoohi, Harrison & Josefy, 2015)。

因此,本书提出,混合所有制企业因为涉及相当复杂的层级监管、多重博弈,

在设计激励机制时,委托人国资委或者国企集团应当考虑不同层级的特质、动机和互动反应,设计一个最优激励与约束机制。即委托人要利用监督来限制代理人从事自利行为的能力,或利用激励来使得代理人与委托人的目标一致(马喜芳等,2014,2016,2017,2019),从而促使代理人(如国企子公司、企业员工)从自身利益出发选择对委托人最有利的行为,即代理人实现自身利益最大化的同时委托人也实现效益最大化。

3) 领导替代理论

领导替代理论(leadership substitutes theory)认为,组织中的一些情境如下属、任务、组织特征等,会使得正式领导者的功能、地位、影响力被取代或者抵消(Steven & Jemier,1978)。因此可以推断,"机智"的组织激励设计,不仅会考虑激励本身的有效性,更会考虑激励与组织情境交融下的促进或抵消作用,以实现事半功倍之效(马喜芳等,2015)。

本书提出,基于领导替代理论,混合所有制企业里的员工、组织因素(如任务本身、组织文化、工作环境等)会对传统的领导有效性产生影响。因此,探索混合所有制企业的非规则激励如领导风格与组织情境的交叉共存、相互促进或消减的影响机制,有助于揭开混合所有制改革外生变量带来的"领导替代""领导增强"的影响机制的黑箱。

4) 过犹不及理论

"过犹不及"理论认为,从管理学角度看,某种供给通常是有益的;但如果供给量过大则可能会适得其反(Pierce & Aguinis,2013)。比如,高权力距离是大部分国有企业的文化特色之一。考虑到混合所有制高层领导班子受权威意志或偏好影响大,权力距离作为特定情境会对混合所有制企业的激励有效性产生剧烈的影响。

本书提出,领导风格作为重要的、非规则激励,对员工创造力必然会产生影响。但是,如果其过大的权力距离是阻碍而不是激发了柔性激励对员工创新的有效性,那么该如何削弱而不是放纵这种权力傲慢? 运用过犹不及理论,研究将为混合所有制企业制定更为有效的激励模式、精准施策提供政策启示。

1.4　协同式激励模式研究技术路线和结构安排

1.4.1　协同式激励模式研究技术路线图

本书的研究技术路线图见图 1-5。

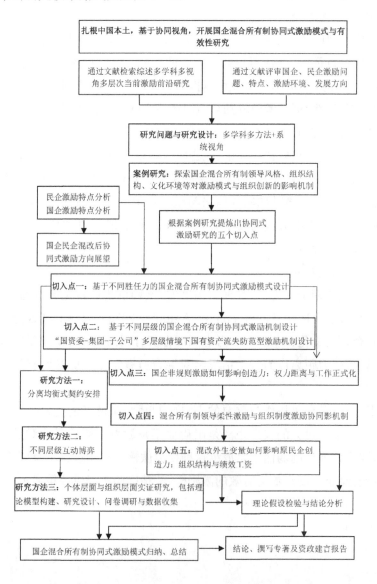

图 1-5　协同式激励模式研究技术路线图

1.4.2　协同式激励模式研究结构安排

本研究共分 10 章,具体结构安排如下。

第 1 章:混合所有制协同式激励模式的研究意义、研究内容。阐述混合所有制企业激励模式研究的背景、学术意义与社会意义,提出本研究的研究对象、主要研究内容、研究目标、拟运用的研究方法、研究技术路线与结构安排。

第 2 章:国企、民企、混合所有制企业激励模式文献评述。该部分是全书依托的理论知识,从 6 个方面开展阐述,包括前沿激励研究评述、管理学框架下的激励影响机制、国企激励模式与有效性、民企激励模式与有效性、混合所有制企业激励模式以及理论不足与前沿展望等相关评述。

第 3 章:国企、民企及混合所有制激励模式案例研究。该部分以国家电网、上海城投、东菱振动与新疆国投为例,挖掘混合所有制改革过程中激励模式的探索心得、经验与困惑,从而为接下去几个章节的理论建模、实证研究提供思路。

第 4 章:采用分离均衡式契约安排,构建混合所有制企业能力与绩效协同激励模式。基于委托代理理论,对不同胜任力的员工采用分离均衡式契约安排,构建能区分不同胜任力的应用型主动激励模型,通过诱使代理人主动选择对应的绩效产出和薪酬,从而优化更有效率的胜任力薪酬激励模式。

第 5 章:通过博弈建模,探索混合所有制企业不同层级的协同式激励模式。基于双重委托代理理论,以组织效益最大化为目标,构建静态纳什均衡模型及动态序贯博弈模型,演绎分析混合所有制企业情境下的高低层级群体互动博弈过程及其对策,从而为微观层面的协同式激励模式构建提供政策依据。

第 6 章:通过博弈建模,探索国企集团母子公司监督与国有资产流失防范激励模式。运用双重委托代理理论,构建了一个国资委视角下的国企集团母子公司互动博弈的静态纳什均衡模型及动态序贯博弈模型,演绎分析国有资产境外流失的双重博弈过程及防范风险的激励机制,从而为宏观层面的防范型激励模式构建提供政策依据。

第 7 章:运用实证方法,探索混合所有制企业外生变量对非规则激励(变革型领导风格)的影响机制。基于"过犹不及"效应及领导替代理论,该章将检验混合所有制企业中变革型领导与员工创造力之间的倒 U 型曲线关系,及工作情境(权力距离与工作正式化)的调节作用。研究拟为混合所有制企业柔性激励的影响边界与有效性提供政策依据。

第8章：运用实证方法，探索混合所有制情境下领导柔性激励与组织制度激励对员工创造力的协同影响机制。该章以来自260家混合所有制企业的员工及其主管的配对问卷调查为实证研究的一手数据，以交易型与变革型领导风格为非规则激励代表，研究混合所有制情境下规则激励（物质激励与非物质激励）与非规则激励的匹配性及其有效性。

第9章：运用实证方法，探索混合所有制组织结构变化对原民企激励模式与组织创新的影响机制。该章将以参与了混改的137家民营企业为研究对象，探索民营企业参与混改后其组织结构（组织规范化、集权化与组织规模）对绩效工资制与组织创新的影响机制。该章致力于构建混改背景下组织情境与激励模式协同路径。

第10章：研究结论总结、展望政策与未来研究建议。基于前面几章的研究结论，对混合所有制企业有效的激励模式开展梳理、总结与提炼。在此基础上，总结研究贡献、管理启示、未来研究展望及相关政策启示等。

【专栏】 为国企正名

突发公共危机下我国国有企业亮剑"战疫"，建功再塑新形象①

2020年春节期间，新冠肺炎疫情的暴发给国民经济和中国社会带来了巨大冲击，生产经营秩序被迫打乱，企业景气预期大幅下挫。在这样的背景下，我国国有企业在人民最期待、最需要的时刻挺身而出，勇担重任，勇担先锋，做好投资经营、提升企业效益的同时，坚持讲政治、讲大局，自觉担当国有企业的社会责任与政治责任。从第一时间请战捐赠钱物到火神山和雷神山建设，从保障能源通信交通稳定运行，到积极转型提供医疗防控物资供应，从率先复工复产到帮助中小企业复工复产……

在这场没有硝烟的战场中，国有企业以快速响应、多措并举、凝聚力量亮剑"战役"，赢得了比金子还可贵的社会口碑，良好的社会形象再次重塑。

---

① 本文主要内容选自：马喜芳. 我国国有企业亮剑"战疫"，建功再塑新形象[N]. 中国金融信息中心，2020-03-08. https://mp.pdnews.cn/Pc/ArtInfoApi/article? id=12006416.文章后为《人民日报》、今日头条、新浪网等转载。

(一) 也曾顽疾重重饱受诟病

国有企业为中国的经济发展起到了很大的贡献,甚至被赞誉为"撑起了国民经济脊梁"。但纵然如此,国有企业依然被指责为"大而不强""效率低下""创新不足"、垄断、腐败、补贴、高杠杆低利率等问题。

除了上述问题,近年来中国还因为国企面临着"非完全市场经济地位"的尴尬局面;西方屡次借个案渲染国企弊端,拒绝承认所谓"市场竞争地位","中国制造"多次遭受"反倾销调查"。这些事件对我国国有企业进一步发展制造了压力,不仅国企形象受损,亦使得其公信力、美誉度指数下降。

(二) 致力变革重塑社会形象

我国国有企业具有经济体量大、身份多重、活力不足等特点。面对巨大的压力,国有企业自我加压致力于变革推进,吹响再出发冲锋号,开始走一条自我否定、自我完善、自我发展的道路。虽然,争论旷日持久,政策进退反复,但是广大国企还是直面"硬骨头",励精图治、自我革新,一直在经营效益与社会责任之间寻找平衡。尤其是,最近几年一直在积极推动国企混合所有制改革,面对社会国企信息披露不够充分、社会监督制约不足、国有资产监管缺位等质疑,积极实施增资扩股、国有股转让、国有股转换成优先股以及员工持股计划,努力推进建立现代企业制度。国企自我革新破冰前行获得社会好评,增强了人们对于国企的预期与改革的信心。

(三) 突发公共危机下再次勇担重任

突发社会公共危机通常会对社会、组织产生强烈的冲击与严重的负面影响,具有发生快、影响力强、一定范围内不可控等特点。突发社会公共危机,既可以是天灾,也可以是人祸。近年来,伴随着经济社会转轨、工业化城镇化推进、自然生态环境恶化,我国步入了"风险社会",各种社会危机凸显,包括自然灾害危机、公共卫生危机、公共安全危机等。本次新型冠状病毒疫情,就是一起典型的社会重大公共危机。

突发社会公共危机的防御与应对,首要责任在于政府。但是,作为企业决不能由此而忽视和放弃对于公共危机的社会责任。作为企业社会责任的一部分,正确应对社会公共危机事件,加强公共危机管理,有利于提升企业社会形象。

面对来势汹汹的新冠肺炎疫情,国有企业再次用行动彰显了英雄本色,体现了责任担当与民生情怀,诠释了制度优势。在疫情大考面前,央企国企不计代价、不讲条件、勇挑重担,敢打硬仗!她,是"党和国家最可信赖的依靠力量"!

1. 捐款捐物彰显国企"民生情怀"

疫情当前,国有企业以义不容辞的担当之态,捐钱捐物挺身而出。其中中粮集团以 7.52 亿的捐赠独占鳌头。除中粮外,为国出力、倾情付出的还有捐赠 2.1 亿的招商局、1.4 亿的三峡集团、1.1 亿的中国移动与国家电网、1.0 亿的茅台集团……纷纷出资的还有中国工行、中国农行以及国家能源集团等。在物资捐赠方面,蒙牛贡献了价值 7.8 亿元的牛奶。

钱物有价,情义无价。除了企业捐赠,国企各级党组织和广大党员积极响应号召,踊跃缴纳特殊党费,在关键时刻汇集起了抗击疫情、共克时艰的强大力量。

2. 雷神山火神山"中国速度"彰显国企"中国效率"

2020 年 2 月 2 日与 2 月 8 日,武汉火神山医院与雷神山医院分别交付使用。从中国制造到中国建筑,中国速度震惊全球。火神山与雷神山背后,就是一大批可爱的中国国企,包括:中建一局~八局、中建装饰、中建科工、中建装饰、中建安装、中建西部建设、中建铁投、中建科技、中建财务等多个中建集团子公司,以及武汉建工、武汉市政、汉阳市政等省属国企。这些国企在党中央统一部署下充分发挥了主力军、国家队的作用,通力合作、火速驰援,以实际行动向全球诠释了国有企业努力下的"中国效率"。

3. "人民需要什么,我们提供什么"彰显国企柔性管理能力

与一般事件不同,突发公共危机事件要求组织在极短时间压力和高度不确定情况下做出应对。这种应对除了高度依赖于主管领导的敏锐性、决断力,更重要的是需要组织有高度的柔性管理体系,能够在短期内对当下突发事件做出合理对策。

疫情当前,国企再一次展现了她无与伦比的强大柔性管理能力。在党组织政治优势下,国有企业在全面保障水电煤交通网络的同时,快速切换、快速拉动、协同作战,紧急生产、采购、征收、征用、调拨和配送人民所需要的医用与生活急需物资。"人民需要什么,我们生产什么",这是一种多么强大的组织自信与管理自信!自信背后,是公共危机下国有企业长久自我革新练就的共识凝聚、组织变革、制度创新、体系重塑的潜能!

4. 第一时间复工复产诠释国企制度优势

经济社会是一个动态循环系统,不能长时间停摆。恢复生产生活秩序,关系到民生保障和社会稳定,关系到全年经济社会任务目标的实现。国有企业充分发挥好国企制度优势,包括党的领导优势、社会主义制度优势与改革开放创新优势,在特殊时期排除万难做好复工复产保民生的先行者。至 2020 年 3 月 6 日,96 家中央企业所属 2.3 万余户生产型子企业,复工复产率超 90%。从行业来看,石油石化、通讯、电网、交通运输等行业的开工率目前就已经超过了 95%,有的甚至已经达到 100%。

(四) 亮剑立功再塑新形象

疫情当前,国企再次让我们体会到了她的强大。她牢记初心使命、坚守工作岗位,全力支援疫情防控一线! 她在短时间内集结起一两万的精兵强将,有组织地从全国各地迅速、密集、大批地调派精良装备,捐赠物资,加入救援建设! 她甚至不需要国家的统一安排,就知道自己该做什么,自己的方向是什么! 国有企业在这次大战大考中充分发挥了大国重器的顶梁柱作用!

事实说明了,中国公有制主体地位不可动摇具有必然性! 在中国完全实现私有化是行不通的! 在国家发生突发公共社会危机之际,在武汉和国家最困难的时刻,正是那些勇于担当的国有企业,最先伸出援手,提供了最大力度的支持,充分说明了国有企业强大的动员力和执行力,保障了社会主义公有制的优越性。她用实际行动诠释了国企社会情怀,以过硬的本领技能诠释了"中国速度""国企效率",以高度的组织柔性诠释了国企如何在高度不确定性面前及时切换转型,实现了业务创新与流程创新。国企亮剑"战役",彰显了英雄本色,减少了社会震荡,增加了人民信心,再次塑造了光辉的社会形象!

第2章 国企、民企及混合所有制激励模式文献评述[①②]

复杂且动态的混合所有制组织环境,已不满足对激励的研究局限于传统的单一群体、单一层次、静态环境。基于协同视角,本章对激励开展了多学科多学派、多层次、多维度文献评述,总结了多视角下的组织激励的前因、过程与结果研究进展与理论局限。

在此基础上,本章分析了国有企业与民营企业差异较大的激励运行环境,包括组织结构、组织文化,以及国企、民企在不同环境下呈现的激励主要特点、表现形式与激励有效性。比如,国企的激励机制,既考虑其经济属性又顾及其社会属性,而民企激励约束机制遵循价值创造导向。本章提出,混合所有制激励相关研究应当从单一所有制、单一层次、静态环境下的研究局限中超越出来;考虑不同特质群体、不同组织层级、多种应用场景的共同作用及其协同效应。

本章进一步指出,民企在混合所有制参与过程中表现出的"不敢混""不愿混"以及"混而不合""混而不和"的现象背后,存在着激励不适与缺位问题。因此,混合所有制企业激励模式的构建,应当正视不同性质企业的组织环境、组织文化差异性。未来研究应多关注协同视角下的激励机制设计,形成多路径协同模型。本章旨在为接下去的协同式激励理论模型构建奠定基础。

---

① 本章部分内容选自:马喜芳,芮正云. 激励前沿评述与激励协同研究展望——多学科/学派、多层次、多维度视角[J].科学学与科学技术管理,2020,41(06):143-158;马喜芳,颜世富. 创业导向对组织创造力的作用机制研究——基于组织情境视角[J]. 研究与发展管理,2016,28(01):73-83.马喜芳. 推进民企参与"混改"需解决激励缺位问题[N]. 企业观察报,2020-03-30(015). http://baozhi.cneo.com.cn/paper.asp? Aid=778&Fid=442. 文章为今日头条、地方国资委官网等转载。

② Xifang Ma, Zhengyun Rui, and Genyuan Zhong. How large entrepreneurial-oriented companies breed innovation: the roles of interdepartmental collaboration and organizational culture[J]. Chinese Management Studies,2022,DOI 10.1108/CMS-06-2021-0247.

2.1 多学科、多学派、多层次、多维度激励研究综述

激励是个古老又历久弥新的话题。激励理论从一开始的心理学领域,逐步发展为组织行为学、管理心理学、综合类管理学和现代经济学的重要组成部分。现代学者普遍认为激励是经济管理工作者的重要职能之一,在心理学、管理学与经济学著作中占有重要的分量(马喜芳、芮正云,2020)。

随着激励理论的发展,激励的内涵、外延及其研究范畴也发生了很大的变化,取得了丰硕的成果。然而,激励理论依然面临着诸多新的挑战,其中最大的 2 个挑战是:理论丛林现象,以及激励理论滞后于实践需求(马喜芳、钟根元、颜世富,2018)。前者主要表现在理论基础不同、学科发展轨迹与方向不同、学派纷争与理论冲突等现象;后者则表现在理论难以指导实践(Tosi et al.,2000)。大部分激励理论都是由美国心理学家提出和创建,并在以美国产业工人为研究对象的若干研究中获得了验证,中国情境下的本土化激励研究不够深入。因此激励也被戏称为"理论的小众,实践的大众"。

在这样的理论发展困境中,对激励的文献评述与展望应当考虑新的研究视角(马喜芳等,2018)。事实上,激励作为一个开放的、复杂的系统,运用协同视角对激励内涵的多学科、多视角、多维度的特性的整合或许有助于问题的解决(马喜芳等,2018)。从研究层次看,激励理论具有从一开始的内容型激励、过程型激励等个体层面上升到以研究团队、组织甚至产业集群有效性的组织层面的多层次性特点。从多维度与多视角看,激励均具有层级性、互动性、多元性、开放性等特点,为寻求激励子系统协同奠定了基础;从机制设计看,由于激励体系的设计具有相当大的自由裁量权,其不同的组合与作用机制又会引致相同的组织绩效(Tosi et al.,2000),而协同视角本身有大系统下子系统之间互相匹配、互相促进的意思(马喜芳、颜世富、钟根元,2016),因此,是非常适合对此展开研究的。

基于上述思考,本章将基于协同视角,回顾多学科/学派、多层次激励理论的发展历程,提出多视角下的激励构念及其测量,对组织激励的前因与结果研究的研究局限性予以分析。最后,本章提出未来研究应多关注协同视角下的激励机制设计,形成多路径协同模型。

2.1.1　多学科/学派下的激励理论

1) 经济学框架下的激励理论

从经济学交易的观点看,激励为一系列推动和诱发个体和群体行为的内部外要素的集合(李垣等,1999),是组织内部行为主体之间相互提供诱因,通过交换以获取和实现自身目标的行为过程(Eder et al.,2008)。

经济学框架下的激励侧重交易与机制设计,包括产业群激励机制设计、企业最优激励契约、经理与员工团体与个体激励模式设计等(马喜芳、颜世富、钟根元,2016)。经济学视野下,激励理论通常基于自私、理性、效用最大化、信息与偏好等假设,运用信息经济理论、委托代理理论、团队生产理论和产业集群激励理论等,研究范围覆盖个人、团队、组织和产业。法国经济学家 Laffont(2013)在《激励理论——委托代理模型》里指出,经济学下的激励理论发展,经过 3 个主要的阶段:第一阶段为亚当·斯密提出的劳动分工与交易,其过程本身包含了激发动机,因此可以称为经济学框架性激励理论的鼻祖;第二阶段始于 20 世纪 30 年代的"经理人革命",因为该过程带来了一个新的命题:所有权与经营权分离的情境下如何最大化激励职业经理人;第三阶段为 70 年代后期,经济学激励理论开始蓬勃发展,博弈论、非对称信息市场理论与激励理论互相影响、互为促进,形成了现代经济学的信息经济学学派。此时的激励研究已从之前的基础性研究发展到对通过激励约束、激励相容等行为经济学实现对机制的设计,如有学者提出通过激励协同机制设计减少代理双方的博弈风险,从而达到员工和组织效益最大化(马喜芳、颜世富、钟根元,2016),从而为激励政策提供理论依据。

2) 管理学框架下的激励理论

管理学框架下的激励最初是在心理学的研究基础上形成的。从心理学视角讲,它主要侧重于揭开员工的需求、动机与期望,来研究如何通过满足员工的内外在需求以激发工作热情。从实现手段看,激励是组织设计出适当的外部奖酬形式,借由一定的行为规范措施和信息沟通的方式来激发和归化员工行为的手段和方法(马喜芳、钟根元、颜世富,2019)。

随着激励理论得以不断丰富和发展,管理学框架下的激励已从用于解释某个现象演变到对激励过程与结果影响机制的探索。从按照激励侧重和行为关系的不同,管理学框架下的激励偏重个体激励,具体又分为内容型、过程型、行为改造型、综合激励理论等。它经历了由单一物质刺激到多种激励要素完善、由激励因素泛化到激励条件更有针对性、由激励基础研究到激励过程探索的历史演变过程(马喜芳、芮正云,2020);研究层次已经从最初对个体(员工)激励的关注发展到对团队激励与组织激励的关注(马君等,2015)。从研究方法看,主要采用质性研究以及实证研究,前者以评述、扎根理论与案例研究为主;后者主要通过一手或二手数据探寻激励的影响过程与结果,代表性的研究有:内在激励、外在激励及其交互影响对员工创新的影响(Parker et al.,2017)、总经理薪酬水平与企业整体绩效关系(Makri et al.,2006)等。

3) 不同学派下的激励理论

关于激励及其主张,组织行为学下的不同学派间展开了长达百年的激烈争论,价值主张与研究结论存在很大的分歧(马喜芳等,2018)。以激励对员工创新与组织创新的作用机制为例,人本主义及认知学派对组织物质激励基本持否定观点,认为奖金可能削弱个体的创作热情,会对内在动机产生"挤出效应";而行为学派则坚持认为奖惩是形成条件反射所必需的刺激物,因此外在激励是能促进个体与组织创新的。

总之,现代激励理论以多种学科理论为基础,从一开始的以期望理论、强化理论等心理学为理论基础,在管理学与经济学框架下形成了几乎完全不同的发展轨迹:前者的理论基础有人本主义、认知理论以及行为理论,后者的包括委托代理理论等。可以说,当前经济学、管理学框架下的理论发展很难实现相互渗透、趋于融合。

上述不同学科/学派的主张观点与理论挑战详见表 2-1。

表 2-1　多学科/学派主要激励观点与主张

不同学科/学派	代表性理论基础	主张观点	理论挑战
经济学	委托代理理论、团队生产理论、信息经济理论、产业集群理论	坚信人的本性是理性的、自利的,是追求产出最大化的,因此激励必须与绩效紧密挂钩,对代理人需要严密监控,主张胡萝卜+大棒;主张用股权激励机制、最优激励契约等解决激励实践难题	经济学和管理学框架下的激励理论,采用了相对独立的走向与研究方式;学科的分立与交叉,使得解决问题的视野和深度受到一定限制
管理学(含组织行为学、管理心理学)	公平理论、成就需要理论、双因素理论	认为影响激励效果的因素是多元的、复杂的,激励与组织有效性之间的相关关系是不确定的;主张采用"金降落伞""发展激励"等复合型激励体系;重在探索影响机制,以找到有效激励方法与激励政策	

（续表）

不同学科/ 学派	代表性 理论基础	主张观点	理论挑战
人本主义	人文关怀	主张关心员工、满足员工各种需要，促进员工的心理健康和自我实现	
认知学派	复杂人	主张充分考虑到人的内在因素，如兴趣、价值和需要等	不同的理论主张，让实践者感到理论的彷徨与实践的困境
行为学派	刺激—反应	认为人的神经系统对客观刺激会形成机械反应，如习得性勤奋，因此奖惩是有效的	

2.1.2　多层次视角下的激励理论

在流派林立、盘根错节的理论丛林现象背后，激励理论形成了基于个体、团队、组织以及产业集群层面的多层次发展历程。

1）个体层面激励理论

个体层面激励理论主要包括内容型激励、过程型激励、行为改造型激励和综合激励理论等。

内容型激励理论比较经典的有：马斯洛需求层次理论（hierarchy of needs theory）、麦克莱兰的成就需要理论（achievement needs theory）和赫茨伯格的双因素理论（two-factor theory）。马斯洛需求层次理论强调人的需求不是平等的，由低到高分为生理需要、安全需要、社交归属与爱的需要、自尊与尊重需要、自我实现需要以及自我超越需要（self-transcendence needs）。成就需要理论强调人受制于成就、权力和友爱3种基本需要。双因素理论则提出了著名的激励因素和保健因素或维持因素。

过程型激励理论包括弗罗姆的期望理论（expectancy theory）、亚当斯的公平理论（equity theory）及波特与劳勒激励模式（Porter & Lawler's incentive model）。期望理论认为"员工激励动力＝预期价值×期望概率"。公平理论也称社会比较理论，认为激励效果取决于对参照物的报酬与自己投入比的主观比较。波特与劳勒激励理论则认为，激励与其绩效不是简单的因果关系，而是互为影响。该激励模型过程相对全面,超越了期望理论,其观点被更多地接受和应用。

个人层次激励理论还包括行为改造型理论(behavior transforming incentive theory)。其代表性学派有操作主义理论或新行为主义理论(new behaviorism theory)、归因理论(attribution theory)、挫折理论(frustration theory)等。操作主义理论核心思想是将外部环境的刺激作为强化要素,又包括正强化与负强化。归因理论综合了成败归因的内外部 2 个维度,以及稳定与不稳定 2 个要素,得出了 4 种归因。归因理论为预测、理解和激励员工行为提供了理论依据。

挫折理论相对宽泛且复杂,它涵盖挫折情绪产生的原因及结果。前者的理论有 Frued 的本能论、Lewin 的心理系统理论、Sullivan 的社会文化理论等;后者包括 Dollard 的挫折—攻击理论、Barke 的挫折—倒退理论以及 Waterhous 的挫折—效应理论。

2) 团队与组织层面理论

较之个人层面,团队与组织层面的激励理论比较薄弱。从方法论上看,它可以分成两大类:基于组织行为学的实证研究和基于不对称信息与委托代理理论、博弈论的数学建模研究。前者通过理论及实证研究说明影响激励效果的因素是多元化的、复杂的,激励与组织有效性之间的相关关系是不确定的(马喜芳、钟根元、颜世富,2018;Kidder et al.,2003);而后者依然坚信人的本性是理性的、自利的,是追求产出最大化的,因此激励应当也是必须与绩效紧密挂钩(Larkin et al.,2012)。

团队生产理论(Alchian et al.,1972)认为,由于团队管理过程的复杂性,员工的努力程度和能力水平并不能完全被委托人监控和察觉,存在着道德风险和逆向选择风险。因此,委托人应当通过团队激励机制解决团队生产中的偷懒问题。如有研究通过建模得出,在适当的条件下,最优工资合同是团队产出的线性函数(Mcafee et al.,1991)。另外,由于现代组织经营权和所有权分离,委托人与代理人之间存在着经营目标不同、信息不对称等问题,包括道德风险问题和逆向选择风险,所以委托人需要借助委托—代理理论或契约理论,设计一个最优激励与约束机制。它诱使代理人从自身利益最大化出发选择最有利于委托人的方案,从而使代理人的行为向委托人预期的方向发展(马喜芳、颜世富、钟根元,2016)。

3) 产业层面理论

产业集群理论被认为是一种具有很强的激励作用的、充满前景的产业组织形式(郑小勇,2019)。产业集群在削减交易成本、提升企业间互助合作和促进运行效率方面具有优势(Egeraat,2011)。具体而言,产业集群推动的激励作用又包括:①减少信息搜寻成本,招引和获取有效资源;②通过企业间竞争、示范和模仿,带动技术变革路径和企业创新等(赵庚科等,2009)。

上述文献梳理得出,从学科角度分,经济学对激励的研究主要关注团队与组织层面,而心理学、管理学(如组织行为学)则更聚焦于个体与团队层面;同时,组织层面激励理论相对薄弱。各激励理论的学科、层次及其代表性激励理论详见表 2-2。

表 2-2 多层次经典激励理论

层次	学科基础	代表性经典激励理论	代表理论的作用
个体层面	心理学	内容型:需求层次理论、公平理论、成就需要理论、双因素理论	内容型激励理论为组织如何激励不同岗位,不同需求的员工提供了理论依据
		过程型:期望理论、公平理论、波特与劳勒激励模式	过程性激励理论目的在于挖掘对行为起决定作用的关键因素,厘清其相互关系,以预测和控制人的行为
		改造型:操作主义理论或新行为主义理论、归因理论、挫折理论等	挫折理论为管理者设计和优化激励机制、降低或消除挫折带来的负面效果提供理论指导
团队与群体层面	管理学/经济学	委托代理理论、团队生产理论	利用监督来限制代理人从事自利行为的能力,或利用激励使得代理人与委托人的目标一致
组织或产业层次	经济学/管理学	产业集群理论	推进激励专业化和企业间劳动分工;促进人与人之间可信度,建立和推动声誉激励机制等;减少搜索成本等
		管理学相关理论	相对薄弱

2.1.3　多维度视角下的激励构念与测量

1) 多维度视角下的激励构念

激励是一个典型的、有着复杂结构的多维度构念,分类标准众多,学术界对其关注重点和研究时间有别。因此整体而言,其分类相对分散,缺乏系统性研究。通过国内外文献梳理,基于多视角将激励概视为一个有着 5 个不同维度的构念,它们分别按照激励内容、激励动力来源、激励主体来源、激励作用方向和社会评价模式等划分(马喜芳、芮正云,2020),详见表 2-3。不难发现,多维观视角下的激励构念会存在一定程度的相互关联、交叉甚至重叠。如激励内容中的物质激励与激励动力中的外在激励、精神激励与内在激励等,存在交叠。

表 2-3　多维度视角下的激励构念

构念视角	维度细分	主要内涵	学者代表
激励内容	物质激励	组织在薪酬、福利、奖金、奖品等方面实施奖惩措施	Bushardt et al.,2011;
	非物质激励	组织在荣誉、职位、认可等精神和情感上实施的奖惩措施	徐鹏等,2016
激励作用方向	正激励	组织对员工的某种恰当的行为予以认可和奖赏,促使该行为得以维持、巩固和强化	Podsakoff et al.,1984;
	负激励	组织对员工的某种不恰当行为予以否定、批评、惩罚,致使该行为减弱、消退和负强化	杜宁等,2018
社会评价模式	过程导向激励	基于成员工作过程中的行为表现,组织实施的奖惩措施,即绩效=行为	Van Knippenber et al.,2013
	结果导向激励	基于成员的工作结果,组织实施的奖惩措施,即绩效=结果	Okada,2008

（续表）

构念视角	维度细分	主要内涵	学者代表
激励动力来源	内在激励	取决于个体与任务本身所包含的激励源，即自己设定目标或工作本身带来的激励，如工作成就感等，较之外在激励更稳定	Ryan et al.，2000；Ryan & Deci，1989
	外在激励	能够通过货币补偿而不是工作本身等得到间接的满足，如薪酬福利、晋升等，较之内在激励，外在激励难以持久	Ryan et al.，2000；Ryan & Deci，1989
激励主体来源	组织激励	由组织所控制的、非主管领导掌控范畴的、分配给组织员工的各种报酬体系认可和各种激励物的总和	Farh et al.，1987；Kerr et al.，1987
	主管激励	主管在自己的职权范围内做出、根据下属的行为表现实施的奖惩措施	Hershcovis et al.，2009；胡瑞仲，2007；张润君等，2004

2）多视角下的组织激励定义与解读

由于组织激励相关研究比较薄弱，接下来将重点予以阐述。

组织激励的概念相对复杂，在英文中有 organizational motivation / incentives/ excitation/ rewards 等提法，中文一般统一译成组织激励。组织激励的定义因研究视角不同而有较大的差别。

从激励目的看，组织激励可以被视为一种典型且正式的组织用以控制个体行为、引导组织战略目标的工具（Malik et al.，2015）。从激励体系看，组织激励被定义为组织和个体的一种交易关系：它明确了组织对个体预期的贡献、个体应当体现的价值观、应当遵守的组织规范，以及对个体渴求从组织中得到报酬的一种回应（Kerr et al.，1987）。从组织激励的内容看，组织激励是由组织所控制的、分配给组织员工的各种报酬体系认可和各种激励物的总和（Bushardt et al.，2011）。从研究的范畴看，狭义上的组织激励通常被认为是战略人力资源管理的构成内容之一，它具有改变员工行为、保留和激励拥有高胜任力员工从而实现赢取组织竞争优势的功能（Becker et al.，1996）。而广义的组织激励被认为是组织战略和组织绩效的连接物（Gomez-Mejia et al.，1990）。研究者认为，简单的基于岗位的薪酬激励系统，在目前的商业环境下已经不再有竞争力，组织激励体系应当也是必须与组织战略挂钩,以取得更高的组织层面的绩效(Gomez-Mejia et al.,1990)。由于组织一旦建立起组织战略目标,它一定会制定正式的策略、方针、制度、文件等管理手段来确保战略落地(Kerr et al.,1987),因此组织必须借助组织激励并与组织战略方向保持一致。

从内容组成看,与组织激励相近的概念是组织报酬(organizational rewards)。有学者曾对组织报酬做过定义和分类,他们将组织报酬分成两大类,分别为系统性激励(system rewards)和个体化激励(individual rewards)。前者是因为把员工看成是组织成员之一,所以给予一些无差别的报酬,包括年休假、各种非主管领导可以控制的福利,还有养老金、社会福利津贴等,所有这些类似于中国劳动法规定的四险一金以及公司特有的福利;后者是指根据个人绩效表现而给予的报酬、嘉奖、升迁等(Kim et al.,2016)。

从员工感知看,与组织激励相近的学术概念是组织支持(organizational support)。组织支持是组织对员工的承诺,其概念自提出广受关注。其核心理念强调只有当组织关心员工、重视员工,对症下药对员工予以奖励、奖赏和认可,才是让员工心甘情愿地留守组织并为组织效劳的重要原因,从而实现组织战略目标(Kim et al.,2016)。与之相对的是,组织支持感是对组织支持的一种感知,即员工对受到组织关心的感觉。通常情况下,先有组织对于员工的支持,然后才会有员工对组织的承诺。因此,组织支持与组织激励的侧重点有一定的区别。

上述激励解读详见表 2-4。

表 2-4　组织激励解读

解读视角	激励近似物	与激励区别
研究范畴	狭义:人力资源范畴	人力资源管理激励偏外在激励;组织激励内涵更丰富
	广义:组织战略范畴	组织激励被视为组织为实现战略目标的策略和指挥棒,因此它更多的是一种组织干预机制,是一种能被组织控制的制度,是战略与落地政策的链接物(Bushardt et al.,2011)
内容组成	组织报酬	相比组织激励,组织报酬的范畴似乎更小,大部分文献将之集中于外在报酬,即组织报酬是狭义范畴的组织激励

（续表）

解读视角	激励近似物	与激励区别
员工感知	组织支持	组织支持是一种基于社会交换的内部评估,强调组织对员工的承诺及其对员工影响(Kim et al.,2016);激励则以实现组织战略为目的,关注与强调组织激励策略及其对组织、团队和个体的有效性

3) 多维度视角的激励测量

由于激励本身是一个宽泛的构念,因此,随着激励对象、激励内容的不同,激励测量呈现较大的差异性。

首先,不同的激励对象会导致不同的激励内容测量。常见的激励对象有一般雇员、研发人员与管理者,有学者根据激励对象分类提出了不同的激励因素,详见表 2-5。

表 2-5　组织激励测量:激励对象视角

激励对象	激励因素	代表学者
一般雇员	领导特征、制度环境、职业发展、薪酬福利、同事关系等 5 因子激励	杨东进等,2016
知识型员工	业务成就、工作环境、薪酬福利和个人成长	陈井安等,2005
管理人员	诱人的公司发展前景、个人成长机会、良好的工作环境以及全面薪酬策略	Zingheim et al.,2001
	高管宜实施"金降落伞"而不是完全基于绩效的薪酬体系	Kidder et al.,2003

其次,狭义的组织激励测量可以从人力资源管理政策与实践得到启示。由于组织激励的执行与贯彻很大部分是通过企业 HRM 理论与实践中来实施,因此,毫不奇怪,一些成熟的人力资源管理政策和实践方面都包含了组织激励内容。比如高参与工作系统概念量表就含有组织激励范畴(Macky et al.,2008),包括内部晋升、基于绩效的晋升,技能薪酬、基于团队的薪酬、员工股票期权、员工培训等。Pare 等(2007)开发的量表也包括部分组织激励内容,主要有公平薪酬等。Valérie 等(2002)研究的高参与工作系统中补偿实践包括了部分组织激

励内容:集体绩效为基础的薪酬、股权以及附加福利。有国内学者将人力资源管理实践分成保健型人力资源体系和激励型人力资源体系,前者为雇员提供基本的工作和生活保障,如员工薪酬、员工福利、工作保障等;后者主要关心员工的成长和发展,如员工培训、员工职业生涯的发展与规划等方面(刘善仕等,2012)。

上述激励测量内容详见表 2 - 6。

表 2 - 6　组织激励测量内容:人力资源管理视角

来源	测量内容
Pil et al.，2010	基于绩效的薪酬体系,全面的培训体系
Guthrie，2001	内部晋升、绩效为基础的晋升、技能薪酬、团队为基础的薪酬、员工股票期权、员工参与决策、信息共享、培训
George et al.，2006	决策权、培训和诱因奖励
Pare et al.，2007	认可实践、授权实践、公平奖励实践
Wood et al.，2008	工作丰富性;动机支持;浮动薪水;全面培训
刘善仕等,2012	员工薪酬和福利、工作保障;员工成长性、员工培训和职业生涯发展

再次,组织激励可以从期望理论中雇员期待雇主提供的激励内容得到启示。如在心理契约研究方面享有盛名的 Rousseau 在 2000 年修订完善了提出的雇主责任量表,他将雇员对雇主的期望即雇主应当承担的责任分成 4 个维度,分别为关系型、交易型、平衡型和过渡型。Sels 等(2004)将雇员对雇主的激励期望划分成了 6 个维度,包括确切性、范围、稳定性、时间框架等,这些期望可以被视为一种广义的组织激励,代表性题项有:"(组织)把我当人看待,而不是代号"。

最后,组织激励还可以从创造力领域里找到相关量表。由于创造力在最近几十年备受关注,研究激励内容、范畴等方面内容将极大地丰富激励与创造力之间的关系。比较典型的有 Markus(2012)发表在 AMJ 的量表,主要针对部门或团队层次。另外还有 Jia 等(2014)基于社会结构视角,从员工与组织关系方面出发,论述了影响创造力的员工和雇员关系范畴的激励量表,其代表性题项有"组织重视员工对公司整体政策的反馈"。

综合上述 4 种激励测量层次与内容侧重,本书将组织激励代表性范畴与题项予以概括(见表 2 - 7)。

表 2-7　组织激励测量样例

层次	范畴	出处	样例题项
组织	基于承诺的 HR 实践(激励)	Collins et al., 2006	员工的奖励和激励计划是基于组织激励制定的
组织	高承诺组织系统(激励奖励)	李燕萍等, 2015	员工的奖励基于组织的利润
组织	高绩效工作系统(薪酬和奖励)	田立法等, 2015	员工的平均工资水平(含奖励)高于我们的竞争对手
组织	心理契约	Sels et al., 2004	雇主对公司的绩效评估标准作出专门描述
组织	心理契约	Rousseau, 2000	组织提供稳定的工作;组织会一如既往忠诚地支持员工及其家庭
团队	创造力	Markus, 2012	组织对激励员工创造力有着完善的奖励体系
团队/组织	创造力	Jia et al., 2014	组织重视员工对公司整体政策的反馈

2.1.4　组织情境视角下的激励影响机制

组织激励与组织文化之间有着一种互相促进或互相制约的交互关系。一方面,激励机制也影响企业文化;另一方面,企业文化也可以组织对激励模式的偏好与激励机制的构建。

研究显示,固定薪酬和福利是对过去业绩的认可,会鼓励员工追求短期目标,导致重复、不爱冒险(Galbraith et al., 1991);刺激性激励,会鼓励员工的冒险、创新、合作、使命、灵活(Bartol et al., 2002)。组织中的非物质激励,与员工的自尊和成长(邱敏等, 2015)、分内工作(in-role)、职位外绩效(extra-role)(Malik et al., 2015)、员工敬业度(邱敏等, 2015)等呈显著相关性。同时,激励的内容、激励策略等对团队工作态度、行为与工作结果的影响(马君等, 2015;马喜芳、芮正云, 2020)。不同的团队领导、团队目标、团队风格可能会导致不同的激励策略与激励内容(马喜芳、芮正云, 2020)。

早期不少学者从跨文化比较的角度对来自组织激励的偏好和结构进行了研究,认为组织对于激励的结构优先性分配不是普通意义的公平概念(Bakhshi et al.，2009)，很大程度上受组织文化影响，即不同文化会引导不同的组织激励制度(Mueller et al.，2013)。比如对比美国、加拿大、芬兰和中国香港，各个国家和地区的员工对组织激励的偏好有很大不同(Chiang et al.，2012)，正因如此，在北美实施效果良好的组织激励体系，移植到欧洲和亚洲却不一定有效。Ronen(1986)通过跟踪和比较对来自加拿大、德、英、法、日等雇员的工作目标，得出法国企业的激励内容比较关注培训、技能和挑战，而德国企业更强调个体进步、对个体的认同和培训等(Ronen，1986)。同时，有研究通过对比美国和中国企业样本后发现，美国样本偏重成就类激励，如个体的自我实现、工作成就感；而中国样本偏重物质类激励，如工资和奖金(Ma et al.，2018)。

2.1.5　多学科、多层次、多维度激励研究评述

在当前新时代背景下，激励理论正在迎接新一轮的挑战，通过推动理论创新去引领和指导激励实践。

1) 从多学科视角看，不同学科的激励研究轨迹出现分化

有学者通过元分析发现，组织激励机制的设计，很大程度上受到了方法论的限制(Merchant et al.，2003)。经济学管理学框架下的激励研究，其理论假设与研究方法几乎沿着完全不同的轨迹开展，难以看到融合的趋势。管理学框架下的激励以复杂人为假设基础，致力于激励的前因、结果与过程变量研究，以揭开激励社会化"黑箱"。经济学框架下的激励以经济人为理论假设，致力于制度为导向的激励机制设计。学科的分化与方法的分离，限制了激励问题解决的深度和视野，致使社会情境下的柔性激励与制度下的刚性激励难以有效融合。

2) 从多层次视角看，团队与组织层面激励研究相对薄弱

相比较团队与组织层面，现有激励研究个体层面比较成熟，这与激励最早起源于心理学有关。然而激励不仅是个体现象，更会以团队和组织集体感知方式作用于团队和组织层面。相比在个体层次的考察，组织与团队层次较高，对组织管理有更为直接的启示意义。组织层面激励研究薄弱，除了理论基础不同(如综合运用组织理论、战略理论、产业集群理论、协同论等)，更重要的，是因为组织层面的研究背景(如中国特定情境)与数据收集(组织层面数据聚合)难度较高。

3) 从多维度视角看，激励构念宽泛导致激励有效性差异大

激励是一个开放的、复杂的系统，具有层级性、互动性、多元性、协同性等特点。研究视角不同会导致其作用机制也有很大的争议。比如，高权力距离中国文化情境下，不同主体来源视角下的激励存在着制度激励和来自领导风格层面

的软性激励,两者对个体、团队与组织层面的激励效果是有很大区别的。考虑到现实中的激励是一个复合体,因此,单个维度的激励研究难以对实践起到较好的启示作用。

4) 从协同视角看,激励协同方面研究相对不足

从协同的视角看,组织一直在寻求能够使其总系统大于各子系统总和的方法。激励的多维度构念特质,非常适合运用协同视角予以研究。从文献评述可知,当前的激励协同在同质性与异质性激励要素协同方面比较成熟,如"企业集群"效应激励协同、品牌/战略协同等同质要素的激励协同;以及内在与外在激励协同、"价值链"激励协同、"知识联盟"激励协同等异质要素的激励协同。相对来说,激励在空间、结构、层级等维度上的协同类型和协同效果等方面研究不足,从而在一定程度上限制了激励理论创新。

根据上述未来激励研究展望,文章构建了多路径整合与协同模型,详见图 2-1。

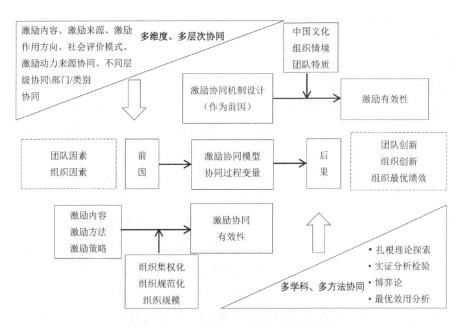

图 2-1　多层次激励的前因与作用机制

2.2　国有企业激励组织环境、激励模式及有效性评述

2.2.1　国有企业组织结构、组织文化与运营特点

1) 组织正式化

官僚科层制是国有企业较为显著的组织特征,并且盛行多年,经久不衰。官僚科层制的典型特征包括正式化、等级制、稳定性等。其中,组织正式化被定义为"系列被书面化的规章、流程以及操作指南的程度""清晰的规则、政策和流程"(Khandawalla,1974;Pugh et al.,1968)。

正式化为国有企业提供了战略稳定性。如激励正式化就包含着组织战略方向(Segars et al.,1998)和明确目标(Organ et al.,1981)的信息。但同时,正式化也使得国企运营冗长且低效。在国有企业里,大量决策、信息由上而下予以传递,请示、汇报自下而上向特定负责人呈报;同时,国有企业通常会配备详细的工作说明和复杂的规章制度、流程、说明,以及大量的纸上作业,如记录、表格、工作报告等。主管通常详细记录各种工作资料,并且严密监督下属行为是否符合国有企业的规章制度,并按时向上级报告。

2) 组织集权化

较之民营企业的集权化水平参差不齐,国有企业的集权程度更高、更趋一致。集权化是指组织中决策权的集中程度。集权化程度较高的组织会沿袭工业化时代的做法,几乎所有重大决策都由高层管理者独立裁定,中基层很少有机会介入。

受计划经济影响,大部分国有企业具有管理层次多、管理幅度大的特点,形成了"大而全"的现实局面。为提升决策效率,对市场作出迅速反应,集权化就成了一个较为理想的管理模式。一方面,它们将公司的融资决策权、投资决策权、资产处置权、资本运营权等集中到母公司或公司总部。另一方面,它们将决策与控制高度集中在高层,上级对下级严密监控,信息传递条线单一,通过垂直体制层层下达;组织缺少一定弹性,横向之间缺少沟通交流。

3) 组织规模化

规模化是指事物的规模大小达到一定的标准。组织规模通常以组织拥有的员工数量、销售收入或者其生产产出等指标来衡量。有研究指出,当组织的规模较大时,一般会致使管理幅度与组织层次增加,从而降低信息沟通效率。另外,

有研究认为,"规模化"且"集权化"情境下,组织有效性可能会降低。

由于国有企业有强烈地追求"做大做强"的战略,包括宏大的生产规模、广泛的经营范围、强大的销售额、深远的影响力,因此,不可避免的,国有企业在恢弘战略目标的驱使下,会将"做强做大"的战略体系融入国企日常生产经营活动中,从而使得战略转化为流程与规章,如在扩大生产规模、经营范围、招聘更多员工的同时,国企会变革组织架构,重新定义部门职责,部署员工的岗位职责。

4）高集体主义文化

集体主义文化是一种反映个体对他人与集体关心程度的文化倾向。它以紧密的社会结构为特征,其中的成员喜欢区分"内团体"和"外团体",他/她希望"内团体"能够照顾他们,作为交换他们对"内团体"是绝对忠诚(Hofstede,1991)的。与低集体主义倾向的员工相比,高集体主义倾向的员工更重视人际互动关系,把其他员工视为集体的一分子,并把集体利益置于个人利益之上。

受儒家文化影响,中国素来被描述为一个高集体主义国家。作为我国经济发展的压舱石、顶梁柱,国有企业在历经创业、守业、改革、转型等考验过程中,尤其坚持以集体主义精神为指引,把国家利益与社会利益摆在首位。

当然,随着全球化的发展,西方多元文化的入侵,国有企业传统的集体主义价值观受到一定冲击。尤其在当前混合所有制改革纵深推进过程中,国企面临任务更重、难度更高、"诱惑"更多的现实挑战。因此,如何继续宣贯、引导集体主义文化、培育并保持集体至上、组织利益至上的价值理念和默契,对国企发展意义重大。

上述观点整理参见表2-8。

表2-8　国有企业组织结构特点

组织结构	国有企业运营特点
组织正式化	(1)决策、指令由上而下传递,请示、汇报自下而上呈报
	(2)配备详细的工作说明和复杂的规章制度、流程、说明
	(3)大量的纸上作业
	(4)主管详细记录各种工作资料
组织集权化	(1)官僚科层制,顶层权威
	(2)高度集权,信息传递条线单一
	(3)由上至下的垂直化决策体制,而非扁平化体制

组织结构	国有企业运营特点
组织规模化	（1）追求"做大做强"的战略 （2）追求宏大的生产规模、广泛的经营范围 （3）为满足规模化生产需要，变革其组织架构部门配置，招募更多的员工
高集体主义文化	（1）以集体主义精神为指引、把国家利益、企业利益摆在首位 （2）注重人际联系 （3）有共同的价值理念、准则或默契 （4）共同奋斗、共享劳动成果

2.2.2　国有企业激励模式表现形式与价值导向

国有企业制度激励整体呈现两种表现形式：对高管，其价值导向是威权激励，表现形式是"限薪"；对中层及基层员工，其价值导向是价值折中激励，表现形式是"刚性"。

1）对高管的激励：威权管理下的限薪激励

高管通常是指担任重要职务、负责公司经营管理、掌握公司重要信息的人员，包括总经理、副总经理、财务负责人、上市公司董事会秘书和公司章程规定等管理人员等。

中美文化对高管激励的价值观差异很大。在西方文化与价值观念里，CEO及其高管团队是美国公司文化的明星，他/她们对公司的兴衰承担全部责任，在组织里的作用无与伦比。西方坚信，组织能够取得成就主要依靠领导人的特质、能力、战略决策，而不是团队的努力。正因如此，美国公司会为CEO们支付所谓天价年薪。根据美国彭博咨询公司（Bloomberg）的统计分析，从绝对值来讲，2018年美国上市公司CEO们的平均年薪高达1 425万美金，是普通员工的265倍。并且，西方的这种薪酬差距在近三十年还在呈现扩大趋势。

与美国文化相对的，中国文化对国企高管的激励是矛盾并且保守的。尽管中国文化早就意识到领导的重要性，所谓"兵熊熊一个，将熊熊一窝"；然而，中国价值取向崇尚"中庸之道"，强调集体主义文化，因此在激励方面，更倾向于强调团队的努力。比如，国资委在前几年提出了国有企业高管薪酬"不得高于在岗职工平均工资的7～8倍"的"限薪令"。以中国四大行的工行董事长年限为例。

2013 年,工行在任董事长姜建清的年薪是摩根大通银行董事长戴蒙年薪的 1.6%;2018 年,姜建清的年薪为 67 万元人民币,为戴蒙的 0.3%。与之相对的是,2018 年末,摩根大通的资产规模仅为工行的 64.93%,全年利润是工行的 75.02%。

上述说明,国企限薪以及相对有限的晋升机会,是中国中庸文化、集体主义文化下的产物,虽然一定程度上兼顾了社会公平,符合"共同富裕"的时代要求;然而从市场效率视角讲,国资委的这种"一揽子"主观裁定的威权激励未与市场充分接轨,缺乏非公有制企业所倡导的价值导向激励,也是国企传统的权力傲慢的体现。有学者指出,国有企业这种不敢"踩红线""限薪"等激励模式一定程度上难以激发高管去做出冒险(周铭山、张倩倩,2016);同时对国有企业职业经理人队伍的招聘选拔、培养任用、绩效管理、薪酬激励等制度构建形成了掣肘。

2) 对中基层(经理与员工)激励:刚性+价值折中

国有企业对中基层的激励特点之一是刚性激励,即薪酬分配遵循严格的薪酬等级制,形式上较为制度化、机械化,缺乏柔性。在薪酬组成方面,以制度化的岗位工资制或者胜任力薪酬为主;在薪酬结构方面,较大比例为固定工资部分,另加形式大于实质、占比 20%~30% 的绩效工资部分。甚至,调研中有企业表示,很多时候绩效考核只是形式主义逢场作戏而已,绩效工资没有动真格。

国有企业对中基层的激励特点之二是薪酬分配未与价值创造充分挂钩(綦好东、郭骏超、朱炜,2017)。在"不患寡而患不均"的中庸文化影响下,国企中基层激励存在着岗位职责不明晰、系统薪酬水平失衡等问题,讲究平衡、折中,"大锅饭"、平均主义矛盾突出。比如,个人薪酬不与绩效紧密挂钩,对业绩优秀的不敢给予大力度的奖励,一些混饭吃的也能搭乘便车,从而导致中基层内在动机不强,组织创新推动受阻。

2.2.3　国有企业激励有效性与组织创新

有学者认为,激励不但会直接影响组织创新,还能通过中介变量或调节变量,如组织文化、组织结构等,对激励设计产生偏好影响,从而对组织创新产生传递机制。比如 Cummings(1965)认为传统的激励制度会压制创造性的氛围。考虑到国有企业的文化与官僚科层制组织结构具有过度保守、强调保密、程序化运营的特点,我们提出,国有企业会催生传统的激励模式,从而对组织创新形成一定掣肘,理由如下。

首先,现有国有企业会强调集体主义。在高度重视人际和谐、强调组织目标高于一切的高集体主义文化倾向下,激励模式的设计会考虑组织公平而忽视对个体动力的激发,考虑"同工同酬"而忽略背后的价值创造差异。由于组织创新是一项风险性很高的长期活动(Bryan & Lemus,2017),因此,过度强调集体主义,难以激发员工冒险创新。

其次,现有国有企业强调中庸与平衡。国有企业被视为提供公共服务、执行政府政策、调控宏观经济的工具,因此,一定程度上会造成自身功能弱化(宣晓伟,2013;陈清泰,2017);因此,多重组织目标下,会致使国有企业激励模式与机制落后于市场经济改革的步伐,从而使得组织创新受阻(綦好东、郭骏超、朱炜,2017)。

再次,国有企业的组织模式强调一定的集权化与规范化建设,这可能驱使组织选择保守、刚性的激励机制,从而很难鼓励员工开展积极的建言、意见的冲突,而创造力常常可以从意见分歧中产生。比如,保密是被认可并且得到鼓励支持的,但是新思想的产生通常需要组织内多层次、多领域、多渠道的输入、整合与优化。

最后,国有企业追求的战略平稳、集权化等控制系统促进了国企发展过程中高度的稳定性、可计算性和程序化;然而,创造力经常出现在动态的环境中,并且处于不断变化的状态。因此,上述运营特征难以催生创新型的激励模式,也难以促进创造性组织氛围。上述观点整理详见表2-9。

表 2-9 国有企业主要激励模式与组织创新

公司性质	主要激励模式	与组织创新关系
国有企业	(1)高集体主义下设计的激励模式会考虑组织公平而忽视对个体激发、价值创造	(1)不注重个体激发、价值创造差异的积累模式,难以激发员工冒险创新
	(2)多重组织目标下,催生传统的激励模式	(2)落后于市场经济改革的步伐的激励模式,会对冒险创新活动造成掣肘
	(3)过度保守、强调保密、程序化运营特点,会使组织选择保守、刚性的激励模式	(3)传统激励模式难以形成意见分歧、促成动态的组织环境,组织创新受阻
	(4)稳定性、可计算性和程序化,难以催生创新型的激励模式	(4)难以形成多层次、多领域、多渠道的输入、整合与优化,遏制创新

2.3　民营企业激励组织环境、激励模式及其有效性评述

2.3.1　民营企业战略导向、组织结构与运营特点

民营企业是我国实现创新驱动发展战略的主力军之一（齐平、宿柔嘉，2018）。有学者以 2007—2013 年间我国沪深 A 股上市公司为研究样本得出，相较于国有企业，民营企业在要素价值创造效率方面要明显胜出（周铭山、张倩倩，2016）。民营企业在战略导向、组织结构与管理运营方面，展现出以下特色。

1）高度重视创业战略

全球商业环境的竞争性、不确定性（Lapouchnian ＆ Deng，2014；Shafer et al.，2001）给企业带来了难以预见的变化，对企业成熟的确定性战略、路径依赖形成了新的挑战。在这样动荡的商业环境中，唯有冒险创新、先发制人、百折不挠、勇往直前，才有可能掌握市场主动权，成就自己的市场地位。

上述提到的创新性、先动性和风险承担性正是创业导向的内涵。创业导向（Entrepreneurial orientation）作为企业战略行动之一，被描述为导致新的市场进入过程、实践和决策活动（Lumpkin ＆ Dess，1996）。它具有从事和支持新想法、新事物、新实验和创造性过程的倾向，能直接促成新产品、新服务、新技术工艺以及技术创新解决方案（Letai，2009）。

民营企业在成立之初，就在市场的摸爬滚打中领悟了求生存谋发展、创新创业的重要性与紧迫性。他们不愿被现有市场的竞争格局所限制，喜好冒险和探索未知的领域。民营企业深深懂得，不管处于什么阶段，都要保持企业初创时期所具有的创新性、先动性和风险承担性等创业精神；他们身体力行，对市场、对客户怀有敬畏之心，是身先士卒、懂技术、善业务的实干家。正是因为民营企业具有强烈的忧患意识与创新动机，喜欢超前行动，因此成为推动我国经济发展不可或缺的力量。

2）非正式组织模式：扁平化、无边界、半自组织或敏捷组织模式

很多中小民营企业在创立之初都经历过这样的阶段：创始人以自我为中心来判断与他人的亲近程度，社会关系像水波一样从中心往外面扩散。在这样的组织里，西方社会的"契约""合同"被"人情交换"所代替，领导者人格化特征明显，他们被要求具有"威权""德行"和"慈爱"，像管理家族一样管理着企业。

随着民营企业的壮大发展，其组织结构也在发生自我演变和进化。民营企

业偏好扁平化、网络化、虚拟化、边界模糊化、弹性化的组织架构,鼓励部门间开放、联动。尤其是在后疫情时代,民营企业开始努力挣脱西方理论的桎梏,试图构建新的商业模式及组织结构如"半自主组织":基层得到高层的部分授权,员工承担一些管理者的功能;基于不同目标作出贡献,相互依赖的工作流程,参与式的集中管理;甚至,管理者的角色也在逐渐淡化,每一个员工都在尝试成为自主的 CEO。

3)高度重视柔性管理(如人力资源柔性)

柔性管理,本质上说是一种对"稳定和变化"进行管理的新策略。以人力资源柔性为例,作为一种"以促进组织有效为目的的、为适应外部环境或公司内部变化或多样化需求的力资源管理能力"(Milliman, Von Glinow & Nathan, 1991, p. 325),可以极大地促进组织通过协调个人技能、知识和能力,有效地应对环境中的变化和不确定性(Milliman et al., 1991)。

民营企业素来拥有"船小好掉头"的巨大灵活性。它们从市场上摔打成长起来,具有很强的草根精神与发展韧性,对市场风险高度敏感,能够面对瞬息万变的环境及时进行战略、运营、组织架构与人力资源配备方面的调整。尤其在当前的后疫情时代,民营企业会通过提供灵活性、多样化的管理功能、技能与行为,及时有效地应对外在环境的动荡与冲击,降低成本、提高劳动生产效率,并进一步提升组织韧性。

上述观点整理详见表 2-10。

表 2-10　民营企业组织结构特点

公司性质	战略、组织结构与运营特点	与组织创新关系
民营企业	(1)创业导向:创新性、先动性和风险承担性	(1)积极响应客户需求,推动组织创新
	(2)组织结构扁平化、网络化、边界模糊化、弹性化或敏捷组织模式	(2)基层得到高层部分授权、人人都是 CEO,推动创新
	(3)重视柔性管理,对市场风险高度敏感,及时进行战略、运营等调整	(3)提升了组织韧性

2.3.2　民营企业高管代表性激励模式

由于高管对组织的计划、组织、协调等具有直接的职能领导,是民企绩效背后的根本指导力量,因此,能否对民企高管予以科学的激励设计将较大程度地影响民企成败。

对于高管激励机制,国内外学者运用委托代理理论、最优契约理论等对高管薪酬激励机制进行了研究,并形成了高管薪酬与企业业绩最优契约,基于管理层权力理论的高管薪酬等。从表现形式看,民企高管的薪酬通常由基本年薪、绩效年薪与中长期激励等构成。后者包括:任期激励、一次性红利、奖金延期支付计划、股票期权、限制性股票计划等。

上述这些丰富的激励形式背后,隐藏着这样的规则:由于民企业主与和民企高管间存在信息不对称问题,一旦双方的利益目标未统一,那么高管为追求个人利益,可能做出有损股东利益的决策。比如,当民企制定只有当企业短期经营业绩得到提升时高管才能获取薪酬、福利等短期回报,高管作为代理人,会出于利己角度,会规避风险、减少技术创新投入,从而损伤了企业长远稳定发展。正因如此,为鼓励管理层积极承担风险并开展技术创新研发活动,民营企业会通过多种激励形式,设计高管的激励约束机制,以引导高管朝着组织期望的轨迹做出正确的决策。

2.3.3 民营企业中基层代表性激励模式

1) 灵活的绩效工资制

在激励模式方面,民营企业也呈现了与国有企业较为显著的差异性。简单来说,民营企业激励具有以价值创造为导向、低底薪高奖励高度弹性化、充沛的晋升机会等特点。为降低成本,避免风险,民营企业固定工资比例相对小,推崇绩效工资制,弹性大(孟凡杰,2016)。横向看,由于实行以价值创造为导向,因此同样或相似岗位,在民营企业中薪酬差距可能会较大。

2) 充沛的晋升激励

同时,民企因为没有编制限制,晋升激励相对不受限,因此比国有企业拥有更好的激励条件。Kale 等(2009)研究发现,作为一种重要的激励方式,晋升机制会对组织有效性产生重要影响。由于一个组织的总薪酬预算是受限的,或者说在某个时间段是受限的,此时晋升作为一种有益的激励补充,发挥了极大的价值。尤其是,民营经营通常面临较高的市场风险与冲击;一些市场人员、管理人员的业绩噪声较大,此时,相对于薪酬激励而言,晋升激励可以带来更低的组织成本,以及更好的激励效果。

3）高度弹性的非规则激励激励

不可忽视的是,我国的民企企业家大都草根出身,是在不甚规范的市场体制里摸爬滚打,从夹缝中顽强成长起来的,普遍存在"经营大于管理"的认知现状。就激励而言,规范化差,随意性较大。

有研究认为,当组织处于混乱、动荡、危机等外部环境时,或者组织内部工作任务难度本身超越了员工的能力时,交易型领导风格尤其有效(Ma & Jiang,2018)。因为交易型领导对职责内任务的详细阐明,政策的制定及绩效标准的评估等,可帮助组织或团队走出混乱(Máximo,2012)。由于中国目前的市场充满不确定性,加上大部分民营企业的规范性水平还在努力构建中,因此,其非规则激励对引导民企的整体业绩是有促进作用的。

表 2 - 11　当前民营企业激励与组织创新

公司性质	主要激励模式	与组织创新的关系
民营 企业	(1)高管激励:基本年薪、绩效年薪与 　　中长期激励,如:任期激励、股票期 　　权等 (2)中基层激励:崇尚价值创造导向, 　　灵活的绩效工资、充沛的晋升激励 (3)高度弹性的非规则激励	(1)引导高管朝着组织期望的轨迹做 　　出正确的决策 (2)较大程度地促进了组织创新 (3)激励规范化有待提升

2.4　国企混合所有制激励改革相关评述及未来展望

当前,在推进国有企业混合所有制改革轰轰烈烈的浪潮中,民企面对"开放机遇"一方面摩拳擦掌、跃跃欲试,另一方面也顾虑重重、踟蹰不前。在"不敢混""不愿混"现象的背后,民企存在着以下激励缺位问题。

2.4.1　国有企业改革动力不足背后的激励痛点

毋庸讳言,当前国企改革一系列久困未解的直接原因就是改革动力不足,激励机制还存在痛点。要解决这些问题,离不开对人性的剖析,离不开对国企管理者与基层员工的换位思考,离不开对激励缺位问题的正视。

痛点一:高层薪酬遭遇"天花板"＋晋升机会有限。当前国企高层的激励内容、激励方式未能与市场充分接轨,薪酬水平一定程度背离市场规律。因此,其封顶的年薪(如"限薪令")、激励内容单一(有限的"乌纱帽")等一定程度阻碍了高层的冒险精神与创新意愿。

痛点二:员工薪酬面临"刚性"过大＋分配上力求平衡。对中基层员工而言,当下的国企激励模式严格遵循科层体制而不是基于企业和员工的实际贡献和市场收益,相对机械与保守,缺乏管理柔性;表现形式主要以制度化的岗位工资制为主,另加权重较小的绩效考核工资。这就导致业绩优秀的难以得到及时的大力奖励,一些员工不出力也搭乘便车,因此"大锅饭"、平均主义等问题在一定范围内还是存在。

2.4.2　民营企业"不敢混"的背后是激励缺位

民营企业家面对合作机会存有精神包袱。一直以来,相比国企,民企在市场机会、稀缺资源占有、投资领域进入门槛、资金要素使用、行政审批等方面备受歧视,心理上有落差。与国企合作,一些民营企业家对"谁吃掉谁、谁掠夺谁、谁被谁同化"等存有顾虑,担心"投了钱也没有话语权""吃不到甜头还吃亏"。

民企与国企在核心价值观本身存在一定冲突。对民企来说,市场是第一位的,利润是首要目标;因此民企比较推崇"狼性"文化、"草莽英雄气"精神以及高度灵活、速战速决的运营体制;对国企来说,组织发展的同时必须兼顾企业社会责任,和谐、稳定、规范化操作是必须的。民企与国企在观念、体制、文化等方面存在差异,导致民企在混改机会面前不敢迈开步伐。

"一股独大"令民营企业家望而生畏。很多民营企业家由于白手起家,习惯了家长式"威权"管理,有较强的控股偏好。然而另一方面,国企常被诟病"所有者缺位"和"内部人控制"的缺陷,对权力得失敏感。当前的混合所有制改革固然改变了国有独资的股权结构,但国有绝对控股、国有相对控股功能和管理模式依然存在。混改后多数国企依然手握权力"宝剑",大权独揽,"运营国有化",沿用之前较为严格甚至刻板的流程、规则,国有管理体制并无实质性变化。比如,项目没有国企大股东同意不能往前推进;人事、财务签字依然严苛复杂……如此"一股独大",让民企觉得"反正不是自己的企业",参与混改的意愿严重挫伤。

"同股不同权"让民企内心受伤。民企曾被讽刺为"野蛮人"。在一些国企眼里,"同股"不代表同样的决策权与分配权。一般而言,国企的优势在于资源、资本;民企的优势在于市场和技术创新。然而混改后,即使在民企最擅长的市场领域,如原材料采购、代理商筛选、产品定价、分销等方面,也遭遇国企的"干涉",民企话语权、参与权和决策权有限。如此,没有"同权利",难有"同甘苦",更难有"共发展"。

激励细则不明让民企很"迷茫"。国家虽然提出了大力发展混合所有制经济的方针和政策,但民营企业家普遍关心的赚钱了如何分红、亏本了如何清算、资产评估谁说了算、民营资本进入退出机制是否灵活等具有操作性的激励细则还没有出台。趋利避害是人之本性。这些问题不解决,民营企业家内心的"迷茫"就不会消除,民企与国企之间的"内斗"也难以避免。长此以往,双方信任渐消,民企积极性势必受限,民企优势难以发挥。

2.4.3　国企混合所有制激励机制构建相关评述

当前,单一所有制企业的激励模式相关研究相对比较成熟,为国有企业混合所有制激励变革提供了一定理论基础,不过还存在如下不足:

1) 单一所有制与混合所有制研究内容关系

混合所有制企业虽然为多种股权混合、多种领导风格交融,它本身具有单一所有制的内在属性。因此,之前关于单一所有制下的激励有效性的相关研究成果,是混合所有制激励研究的基石,可以为混改研究提供启示。比如,国有企业经理人薪酬与组织绩效方面的相关性一直是研究热点;还有,关于国企改革途径,放权授权依然是目前国企改革的难点与重点(刘兴国,2020)。因此,接下来如何针对国企混合所有制的高管开展激励,对其中基层设计放权分权方法和模式,以取得对原国企民企均有利的效益,将继续成为研究重心。

2) 混合所有制企业改革研究方法论问题

在针对混合所有制激励模式方面,在研究方法上主要偏定性研究,多以规范性研究为主,内容集中于对其问题的挖掘与对宏观对策的探讨;而实证研究也多聚焦于国企改革对党建工作、企业负担、企业绩效等方面的影响(孙秀妍、张凌宇,2016),整体呈现"数量不少、质量不高"的现象(臧跃茹、刘泉红、曾铮,2016)。当然,随着混合所有制改革的不断深化,学者们对混合所有制的讨论也从宏观的所有制结构转向微观的企业层面,股权结构、公司治理和激励机制设计等问题成为目前研究的重点和难点。

3) 国企混合所有制改革的价值主张与有效激励难题

如何衡量国企混合所有制的绩效,从而为设计合理的激励模式奠定基础,目前来看依然是个难题。可以推断的是,国企的价值主张与绩效导向,在未来较长一段时间内,依然会保持经济效益与社会效益并存,竞争性与公益性同行。只有认识到这样复合性的价值主张的前提下,才能直面激励难题,才能更客观地认识到:国企混合所有制的激励,应当与民企单纯的价值创造导向激励有所差异。因此,要认识到:当前国企的激励政策与工具,不能是一种纯市场导向,它应当是一种折中、一种中庸、一种平衡、一种艺术。

4)国企混合所有制功能定位与分类激励问题

从战略定位的角度看,当前学者普遍认同国企具有经济功能与社会功能。有学者建议,在当前把国有企业按照自身属性、发展定位与核心功能分成商业类与公益类的改革思路下,应进一步引导其按照不同方向发展,继续深化进行分类实施、分类激励(马喜芳,2021)。当前改革思路虽然明晰,但还缺乏与之配套的激励机制。比如,有诸多研究认为国企混合所有制建立有效的职业经理人激励机制是个方向,然而当前研究还需要根据混合所有制企业的不同类别,建立有针对性的激励机制。

5)混合所有制激励政策精细化问题及覆盖普及性问题

当前,混合所有制激励改革成绩自不待言,然而,无论是在理论凝练层面,还是在实务操作层面,整体上粗犷有余而精细不足。比如同一部门甚至同一岗位员工能力迥异,如何针对这些员工开展精细化制度激励尚待挖掘。另外,一些文献将混合所有制改革等同于股权多元化改革,把混合所有制改革作过度简单化处理。事实上混合所有制改革涉及不同性质的持股方的多元持股,涉及深层次的同股同权等问题推进;更重要的是,当前的股权激励方案只涉及上市企业,面对广大的非上市企业,面对数量众多的、想参与混改的中小型民营企业,其激励机制构建与探索其路漫漫。

6)激励组织环境与混合所有制激励应用情境问题

以往文献已识别,组织结构、组织文化等会对激励模式的选择与偏好产生重要影响。然而,这种研究还停留在普遍意义的研究,而未应用到混合所有制场景。事实上,正如学者们识别到,混合所有制企业的核心问题包括的混合所有制高层领导班子受权威意志或偏好影响大(綦好东、郭骏超、朱炜,2017)、中低层激励遵循着科层体制的制度化刚性激励模式等问题,这些莫不受到其组织环境的影响。比如,组织正式化作为一把双刃剑,可能会确保混合所有制企业规范运行、减少战略不确定性的同时,"制造""繁文缛节",增加不信任感(马喜芳等,2018),限制领导效用,降低工作效率(Tata & Prasad,2004)。这些理论假设都有待于在界定应用场景后予以实证研究。

7）不同特质的"领导混合"与激励有效性问题

从混合所有制"人财物"混合过程看，来自国企与民企的不同风格、不同特质的"领导混合"是混合所有制组织得以有效运行需要考虑的关键要素之一。从领导替代论角度讲，完善的管理制度会影响甚至替代领导（领导激励或柔性激励）效用的发挥。然而另一方面，高权力距离下，国企领导除了掌握财政大权外，还把握着员工的"生杀大权"。这种"大权在握"，会使得员工对威权屈服、顺从，而这就与创新所必需的自由、民主、冒险、质疑等要素相左，从而一定程度上削弱了员工创新。因此，混改后的组织情境、领导风格的交融，及其对混合所有制企业创新的影响机制，也是亟须研究的问题。

2.4.4　混合所有制企业激励模式研究展望

基于前面的激励改革相关评述，未来混合所有制激励研究方向如下：

1）借鉴其他学科和量化分析方法，推动激励理论的创新

现代激励以多种学科为理论基础，相互交叉互相渗透。因此，混合所有制下的激励创新需要从多学科中汲取养料，从传统的针对单一学科/学派、单一群体、单一层次等研究局限中超越出来，考虑混合所有制情境下多群体、多层次、多视角、多因素的共同作用；综合运用实证分析、博弈论、最优效用分析等方法论证激励热点问题，更精确地解释、预测激励与有效性间的关系，以对激励影响机制进行深层次剖析。

2）加强团队与组织层次的相关研究

当下的激励研究更多地聚焦于个体与团队层面，而没有上升到组织层面。而事实上，通过文献评述得知，组织结构、组织文化等环境因素，不仅会直接影响混合所有制企业激励模式选择，更会从多个层级对组织中的个体、团队与组织的有效性产生交互影响。因此，未来研究可以采用组织或团队层次研究，揭示激励的扩散路径和影响边界条件，从而不断丰富混合所有制企业的激励路径和影响机制。

3）通过案例研究探索激励协同内涵和反应机制

考虑到激励构念具有多维度、交互性等特点，有必要对激励协同予以新的研究视角。从协同视角看，具有独特功能的激励子系统之间存在互相促进、弥补彼此缺陷的可能，从而起到事半功倍之效。在当前该方面研究主题较少、理论机理还不是很清晰的情境下，运用案例研究开展理论分析，通过观察零散的数据间的交互反应过程，可以为构建"为何协同""如何协同"等理论创造提供依据。

4）增加中国文化的考量

在当前我国经济社会转型的大背景下,混合所有制企业所处的环境将比以往任何时候更具动态性和复杂性。研究本土文化特定情境下的激励有效性,是一个有较强现实意义的激励研究方向。例如中国作为一个高权力距离国家,权力距离会加重组织领导激励的博弈分量。同时,中国又是一个深受儒家思想影响的高集体主义国家,集体主义文化也应当会对增加混合所有制企业员工对于组织制度化激励的服从性。通过增加中国文化的考量,形成中国特色激励理论体系,引领混合所有制企业创新发展。

5）进一步加强协同式激励机制设计

由于激励体系设计具有相当大的自由裁量权,因此,开展协同式激励机制设计为推进混合所有制激励理论创新与实践应用提供了新视野。比如:如何提高增量激励而不是简单地提升薪酬水平;如何实施剩余分配权等,以更好地挖掘代理人比如高管的内在动机。通过评述可以推断,研究复杂系统下不同能力、不同层级、不同情境的激励子系统的最佳匹配模式,或可为混合所有制企业最佳运作模式提供助力。

总之,考虑到激励本身的多重属性,以及混合所有制企业组织情境的复杂性,本章基于协同视角,提出了混合所有制企业的激励模式创新,应该考虑不同学科/学派、不同层次、不同维度下的激励影响机制综合匹配模式,探索"1＋1＞2"的协同效应。本章研究将为接下去的多路径协同激励模型设计提供一些新的思考和启示。

【专栏】　国有企业混合所有制改革与跨学科理论借鉴

深化国有企业改革须开展跨学科理论借鉴[①]

作为国民经济的中流砥柱,国有企业在实现中国梦的伟大进程中一直被党中央寄予厚望。2020年6月30日,中央全面深化改革委员会第十四次会议提到,国有企业是党执政兴国的重要支柱和依靠力量。尤其在国际形势日益严峻复杂、国内经济进入新常态的当下,中央高层对深化国企改革决心极其坚定:"伤

---

① 本文主要内容选自:马喜芳.深化国有企业改革须开展跨学科理论借鉴[N].经济参考报,2020－07－13(007),国企周刊 智库.文章后被中国经济网、中国网、中金在线等转载。

其十指不如断其一指""一个行动胜过一打纲领""敢啃硬骨头,不惧涉险滩""今后3年是国企改革关键阶段,要坚持和加强党对国有企业的全面领导,坚持和完善基本经济制度,坚持社会主义市场经济改革方向,抓重点,补短板,强弱项,推进国有经济布局优化和结构调整,增强国有经济竞争力、创新力、控制力、抗风险能力"。

然而,不容回避的是,尽管我国国有企业改革已经走过了四十余年的风风雨雨,也取得了不少成果,然而许多深层次问题依然未能实现根本性突破,国企做强做优做大的战略目标实现仍然其路漫漫。主要问题之一是缺乏跨学科理论借鉴与指导,理论视野狭窄且亟待突破,对改革实践形成明显制约。具体来说,国企改革在向纵深推进的同时,由于其涉及的跨学科理论的复杂性及未能有效借鉴,还存在国企改革理论理解不透彻、政策不明确、方针贯彻落实不甚规范的现象。

(一)深化国有企业改革为何要开展跨学科理论借鉴

一方面,国企改革是一项复杂的系统工程,涉及面广,利益群体多,与许多学科关联密切。加强跨学科研究与成果借鉴与理论指导是国企改革继续深化改革的重要方法。在混合所有制改革是国企改革突破口的当下,如何构建有效的管理模式来激发活力、凝聚合力、促进创新,不仅需要针对性地从各个方面制定促进国企改革的政策措施,如集团管控政策、人才政策、知识产权政策等;更重要的是需要开展跨学科理论借鉴,在努力搞透这些理论的基础上形成理论指引与政策制定。然而长期以来,因囿于相对单一的学科领域,国企改革深化之路在"摸着石头过河"下侧重政治学或者部分管理学理论成果;理论指导及相关讨论相对离散,缺乏系统性,致使形成的方针政策也不够明晰与科学。

事实上,当前国有企业改革的许多重大举措与现象,无论是国务院国资委从"管企业"到"管资本"的深层次转型,还是地方国资委对国企的分类改革;无论是推动股份制上市、员工持股,还是国资流动平台;无论是职业经理人的制度建设,还是党对国企的绝对领导……甚至包括最近几年饱受诟病的高管限薪及"懒政怠政""混而不合"现象等,其背后无不涉及了经济学、管理学、心理学、社会学、法学、政治学等多学科领域。

比如,国企改革中至关重要的产权制度、激励机制、监督机制、约束机制,涉及的就是经济学学科的委托代理理论、非对称信息市场理论;国企基本固定的年薪(如"限薪令")、有限的晋升机会的激励模式等都还难以激发国企高管的冒险精神,涉及的就是经济学的博弈论、心理学的双因素激励理论;又比如,民企面对混合所有制机遇,跃跃欲试的同时表现出顾虑重重,涉及的是法学的权利理论、管理学的公平理论以及心理学的期望理论。这些都能表明,国企改革本身就是个跨学科的理论研究与实践探索的重大社会课题,因此更需要我们谦虚地学习既有理论成果并积极地给以跨学科借鉴。

　　另一方面,开展跨学科理论借鉴也是破解国企改革发展实践难题的现实需要。列宁曾经指出,"没有革命的理论,就不会有革命的运动。"国企改革的实践问题十分棘手,需要运用跨学科的理论和方法去推进贯彻落实。没有科学的跨学科的国有企业改革理论和方法做指导,没有相关政策做支撑,中国的国企改革实践就难以顺利发展。纵观当前世界上较为典型的国有企业管理模式,诸如美国的出租管理模式、法国的计划管理模式、意大利的参与制管理模式等,无不是以具有本国特色的学科理论和政策作为支撑的。又如在经营职能与监督职能分离方面,西方国家采用了明确的经济学制衡机制。以美国为例,国有企业的上层机构不设监事会,仅设置了董事会和股东会。这样做的目的非常简单:从经济学委托代理理论看,只有当政府代表只拥有两种职能(经营或监督)之一时,企业经营才能实现效益最大化。基于委托代理理论,为避免经营权与监督权并行,德国、荷兰、奥地利等一些国家政府,对国有企业经营管理人员不能直接任免,而需要通过监事会充当政府与国有企业管理部门之间的"缓冲器"。

　　而从我国的实际情况看,深化国有企业改革发展中遇到的诸多问题,如:公司治理体系不够完善问题、股权结构不合理、国有股权"一股独大"问题、创新不足问题、效率低下问题、领导班子队伍素质参差不齐、职业经理人体制不成熟问题、国有企业政策性负担过重问题等等,都深感棘手。所有这些问题,既有对跨学科理论认识不深刻的方面,也存在政策制度不健全的方面,都需要通过深入开展跨学科理论研究、学习和借鉴;都需要在跨学科理论借鉴的前提下,结合实践应用情境加以变革创新,才能为深化国企改革提供科学的战略规划与制度保障。

(二)深化国有企业改革如何开展跨学科理论借鉴

　　首先,要用包容与发展的眼光开展跨学科理论借鉴。实践是不断发展的,要用发展着的马克思主义理论来指导新的实践。深化国企改革也是如此。近年来出现的许多新情况、新问题,需要谦虚借鉴与学习跨学科理论知识成果,以包容的心态进行新的理论探索和理论概括,并据此提出新的方针政策,从而加快理论、科技、管理、实践等方面的创新,这是实现国企改革新突破的重要前提。

　　以制定深化国企改革的激励制度为例。一方面,我们要借鉴经济学所持的委托代理理论与激励相容理论,坚信人的本性是理性的、自利的,是追求产出最大化的,因此激励必须与绩效紧密挂钩,对职业经理人需要严密监控,主张胡萝卜＋大棒;主张用股权激励机制、最优激励契约等破解激励实践难题。与此同时,我们需要借鉴管理学的"复杂人"人性假设,充分吸收内容型、过程型、行为改造型、综合激励型理论,明白影响激励效果的因素与路径是多元化的、复杂的,激励与国有企业有效性之间的相关关系具有不确定性(即不是百分之百的高薪—高绩效关系);因此可以借鉴以往研究成果较多采用的"金降落伞""发展激励"等复合型激励体系。面对不同学科的不同价值主张,并不意味着无条件地照搬,而是不疏漏、不回避、不慌张,兼容并蓄,立足超越;在充分吸收与借鉴多个学科的激励思想和模式的基础上,再谨慎制定激励政策,唯有如此才能确保之后政策的制定既科学合理,又深入人心。

　　其次,可以通过课题形式赋予有能力的高校/学者开展国企改革重大研究任务,以快速形成跨学科理论借鉴。当前形势下,深化国有企业改革已经成为国家建设与社会稳定的重大战略任务,无论是建立理论体系还是指导实践,都是一项极其艰巨的任务。考虑到各种相关配套政策必须科学合理,需要高校/学者既能在第一时间就全面了解有关领导机构的指示精神,又能相对独立开展跨学科研究,以对国企改革中反映的各种问题提供理论解释和政策引导,保证理论和政策研究不走弯路。因此,国务院国资委与地方国资委可以联合国家哲社办、国家科委等机构,通过项目招标、政府采购、直接委托、课题合作等方式,把国企改革实践中需要解决的战略规划研究、运行机制建立、政策制度建设、产业创新激励规则、企业激励机制、员工股权激励机制、最优激励契约、国企人才培训等重大任务,通过课题授予的方式来完成。这不仅能够加快跨学科理论借鉴,符合我国治理体系改革的基本要求,也有利于提升国务院国资委的办事效率。

　　最后,可以采用建立完善有利于国企改革跨学科智库快速成长的制度,以充分开展跨学科理论借鉴。国资委可着重培养一批有能力的可为国企改革提供跨学科支撑与政策建言的智库或研究机构。并根据这种新型智库建设的特点,建立和完善相应的管理制度,尤其可以在以下方面建立相应的制度保障:在信息制度方面,国企改革智库除需要参加政府信息公开招标外,对于一些涉密较高的问题,可享受政府直接授权进行研究;在重大决策意见征集制度方面,应把选定的国企改革智库纳入听证会、座谈会、论证会的参加对象;在政策评估制度方面,应注重发挥国企改革专业评估队伍作用,对于国企改革重大改革方案、重大政策措施、重大工程项目,优先选择国企改革智库主导或参与;在政府购买决策咨询服务制度方面,要把国企改革智库提供的相关咨询报告、政策方案、规划计划、调研数据等作为优先购买对象;在舆论引导制度方面,应充分发挥选定国企改革智库的人才优势,把解释党的深化国企改革理论、解读相关政策、研判社会热点、引导社会舆情、疏导公众情绪的任务交由选定的智库完成。

　　总之,只有充分认识到跨学科理论借鉴在深化国有企业改革进程中的重要意义,针对改革中存在的问题切实开展跨学科理论借鉴、理论创新与理论指引,才能不断推出富有生命力和高效率的新政策。笔者坚信,在这样基础上创新出来的政策,定能经得住实践和时间的双重检验,定能在深化国企改革征途中迈出新步伐,创造新奇迹。

第 3 章　国企、民企及混合所有制激励模式案例研究

　　我国的混合所有制改革正在如火如荼地开展,在扩大范围、提升效率、深入融合方面取得了一定进展。为更好地聆听混改过程中激励改革的疑难与困惑,总结激励模式优化的心得与经验,探索激发双方活力的多路径协同式激励模式,本章以国家电网、上海城投、东菱振动与新疆国投为研究样本,开展立足国企的"国企改革式"以及立足民企的"民企发展式"的混合所有制激励改革案例研究。

　　研究结论得出:①激励模式的设计需提前考虑被激励对象的适应性,在诸多非上市企业跃跃欲试的新阶段,可考虑推进一种能拓宽激励范畴、加大激励包容性的激励机制;②激励模式的设计需提前考虑被激励对象的针对性。通过针对性激励机制设计,要调动不同层级、不同岗位、不同能力的员工积极性;让员工在实现自我目标的同时,组织也实现效益最大化;③激励模式的设计需提前考虑被激励对象的心理反应与激励应对措施;④激励模式的设计需提前考虑制度激励与领导激励的匹配性与互补性;⑤通过激励模式的优化,平衡处理好混合所有制改革发展过程中的所有权、经营权、分配权与监督权问题。

　　案例研究为接下来进一步开展博弈分析与实证分析奠定了一定的理论基础,提供了理论指引。

3.1　国企激励改革进展:以国家电网为例

　　2015 年,国务院国资委发布《国务院关于国有企业发展混合所有制经济的意见》纲领性文件,明确了积极发展混合所有制改革的思路。2016 年,《关于国有控股混合所有制企业开展员工持股试点的意见》(133 号文)等专项政策发布为混改中员工持股等专项工作提出明确指引。2018 年,国务院发布《国务院关

于改革国有企业工资决定机制的意见》(以下简称《意见》)及《中央企业混合所有制改革操作指引》(以下简称《指引》),对央企混改提出了进一步的规范性指引。

《意见》与《指引》强调,在新时代背景下,国企激励改革不仅仅要求工资总额同经济效益挂钩,而且其工资改革还要进一步深化与细化,以改进市场化分配程度不高、分配秩序不够规范、监管体制尚不健全等问题。新的指导意见的最大亮点是把国有企业分为了五大类,并根据其功能性质定位、行业类别、产品特点等,确定了不同的考核目标与考核重点,并在此基础上初步确定了分类管理和差异化考核的激励举措。下面以国家电网为例予以说明。

企业分类:按照指导意见,国家电网是属于提供社会公共产品和公共服务的公益类企业。

功能定位:根据企业功能定位和业务特点,国家电网将下属各单位划分为省电力公司、运营保障单位、支撑服务单位、新兴业务单位、市场化产业公司、市场化金融企业六类。

绩效指标设定:考虑到国资委对公益性企业的绩效期望,国家电网主要考虑了社会效益、国有资本保值增值与经济效益指标,对成本控制、电网产品服务质量、营运效率与保障能力等方面予以了细化。

领导班子年薪优化:国家电网企业负责人年度薪酬由基本年薪、绩效年薪(包括考核年薪和奖励年薪)两部分构成,并对艰苦边远地区企业负责人给予艰苦地区补贴。

(1)基本年薪:基本年薪是企业负责人的基本收入,每年核定一次。省电力公司、运营保障、支撑服务、新兴业务单位为 2 倍基本年薪;市场化产业公司、市场化金融企业为 1.5 倍基本年薪。

(2)绩效年薪:绩效年薪是与年度考核结果及特殊贡献相挂钩的收入,包括考核年薪和奖励年薪。考核年薪依据年度业绩考核等级及考核得分、企业经营难度和调节系数确定。

业务骨干与员工激励:为全面激发创新创效的热情,激发干事活力,吸引科技创新人才,国家电网鼓励下面的分/子公司加大对员工尤其是骨干员工的激励力度,探索适合自身的股权激励模式,包括岗位分红、项目分红、虚拟股权、限制性股权等多种激励方式,当然相关方案初步制定后还需经过上级审批、评审等。

总之,以国家电网为代表的国有企业也已经在激励上做了一些市场化公司企业激励方面的尝试。当然,正如调研中员工反映的,除了上述一些进展,企业激励还存在较多的问题,比如绩效考核存在走过场现象、股权激励审批流程繁琐、同样岗位的薪酬差距较小等。

3.2　混合所有制企业案例背景介绍与访谈安排

混合所有制改革是否真正能为企业带来活力与发展,关键在于能否搞活体制机制。而激励机制的引进与优化是混企做大做强的动力源泉。为更好地总结"引进激励"所取得的经验与教训,探索值得推广的激励模式样板,我们代表性地选择了新疆国投、上海城投与苏州东菱三家企业作为案例研究对象。

3.2.1　新疆国投相关背景介绍

第一家案例公司为新疆国有资产投资经营有限责任公司(以下简称"新疆国投")。新疆国投成立于1998年,主营业务为国有资产的保值增值、产权管理,如产权收购、兼并、转让等。

2017年开始,新疆国投开始探索混合所有制改革,包括开展新业务、引入战略投资者、招聘市场化的职业经理人等。为进一步获得助力,新疆国投在2018年下半年开始引进外部战略咨询机构,借助外力优化混合所有制企业的战略目标、新兴市场发展体系、公司绩效指标以及企业高管与核心骨干的薪酬体系等。与东部沿海地区相比,新疆国投混合所有制改革的步伐相对较小,经验略显不足。选择该公司作为案例样本,可以更加清晰地察觉对于一家传统的国有企业,开展混合所有制激励变革有哪些期待,会面临哪些挑战,受到哪些掣肘。

3.2.2　上海城投相关背景介绍

第一家接受访谈的单位为上海城投(集团)有限公司(以下简称"上海城投")。上海城投成立于1995年,是一家从事城市基础设施投资、建设和运营的大型专业投资产业集团国有企业,下设子公司有城投路桥、城投水务、城投环境、城投置地等。

作为一家上市公司,上海城投此前的股权占比达56%,小股东占比44%。因此,表面上看,上海城投在资本市场上实现了股份制改造,实际上还是一股独大,小股东较为分散,难以制衡;非国有股东代表难以进入董事会。

近年来,为改进现代企业制度不完善、市场化经营能力偏弱、债务负担较重、行政化干预较多等问题,上海城投集团与子公司开展了大量的混合所有制,也取得了一定成效,包括引进战略合作伙伴,剥离政府融资职能,推动公司治理和管理市场化,由单纯的依赖土地财政逐步向房地产、金融、市政公用等存在一定市场壁垒的产业方向发展等。

3.2.3 苏州东菱相关背景介绍

第二家接受访谈的单位为苏州东菱振动试验仪器有限公司(以下简称"苏州东菱")。苏州东菱成立于 1995 年,成立之初是一家民营企业,主要提供力学环境试验装备研发、制造、销售、服务及测试试验,其产品和服务广泛应用于航空航天、兵器船舶等军工领域及电子、汽车等行业,在国内振动仪器领域尤其是军工领域享有一定地位与声誉。

2017 年,苏州东菱 73.53% 的股权被苏州高新收购,成功转型成一家混合所有制国企。公司参与混合所有制改革后,延续之前的飞速发展,在整体运营方面保持了民企的灵活性与市场敏锐性。苏州东菱混合所有制改革对立足民企的"民企发展式"混合所有制改革具有一定借鉴意义。

3.2.4 样本情况与访谈安排

在选定公司并获得公司组织同意后,我们与案例公司的中高层管理人员开展了半结构化访谈,访谈在 2019 年 1 月至 2020 年 9 月期间进行。三家参与访谈的公司情况详见表 3-1。

表 3-1 国有企业混合所有制改革案例研究:基于三家企业

案例公司	上海城投	苏州东菱	新疆国投
公司具体情况			
混合所有制改革特点	立足国企的"国企改革式"	立足民企的"民企发展式"	立足国企的"国企改革式"
成立年份	1992	1995	1998
主营产品/市场聚焦	大型市政设施的投资、建设、运营和管理	振动、冲击、碰撞、功放(电源)、传感器	房地产开发、商业投资、农业/能源/旅游业投资;建设工程施工
公司总部	上海	江苏苏州	新疆乌鲁木齐
公司大小(员工人数)	>5 000	500	500～1 000

（续表）

案例公司	上海城投	苏州东菱	新疆国投
2020 年销售收入（人民币百万元）	6 600	300	1 000
访谈细节			
被访谈者	党委书记兼董事长；党委副书记、董事兼工会主席；党委委员、组织部兼人力资源部部长（总经理）	创始人兼董事长；战略发展部经理；人力资源部经理	组织部兼人力资源部部长（总经理）；战略发展部部长；审计部部长
访谈方式	面对面访谈	面对面访谈	面对面访谈
访谈时间	2020 年 8 月	2019 年 9 月	2019 年 1 月
访谈地点	上海	江苏苏州	新疆乌鲁木齐
总计访谈时间	3 小时	4 小时	6 小时

3.3　混合所有制企业激励改革经验与教训分析

3.3.1　新疆国投混合所有制激励改革相关经验

新疆国投的混合所有制改革探索时间不长，经验积累不多。在改革的道路上，有一些感悟，更多的是一些疑虑与困惑。

（1）困惑一：奖励随意性强，缺乏制度指引，激励灵活有余而规范不足的问题较为突出。新疆国投处于混合所有制改革初期，面临着引进投资者、加大投融资力度、对新公司改革和创新的重任，因此通过激励政策带动员工工作积极性，这本身无可厚非。但问题是，激励缺乏制度的约束，灵活有余而规范不足；制度与激励两者之间发展不平衡，导致企业对员工的激励很多时候无法可依、无例可循，最终大多只能根据领导的主观裁定甚至领导喜好来决定。这样的激励虽然能够在一定程度上激发员工士气，但也容易出现不公平的现象，造成员工横向纵向薪资攀比，引发员工强烈的不满情绪。不患寡而患不均，长此以往，势必会阻碍员工工作的积极性、队伍的稳定性，有违混改初衷。

（2）困惑二：缺乏针对性是混合所有制企业激励改革存在的另一个较为严重的问题。由于处于不同层级、不同岗位员工的工作任务、工作职责以及面对和处理的问题是不一样的，因此，简单员工采取千篇一律的激励措施，而没有考虑员工实际需求的差异，就难以起到激励的应有之效。事实上，在同一个公司，即使是同一部门的同一岗位，员工创造的价值也是大相径庭的。目前的难处是，如何开展因人而异的激励机制，使得企业可以根据员工的不同层面、不同岗位、不同能力予以全面和有效的激励，以充分调动员工的积极性。

（3）困惑三：激励手段单一，激励模式亟待进行一些转变、打破一些传统、突破以往制度方面的障碍。增资扩股、国有股转让、国有股转换成优先股以及员工持股计划等是目前一些混合所有制企业的激励法宝。但由于股权激励限定于上市与准上市企业，当前实施的国企混合所有制股权激励普及度不高。因此，现在的困难是如何将管理层的技术创新、管理模式创新纳入综合考核体系中来，建立多元化、长远性的绩效评价与薪酬体系开展激励手段创新，打破传统的旧习束缚。

（4）困惑四：混改后的激励机制与激励模式如何适应新的组织结构、组织文化的问题。要想一家人如何不说两家话，不做两家事，还是一件难事。比较而言，国企主张稳字当先，在组织文化方面倡导中庸之道、不失偏颇；在激励上强调稳定的固定薪水加上温和的激励；民企讲究效率，强调变，适者生存，推崇价值创造、低底薪，但不设天花板。由此带来的问题是：混改后的新公司，沿用、传承哪一家公司的激励模式呢？还是需要对两者进行折中呢？比如，新成立的混合所有制企业，既有资本方的副总，又有民营资本方的副总；同样都是副总，绩效考核体系与激励体系要否一致。又比如，在激励文化方面，国企注重制度性、长期导向；民企喜欢灵活化、即时奖励，新的激励制度如何平衡，如何避免一些不和谐也是一个挑战。

（5）困惑五：激励机制在混合所有制企业中存在执行不当的问题。经过一段时间的磨合，一些混合所有制企业相继建立并逐步完善了企业的激励机制。然而，在执行过程中一碗水难端平，与预期去之甚远，出现一定偏差。比如，受国有企业长期以来的固化观念影响，比如裙带关系、论资排辈等，新的激励机制在推进上遇到了很大的阻碍。执行层面没有抓好，再好的激励机制都无济于事。原来企业的一些落后观念对新的激励政策的落实造成了掣肘，执行难以到位。受此影响，一些年纪轻、学历高、有干劲的员工的积极性与创造力难以发挥；一些受到裙带关系"庇护"的老员工却在走过场的绩效薪酬考核中搭便车、吃大锅饭。

3.3.2　上海城投混合所有制激励改革相关经验

与上述形成鲜明对比的是,上海城投在混合所有制改革方面起步较早,步子也迈得相对较大,在激励机制与模式创新,取得了以下几个方面的经验。

(1)通过增资扩股、股权转让等方式,引入战略投资者,缩短委托代理链条,降低激励成本。城投公司由于自身主营业务的原因,与其他国有企业相比往往与政府部门的联系更为紧密,从而加剧了经营效率低下、社会负担过重等问题。通过增资扩股、股权转让等方式,引入具有资源优势、市场优势、技术优势、运营优势的战略投资者,有助于对技术、管理、资本开展重新整合与战略布局优化。2014 年,上海城投引入了弘毅集团,占股 10%,成为第二大股东,并参与法人治理。相比于一般投资者,战略投资者有着更强的动机去参与公司治理。与"一股独大"不同,非国有资本能够对大股东进行有效的制衡,有利于国有企业治理制度的规范和完善。同时因为投资主体的明确摆脱了政府的不当行政干预与政策性负担,缩短了委托代理链条,减少了激励成本。新的激励环境对引入职业经理人更为便捷,对激励改革更为彻底,激励监督机制也更加有效,决策更加灵活。

(2)完善员工激励方案,开展职业经理人与员工的持股与股权合作,激发混改积极性。随着企业的不断发展,员工的重要性愈发显著。为激励核心员工成为企业的所有者,让他们以主人翁精神更积极地参与到混合所有制企业的创造者与监督者。混改以来,董事会通过了一系列股权激励有关文件,并向激励对象授予了一定比例的员工持股。员工持股分为直接持股与间接持股两种模式,前者指让员工直接持有公司的股权;后者则通过信托计划等金融载体,让员工间接持有公司股权。首批激励对象主要由公司核心管理人员、中层管理人才以及专业人才构成。通过实施核心员工持股,将员工个人利益、个体发展与上海城投组织发展更紧密地结合。

(3)除了股权激励,对非上市公司探索普及面更广、方式更灵活的激励模式。上海城投集团下面有不少是非上市企业,员工持股受到国企制度、股权定价、资金监管等制约,难以大规模推广。因此,上海城投的一些非上市分/子公司探索了一些普及面更广、方式更灵活、分配更人性化的包容型激励变革。比如对部分子公司开展职业经理人或核心骨干市场化激励,根据不同能力制定不同的薪酬套餐,即让不同能力的管理者签约与之配套的绩效合同与薪酬合同,从而激发不同能力的职业经理人或骨干的做事激情。在薪酬形式上,考虑到固定薪酬和福利是对过去业绩的认可,会鼓励员工追求短期目标、导致重复、不爱冒险;而增量激励、一次性红利等会鼓励员工的冒险、创新、合作等,上海城投在激励内容、激励策略上对后者加大了比例。

(4) 重视组织文化与内部合作,尤其重视集体主义精神。为了统一思想,促进组织内部开展跨事业部合作、跨部门合作,上海城投还开展了集体主义教育。创新创业是国有企业的自我突破和自我转型,考虑到上海城投是一个拥有上万名员工的大型组织,在开展混合所有制改革过程中,在引进事业合伙人过程中,如果没有统一的思想予以武装,如果不注重内部协作,就不可能壮大其发展事业。

3.3.3　苏州东菱混合所有制激励改革相关经验

2017 年,国企苏高新股份入股苏州东菱振动,成功迈出了混改的第一步。对苏高新来说,混改给了它正式进军先进制造业以及军民融合产业、引进高效管理模式的机会;对民企东菱来说,国有资本的注入,为东菱振动加快技术创新、提高核心竞争力注入了强大动力,为享受国企的政策优势、进入公共领域创造了得天独厚的条件。

对于混合所有制经营的相关的经验与心得,苏州东菱总结经验如下:

(1) 在发展中解决混合所有制面临的问题。混改实施后,苏州东菱依然将创新创业作为公司发展的第一要务。作为一家快速发展的、有市场前景的混合所有制企业,在公司进行变革后,首要任务依然是忙于开拓新市场。因此,坚持原来民企发展时的创新创业激情与优势,激发内生动力,通过发展来解决混合中出现的一些问题。

(2) 不同组织结构、不同组织规模下的激励有效性是不同的,要摸索适合自己公司特质的有效的激励模式。没有最好的激励,只有最合适的激励。比如,管理大公司与小公司应当是不同的。混合所有制改革之前,公司组织规模相对较小,层级管理也相对简单,因此具有更高的创新潜力和更高的实施创新活动的灵活性。同时,对层级简单的小规模公司而言,公司高管尤其是董事长对公司决策的直接影响非常大。现在实施了混改,公司的层级变多,公司的团队在迅速扩张,因此亟需一套新的管理机制,包括一套新的激励机制。比如,激励制度不能再像原来那样粗放型、随意性;层级管理也不能越级汇报、越级奖赏等。

(3) 通过集体荣誉激励法、优秀团队表彰与奖励等加强和引导基于团队的激励,并加强集体主义文化建设。组织创新不是个体创新的简单加总。组织越注重个人激励,员工对集体主义与团队绩效就越为淡漠。因此,对一些需要通过团队通力协作才能完成的任务,组织要开展集体导向的激励项目,如团队利润分享计划等;当然还需要加强集体主义文化建设。苏州东菱有十几个部门,为加快新产品项目落地,经常需要营销、研发、采购、财务、制造等部门等通力合作,开展资源整合与互动,需要实施将个人利益与组织利益相结合、个人与组织风险共担的激励模式,培养集体至上的组织文化。"我们的目标是发展一种文化,让我们的员工本着团队至上的信仰,同心协力、同心协力、团队协作、部门协作","要克服个人主义和官僚作风,打破部门壁垒,开展跨部门联动,实现组织创新。"

3.4　混合所有制企业案例访谈小结

上述案例研究,为接下去进一步开展数学建模与实证研究的理论建模的奠定了基础。为予以理论提炼,我们进行了如下总结。

3.4.1　主要疑虑与困难

当前国企混合所有制改革还存在激励失灵、理论滞后于实践的情况。在实践中,混合所有制激励尚在探索,困难重重。①由于大部分都是新公司背景,激励灵活有余而规范不足的问题较为突出,即奖励上显得随意,缺乏制度指引;②另外,缺乏激励针对性是混合所有制企业另一个较为严重的问题;③在方式与内容上,激励手段单一,激励模式亟待打破传统、突破以往制度方面的障碍;④混改后面临新的组织结构、组织文化,老式激励的传承与新式激励的创新之间的难以平衡也是个较突出的问题;要想一家人如何不说两家话,不做两家事,还是一件难事;⑤激励机制在混合所有制企业中存在执行不当的问题,混改后如何一碗水端平依然面临诸多考验。

3.4.2　相关经验与心得

经验一:激励模式的设计须提前考虑被激励对象的适应性。增资扩股、国有股转让、员工持股计划等是目前国企混改的激励法宝。然而,股权激励限定于上市与准上市企业,普及度不高,且国有股权定价、股权分配、科研成果产权归属复杂,其推广与成效评鉴存有争议。在诸多非上市企业跃跃欲试的新阶段,可考虑推进一种能拓宽激励范畴、加大激励包容性的激励机制:既能覆盖上市企业,又适合于众多的非上市企业;既具有包容性,又涵盖约束力;既具普适性,又能操作容易、进退自如。

　　经验二：激励模式的设计须提前考虑被激励对象的针对性。混合所有制改革要激发活力、推动创新不能仅仅停留在口号；激励本身也不是摇旗呐喊，而是要建立"智慧的"的激励机制，做到功有所奖，劳有所得。通过针对性激励机制设计，不但明确要达成的目标，更要调动不同层级、不同岗位、不同能力的员工积极性；让员工在实现自我目标的同时，组织也实现效益最大化。

　　经验三：激励模式的设计须提前考虑被激励对象的心理反应与激励应对措施。提前考虑激励对象对该激励机制的反应，并在激励方案中有应对措施，是一条值得探索的道路。要同时考虑到组织规模、组织层级、组织文化、组织正式化程度等。比如，访谈获悉，大规模企业、集体主义水平高的企业，适合团队作战；权力距离过大的组织，个体激励可能更为有效；层级激励如果不协调，层级监管可能动力不足；能力不同员工，可能愿意实施差异化薪酬合同等。

　　经验四：激励模式的设计须提前考虑制度激励与领导激励的匹配性与互补性。当混合所有制处于发展成熟期，应当重视制度的规范性而淡化领导风格，以保持组织战略的稳定性。当混合所有制企业在改革过程中面临冲突与矛盾时，应当充分重视领导风格、领导激励的主观能动性与灵活性，并以此去弥补组织刚性激励的缺憾。充分认识到这两种不同主体来源的激励特点，并能根据情境灵活切换，有助于提升混合所有制企业的激励有效性。

　　经验五：通过激励模式的优化，管好混合所有制改革发展过程中的所有权、经营权、分配权与监督权。混合所有制改革过程中会面临系列难题，因此，需要在激励约束机制方面大胆探索、大力推进，以"混"促"改"、以"改"促"混"，促进资本与领导者的实质性混合和良性"化学反应。总结而言，以激励机制为抓手，对混合所有制的四大权力开展治理：通过优化公司股权结构抓所有权，通过放权授权抓经营权，通过员工薪酬激励抓分配权，通过约束机制抓监督权，从而实现"放得开、管得住"的管理体系。

【专栏】　国企混改与新基建

推进"新基建"要与国企混改协同发力[①]

　　当前，"新基建"被确立为推动企业复工复产、扩大有效需求、稳就业、提振经

①　本文主要内容选自：马喜芳. 推进"新基建"要与国企混改协同发力[N]. 社会科学报，2020 - 06 - 11 (002)，国内信息。文章后为今日头条、搜狐网、新浪财经等转载。

济增长点的首要良策与重要抓手。

2020 年 3 月 4 日,中共中央政治局常委会议指出,要加快 5G、数据中心等新型基础设施建设进度;4 月 29 日,中央政治局常委会议再次强调,要尽快启动 5G、人工智能等新型基础设施重大项目;5 月 22 日,"新基建"被首度写入 2020 年政府工作报告,正式上升到国家战略层面。

这些步步深入的重要决策,充分表明了"新基建"已成为后疫情时代的大国重任,需要我们站在经济转型、产业升级的高度,深刻理解和把握"新基建"在战略层面临的挑战、机遇与对策。

(一)"新基建"面临的挑战

一是建设资金缺乏。有专家估算,2020 年新基建直接投资为 3 万亿左右,未来 5 年直接投资规模将达到 20 万亿。而另一方面,政府已经明确提出,与传统基建不同,"新基建"的投资主体不再是地方政府,而由市场主导。那么,市场有那么多钱吗? 如何疏通如此巨大的融资渠道、激发民间投资已成当下新挑战。

二是参与门槛偏高。"新基建"是科技前沿与巨大资金的综合应用。诸多企业尤其是广大民企虽有参与意愿,但由于缺少官方的技术及政策指导,加上需要持续的大规模资金投入,因此想要切进来参与平台竞争的可能性很小。尤其在一些央企、国企巨头面前,民企的平行参与机会小,容易对此望而却步,民企的参与热情被阻挡。

三是模式与体制有待探索。新基建需要由政府与市场协同推进。她既包含了决策层的蓝图布局,又主张与市场、企业的需求耦合。这种新型投资的谋篇布局模式与体制,与完全是政府主导为主的传统基建有很大不同,因此还有待于探索与磨合。

(二)"新基建"与国企混改在发展理念上互为包容

从协同视角看,当前蓄势待发的"新基建",与国企混合所有制改革的方向和需求毫无疑问是互为包容、协同一致的。因此,在新基建推进面临挑战的情境下,可以考虑借势国企混改,为新基建发展注入强劲动力。

一方面,"新基建"倡导的先进制造业和战略性新兴产业的引领方向与国企混改致力投资的重要领域不谋而合。作为"十三五"规划中深化国企改革关键性节点之年,国企混改是 2020 年国企改革的重头戏。国资委主任郝鹏多次表示,要把国有资本更多投入到能更好发挥国有企业控制力、影响力、关系国家安全、国计民生、国民经济命脉的关键领域。

另一方面，"新基建"要求的推进社会化资源协作、产业间融通发展的需求，同样与国企混合所有制倡导的不同所有制之间取长补短理念不约而同。两者都涵盖了创新、协调、开放、共享的发展理念，都主张不同投资主体间资源的互通、互补、互动、互赢。

（三）加速国企混改，可助推"新基建"发力

首先，进一步引导国企混改在战略性领域的投资，有助于推进"新基建"落地。"新基建"本身代表了战略性新兴产业；而同时，国资委多次强调要重视前瞻性战略产业、生态环境保护等重要行业和领域的投资。因此，按照"新基建"的新需求和高标准，巧借"新基建"东风，是混合所有制企业加速发展的好时机，同时也将助推新基建落地。具体来说，应以服务国家战略为方向，顺应时代要求主动谋划发展蓝图，积极布局新一代信息技术产业与领域；以市场为导向，着力突破战略性、前瞻性领域关键核心技术，花大力气培育一批能够支撑国家重大战略需求、引领未来科技变革方向的创新力量。在庞大的"新基建"投资蓝图中，抢占商业新机会。

其次，加速发挥混合所有制不同所有制资本的"融合"优势，有助于解决新基建"融资难"问题。面对万亿级资金缺口，新基建亟需更多民间资本。4月28日，国务院常务会议明确提出，"新基建"坚持以市场投入为主，支持多元主体参与建设。央企、国企固然是主力军，但新基建的投资全部由国有资本来承担，既不现实，也不合理。民营企业和民间资本是新基建不可或缺的投资主体。混改过程通过市场机制的方式吸纳民企与民间资本参与，极大地促进了不同所有制资本各显所长、各尽其能的优势；不仅促进了国企经营效率的提升，还将极大地缓解"新基建"的资金压力问题。

再次，混改过程中引进有优势资源的民企，有助于解决民企平行参与"新基建"问题。由于"新基建"具有技术、资金门槛，因此其战略性领域平台搭建更青睐于国企。然而仅仅依靠国有企业力量是不够的。一些在互联网、电子信息、人工智能等新兴领域，民营领军企业更具有技术、成本与市场优势。因此，借"新基建"东风，通过将民企引进作为"新基建"的重要承担者之一，不仅能够帮助解决民生就业问题，更为民营资本进入一些传统管制和垄断行业发展、嫁接其他资本产业资源和运营能力提供了更加广阔的空间和舞台。

最后，进一步加快混合所有制改革步伐，能为新基建多主体合作模式与体制

提供范式。国企混改,不仅涉及宏观的所有制结构,还涉及微观的企业管理,如民资所有者的激励机制等。"新基建"新兴产业的建设,同样涉及多投资主体的决策机制、责权利分配等。因此,加快混改步伐,不但能动员与调动多种资本投身"新基建",更能为提升资本效率提供范式。如借鉴混改成功经验处理好计划与市场、风险与效率的关系;运用法制保障民企参与"新基建"的合法权益与收益保障,持久激发民企参与"新基建"的投资信心;根据优势互补机制推进资源整合,促进平台平行合作与垂直合作等。

总之,"新基建"东风已起,国企混改也正在进行时。充分把握两者互为促进、互为包容的关系,借"新基建"东风推进国企混改,通过加速国企混改助力这项规模空前的系统工程,将有助于两者协同发力、融合并进、顺势而上!

第4章 胜任力薪酬与企业效益协同激励模式：
最优数学建模法[①]

　　基于胜任力的薪酬激励体系是国有企业广泛实施的一种激励模式。然而，由于国企混改情境下存在着大量的信息不对称，员工真正的胜任力水平如何被组织识别是个很大的难题。考虑到以往的胜任力识别只能依赖于行为面试等事后判断，本章基于委托代理理论，运用最优数学建模法，构建了分离均衡下的胜任力薪酬与混合所有制企业效益协同的激励模型。即混合所有制企业高管团队事先做好薪酬激励模式顶层设计，对不同胜任力的员工采用分离均衡式契约安排，诱使中基层员工主动选择对自己有利的绩效产出和薪酬选项。

　　研究得出：鉴于现代混合所有制企业对员工行为、工作投入的监督难度，构建胜任力薪酬与企业效益协同激励模式是组织激励横向协同的最优路径。该激励模式通过将员工胜任力、业绩与薪酬契约精确挂钩，减少了委托代理双方的博弈风险，实现了委托人和代理人共赢的结果。即员工效益最大化的时候混合所有制企业也达到了效益最大化。研究结论对混合所有制企业更好地开展员工能力激励与企业效益协同具有重要启示意义。

4.1　混合所有制情境下胜任力薪酬实施难题及相关文献评述

4.1.1　混合所有制情境下胜任力薪酬实施面临的难题

　　在经济学和组织行为学中，激励被广泛地认同为一种典型且正式的组织用

---

① 本章部分内容选自：马喜芳,钟根元,颜世富.基于胜任力的薪酬激励机制设计及激励协同[J].系统管理学报,2017,26(06):1015-1021.

以控制个体行为、引导业绩的重要手段（Bartol & Srivastava，2002）。从交换理论的视角出发，个体产生组织期望行为的重要动机是获得组织的激励，因此激励被视为诱导个体达到组织期望目标的重要因素之一（Kanungo & Hartwick，1987）。在目前组织结构扁平化和组织发展高度依赖员工能力的背景下，作为激励体系之一的基于胜任力的薪酬体系（competency-based pay system）受到了实践和学术界的认同。

在当前的知识经济时代，基于胜任力的薪酬体制有助于突破传统岗位薪酬制与绩效薪酬制的局限性，有助于通过激发员工的技能潜力，加强企业的核心竞争力，值得国企混合所有制推广应用。相比于传统的绩效薪酬、职位薪酬、资历薪酬等，基于胜任力的薪酬体系纠正了传统的薪酬体系只重结果而忽略过程、只重职位价值而忽视员工价值等缺陷，在淡化职位、吸引和留住高水平人才、激励员工学习和提升能力并以此促进组织的变革、增进组织竞争力方面都起到了巨大的作用（Cira & Benjamin，1998）。

但是目前对基于胜任力的激励薪酬的研究和实践的难点是，由于信息的不对称，国企混合所有制通常很难直接观察到员工的胜任力水平，而只能事后从绩效中推断（Gonczi，1994）。因此，胜任力与薪酬体系挂钩的困难导致以胜任力为基础的薪酬体系难以实施，所以企业中同岗同酬、胜任力薪酬一刀切现象或者主观判断法并不少见。其弊端是，对混合所有制企业来说，胜任力薪酬过高会增加组织成本，胜任力薪酬过低则难以吸引高胜任力候选人；对员工来说，一刀切的胜任力薪酬难以满足具有胜任力个体差异的员工的需求，因为低胜任力水平的员工容易搭便车而高胜任力水平的员工会觉得付出大于回报从而导致低满意度甚至产生离职意向。

国内外关于基于胜任力的薪酬体系研究重点放在针对某一特定的行业、层级和岗位的胜任力模型构建及设计。但是对于两者之间的衔接，即胜任力模型构建完成后如何根据其标准予以薪酬体系设计的研究多以定性分析为主，实证研究或建模研究较少（Cira & Benjamin，1998）。究其原因，主要是因为胜任力评定标准模糊、影响胜任力评估的因素过于复杂，导致研究过程实证或模型构建困难重重。在具体研究胜任力识别和评估时，主要采用两种办法。一种是事前对胜任力水平的主观评价，多通过行为事件访谈法、专家小组意见法、无领导小组、案例分析、文件筐、以往的业绩证明等予以多维度识别并评价（Spencer，McClelland，& Spencer，1994）；另一种是事后对业绩进行评估并对胜任力模型予以优化和评估。前者以主观判断为主而后者属于事后识别，这些评价方法已经招致学术界很多批评,正如一些研究指出,如果运用结合得当的话,基于业绩的薪酬体系比基于胜任力的薪酬体系对组织来说更加有效(Cofsky,1993)。在方法论上,对于胜任力模型构建,多对目标群体进行大样本实证分析,结合探索性因子分析法以及验证性因子分析法从而得出结论。对于激励机制的设计方面,目前的研究方法主要依赖信息不对称经济学进行数学建模,也有研究在此基础上进一步予以实证分析,如基于协同效应和团队分享的员工激励机制构建等(段永瑞、王浩儒、霍佳震,2011)。

在管理实践中,混合所有制企业中不同员工由于其内在动机、价值观、知识技能等胜任力水平不同,组织需要有一种机制,能够设计不同的薪酬激励水平与之合适匹配,从而使得各种胜任力水平的员工都能被激发。从激励协同的角度讲,如果对不同胜任力水平的员工制定不同的激励机制,就能促使他们去追求更高的利润目标而更努力地工作,从而达到组织期望。也就是组织通过与员工之间的互相作用、互相制约和互相平衡,共同达到了激励协同,最后达到"1+1>2"的协同效应。

综上所述,以前的文献在胜任力水平识别、相应的胜任力薪酬的设计,以及该激励机制促进组织与员工激励协同方面,还有待进一步研究。

本章在文献梳理的基础上,基于委托代理理论,为混合所有制企业构建了一种新型的、能区分不同胜任力的应用型主动激励模型,通过由委托人事先设计的薪酬激励机制,促使代理人主动选择能力、业绩与薪酬匹配的激励套餐,从而实现委托人和代理人双赢的理想结果。该激励机制将解决混合所有制企业以胜任力为基础的激励薪酬的局限性,改变传统的胜任力主观评估引起的偏差现象,保留并激励高胜任力水平的员工,减少代理双方的博弈风险,从而达到激励协同及员工和组织效益最大化。

4.1.2　胜任力薪酬与激励有效性相关文献评述

第一次提出胜任力专业名词的 McClelland(1973)认为,相比较浅层次特征的学历、知识、技能、工作经历等,胜任力所包含的个体态度、价值观、自我形象,尤其是潜在的特质、成就动机等深层次特征,是区分出员工绩效优秀还是绩效一般的关键因素。相比传统的智力测验,胜任力更能预测工作绩效。基于胜任力的薪酬模式,通过对员工所具备的价值观、知识、技能等进行科学评估,并根据其评定来确定其薪酬水平,是一种通过引导员工在专业水平提高而获得较高报酬,从而达到激励高胜任力员工及鞭策甚至淘汰低胜任力员工的目的的报酬分配方式(陈倩、葛玉辉、赵士军，2010)。

　　激励机制的本质是在充分了解员工的需求和动机的基础上，设计一定的奖惩措施和工作目标，并以此作为引导和牵引，使得员工的行为能够自动朝着组织期望的目标积极前行的机制设计过程(Kanungo & Hartwick，1987)。William通过研究发现，倘若没有激励机制管理，人的潜力只能发挥出二至三成；而科学有效的激励机制则能激发员工发挥出剩下的七至八成潜力。组织在进行激励机制设计时，要充分考虑员工深层次的内隐特征的价值观、个性和动机，以及可能会直接影响企业贡献大小的个人能力、潜力等一些因素。由此可见，基于胜任力的薪酬激励机制设计，由于强调的不仅仅是知识、技能、学历等显性特质，更有个性、价值观、成就动机等隐性特征，所以将两者结合本身具有更精准的预测性。较之绩效薪酬或岗位薪酬，基于胜任力的薪酬更能增强员工对自身胜任力的关注和对组织的认同感，起到目标激励和示范激励的作用，从而促进对组织的贡献。

　　以 Spencer 开发的专业技术人才的胜任力模型为例。作为胜任力领域的权威学者，Spencer(2008)通过研究得出胜任力模型可以从动机、特质、自我形象、社会角色、知识和技能 5 个维度展开研究。具体到专业技术人员，其胜任力模型的 5 个维度可以分解为技术专长、主动性、团队协作、客户服务意识等共计 10 个方面。中国学者温柏坚等(2011)通过访谈法及实证法，得到了与 Spencer 相似的结论。由于我国基于胜任力的激励体系的研究也处于起步阶段，导致我国对专业技术人才的吸引、保留和激励明显不足。一些研发人员被指吃青春饭，重视结果而不重视过程和能力，受大环境影响大，员工安全感不足。知识经济时代下，我国对专业技术人才的胜任力激励体系的建立，可以改进目前对技术人才激励不足的现状。

　　但是另一方面，由于基于胜任力的薪酬激励机制的合约双方本质上是一种存在风险的委托—代理关系(principal-agent theory)，即契约理论(theory of contract)，所以其形成的委托—代理关系隐含了这样一个前提，即知情者的私人信息影响不知情者的利益(Hodge，Anthony & Gales，1996)。在这样的关系下，作为委托方的组织拥有很少的关于其专业技术人员的动机、价值取向、技能等方面的信息，而技术人员却拥有相应多得多的信息，严重的信息不对称使组织处于相对劣势的地位。技术人员可能会通过隐瞒真实信息、包装自己等手段获取组织的高胜任力薪酬。组织如果过多地支付固定工资给低胜任力的员工，组织的收益将大大受到影响。因此，为解决这个问题，委托人要利用监督来限制代理人从事自利行为的能力，或利用激励使得代理人与委托人的目标一致（马喜芳、颜世富、钟根元，2016）。对于后者，其核心问题就是委托人如何设计一个最优激励与约束机制，以促使代理人从自身利益出发选择对委托人最有利的行为，从而使被激励者的行为向激励者预期的方向发展。

上述通过激励机制的设计促进组织和员工目标协同最后达到激励协同的思想，与协同论思想很为相似。即大系统中由许多小系统组成，各个系统间存在着相互影响而又相互合作的关系。系统协同程度越高，输出的功能和效应就可能越大，系统的负效应就会越小，结果就越有价值（Haken，1977）。Porter（2011）认为"协同"通俗地讲就是"1+1＞2"，是"企业在业务单元间共享资源的活动"。国内有学者认为激励协同是"通过协调企业、团队和团队成员的关系，兼顾员工个人和整个团队利益的激励机制，从而减少信息不对称带来的成本和风险"（段永瑞、王浩儒、霍佳震，2011）。正式提出激励协同的是 Amabile（1993），他通过构建激励协同模型分析得出，尽管有学者认为外在激励损害了内在激励的效用，但只要内在激励和外在激励整合得当，它们互相促进互相融合，可以起到促进员工和组织共同满意的作用。

混合所有制企业在激励管理系统中，由于构成被激励对象即系统要素的个体在数量、比例、动机、价值观、技能等不同，表现出显著的、稳定的差异性。这些不同的个体作为大系统的小系统，互相之间存在影响与制约。组织为使得各个子系统的激励目标与组织目标协同，要对各胜任力水平相当的群体加以研究和审视，深入剖析不同被激励对象特质，设计相应的激励机制，以达到组织和员工效用最大化。

通过前面的文献梳理，可以得出，以往研究对胜任力激励体系的重要性予以了肯定，在胜任力模型构建方面也已经比较成熟，但是以往的文献没有对胜任力模型构建后，如何将员工的胜任力水平予以识别或如何将其与薪酬激励机制挂钩予以进一步研究。具体到中国专业技术人员，如何将最能体现其业绩优秀和平庸的包括沟通协调能力、责任心等胜任力特质与薪酬激励结合起来，以及结合后员工和组织分别会达到怎样的激励效果并没有阐明。从协同的角度看，大系统不是小系统的线性加成。针对上述局限性，研究将在这方面做深化，重点讨论胜任力模型构建后组织该如何分类设计不同的激励机制，以达到组织激励协同，这也是本章的创新点。

4.2　协同式激励模型构建假设：逆向选择与约束机制

混合所有制情境下，组织作为委托人与代理人员工之间存在大量信息不对称，会直接导致员工做出逆向选择。从经济学视角看，逆向选择难题可以通过两种模型予以解决：信号传递模型（signaling model）与信息甄别模型（screening model）。对前者来说，员工先选择某种信号（如期望工资、个人能力与承诺产出），向组织传递信息（平均期望工资、平均产出），在接收到这些信号后，组织会根据贝叶斯法则，修正自己的先验概率，然后基于后验概率最终确定员工统一的胜任力工资。

由此可见，混合均衡情境下，组织选择的是平均化后的预期产出与预期成本（薪酬），因此会与同类员工签订相同的劳动合同，员工也会因此获得相同的报酬；如对同一事业部的研发人员采用一样的薪酬。可以推断，混合均衡下，高胜任力的员工会选择怠工甚至退出，而低胜任力的员工会占空子、搭便车。

与之相对的是，基于信息甄别型模型的分离均衡中，组织会根据接收的信息，顶层设计个性化合同，员工行动之后的后验概率不影响组织的选择；而后行动的员工具有完全的信息（多类合同方案）。不同类型的员工会根据自身的能力、决定投入时间选择最有利于自己的合同，并获取与之对应的薪酬。因此，分离均衡下，高中低不同能力的员工各得其所，均会获得较大的积极性参与，而组织作为委托人也规避了逆向选择风险（Wang & Gerchak，1996；查博、郭菊娥，2015）。

因此，基于胜任力的薪酬激励体系设计过程中，混合所有制企业需要通过事先设计的合同，对不同胜任力技术人员进行分类并实施"按能分配"。即将其胜任力大小与薪酬激励紧密挂钩起来，并且促使技术人员主动选择最有利于组织和个人的方案，从而吸引高胜任力的技术人员加入和留用的同时，促进组织效益最大化。基于上述不对称信息下的委托代理理论，本章对激励机制模型做如下假设：

首先，基于前面文献总结，我们假设某一混合所有制企业的专业技术人员的胜任力模型已经被组织识别并确认，其最重要的胜任力特质可概括为：技术专长、主动性和团队协作能力。假设每一项胜任力特质都可以用边际成本即 θ 来表示，即技术专长为 θ_1，主动性为 θ_2，团队协作能力为 θ_3……在单项评估时，组织如果发现某位专业技术人员工作技能很强，表示他轻松就能满足这个要求，即

工作技能边际成本 θ_1 很低。相反,对那些没有基本的技术专长欠缺或不够扎实的技术人员来说,处理一个任务很慢,很费时间,因为他/她的策略性专业技能很弱,要理解客户的需求很费劲,即使理解了也因为技能所限可能会多花很多时间或很多周折,因此其边际成本 θ_1 就显示很大。同理,对于那些主动意识很强的专业技术人员来说,其边际成本 θ_2 很低,反之,要使得生性不主动的专业技术人员,培养、激励甚至监控其主动性,组织和个人付出的代价很大,因此其 θ_2 很高。以此类推,逐项评价专业技术人员的胜任力特质。然后根据加权平均得出该技术人员整体的胜任力水平,即边际成本 θ。θ 越小,表示胜任力水平越高。

第二个前提假设是,代理人即国企员工在选择适合自己的激励方案时,面临两个约束:参与约束(participation constraint)与激励相容约束(incentive compatibility constraint)。前者指:员工从激励合同中得到的期望效用应当大于不接受合同时能得到的最大期望效用;后者指的是:在组织不能观察到员工行动决策的自然状态下,即信息不对称情境下,面临多种激励合同方案,员工一定会自动选择那个期望效用最大、最有利于他/她的行动方案。因此,任何组织的希望的 α 都只能通过员工的效用最大化行为实现。

第三个前提假设是,薪酬激励方案是由委托人即组织制定的,但是对不同的激励方案,代理人有权利自行选择。因为作为激励契约,是需要双方认可的,即组织是不可以也不可能去勉强员工做出选择的。

4.3　协同式激励机制模型构建与均衡分析

4.3.1　不同胜任力的边际成本激励机制设计

根据上述假设,在设计不同胜任力的专业技术人员激励机制前,首先要明确其边际成本。

假设现在某混合所有制企业面临三类专业技术人员,一类员工属于胜任力水平较低的,一类胜任力水平良好,还有一类属于高胜任力水平。根据市场水平及企业的经验,假设组织可以预测低胜任力的技术人员在其中占比为 V_L,中等胜任力水平的技术人员占比为 V_M,则高胜任力的技术人员占比为 $1-V_L-V_M$。

对低胜任力的技术人员做如下假设:其边际成本为 θ_L,产量为 q_L,其固定成本为 F_L,则低胜任力的技术人员的成本为:

$$C(q_L) = \theta_L \cdot q_L + F_L \qquad (4-1)$$

对中等胜任力的技术人员做如下假设：其边际成本为 θ_M，产量为 q_M，其固定成本为 F_M，则中等胜任力技术人员的成本为：

$$C(q_M) = \theta_M \cdot q_M + F_M \qquad (4-2)$$

对高胜任力的技术人员做如下假设：其边际成本为 θ_H，产量为 q_H，其固定成本为 F_H，则高胜任力技术人员的成本为：

$$C(q_H) = \theta_H \cdot q_H + F_H \qquad (4-3)$$

其中，$\theta_H < \theta_M < \theta_L$。即对不同能力的专业技术人员来说，高胜任力的工作投入边际成本小于中等胜任力的；低胜任力的 边际成本最大。

1）混合均衡：追求组织效益最大化时，将不同胜任力员工混合计算

正如前文阐述，在企业实施以胜任力为基础的薪酬体系时，通常面临的难题是无法识别其胜任力。根据上述信息，企业如果以期望工资作为支付员工的工资，即：

混合均衡：$Ew = V_L \cdot \theta_L \cdot q_L + V_M \cdot \theta_M \cdot q_M + (1 - V_L - V_M) \cdot \theta_H \cdot q_H$

$$\qquad (4-4)$$

那么，高中低三种能力员工都获得相同的报酬，这样低胜任力力员工非常乐意接受，高胜任力员工甚至中胜任力员工要么不努力工作要么放弃该岗位，组织达不到收益最大化。

2）分离均衡：追求组织效益最大化时，将不同胜任力员工分离处理

对那些低胜任力的专业技术人员，做分离均衡如表 4-1 所示。

假设根据员工胜任力大小，组织设计三个合约：方案 1：低产量薪酬方案（ω_L，q_L），即低胜任力技术人员选择生产低产量 q_L，从而获得低工资 ω_L；方案 2：中等胜任力技术（ω_M，q_M），即中等胜任力技术人员选择生产中等产量 q_M，从而获得中等工资 ω_M；方案 3：高胜任力技术人员选择合约（ω_H，q_H），即高胜任力技术人员选择生产高产量 q_L，从而获得高工资 ω_H。

由于个人效益最大化追求法则，那些低胜任力者自动选择方案 1，即低产量薪酬方案，见表 4-1。

$$\omega_L - \theta_L \cdot q_L > \omega_H - \theta_L \cdot q_H \qquad (4-5)$$

$$\omega_L - \theta_L \cdot q_L > \omega_M - \theta_L \cdot q_M \tag{4-6}$$

表 4-1　低胜任力员工的分离均衡

	Wage	Cost
1. Low Quantity Scheme	ω_L	$\theta_L \cdot q_L$
2. Mid-Quantity Scheme	ω_M	$\theta_L \cdot q_M$
3. High Quantity Scheme	ω_H	$\theta_L \cdot q_H$

由于个人效益最大化追求法则,那些中等胜任力者自动选择方案 2,即中等产量薪酬方案,如表 4-2 所示。

$$\omega_M - \theta_M \cdot q_M > \omega_H - \theta_M \cdot q_H \tag{4-7}$$
$$\omega_M - \theta_M \cdot q_M > \omega_L - \theta_M \cdot q_L \tag{4-8}$$

表 4-2　中等胜任能力员工者的分离均衡

	Wage	Cost
1. Low Quantity Scheme	ω_L	$\theta_M \cdot q_L$
2. Mid-Quantity Scheme	ω_M	$\theta_M \cdot q_M$
3. High Quantity Scheme	ω_H	$\theta_M \cdot q_H$

由于个人效益最大化追求法则,那些高胜任力者自动选择方案 3,即高产量薪酬方案,如表 4-3 所示。

$$\omega_H - \theta_H \cdot q_H > \omega_L - \theta_H \cdot q_L \tag{4-9}$$
$$\omega_H - \theta_H \cdot q_H > \omega_M - \theta_H \cdot q_M \tag{4-10}$$

表 4-3　高胜任力员工的分离均衡

	Wage	Cost
1. Low Quantity Scheme	ω_L	$\theta_H \cdot q_L$
2. Mid-Quantity Scheme	ω_M	$\theta_H \cdot q_M$
3. High Quantity Scheme	ω_H	$\theta_H \cdot q_H$

由式(4-6)、式(4-8)，可得：

$$\omega_L+\theta_M(q_M-q_L)<\omega_M<\omega_L+\theta_L(q_M-q_L) \tag{4-11}$$

由式(4-5)、式(4-9)，可得：

$$\omega_L+\theta_H(q_H-q_L)<\omega_H<\omega_L+\theta_L(q_H-q_L) \tag{4-12}$$

由式(4-7)、式(4-10)，可得：

$$\omega_M+\theta_H(q_H-q_M)<\omega_H<\omega_M+\theta_M(q_H-q_M) \tag{4-13}$$

由式(4-11)、式(4-13)，可得：

$$\omega_L+\theta_L(q_M-q_L)+\theta_H(q_H-q_M)<\omega_H<\omega_L+\theta_M(q_M-q_L)+\theta_M(q_H-q_M) \tag{4-14}$$

即，$\quad \omega_L+\theta_L(q_M-q_L)+\theta_H(q_H-q_M)<\omega_H<\omega_L+\theta_M(q_H-q_L)$ (4-14')

由式(4-12)、式(4-14)，可得：

$$\omega_L+\max\{\theta_H(q_H-q_L),\theta_L(q_M-q_L)+\theta((q_H-q_M))\}<\omega_H<\omega_L+\theta_M(q_H-q_L) \tag{4-15}$$

因此，当 ω_H、ω_M、ω_L 满足以下两个公式时，存在分离均衡：

$$\begin{cases}\omega_L+\theta_M(q_M-q_L)<\omega_M<\omega_L+\theta_L(q_M-q_L)\\ \omega_L+\max\{\theta_H(q_H-q_L),\theta_L(q_M-q_L)+\theta((q_H-q_M))\}<\omega_H<\omega_L+\theta_M(q_H-q_L)\end{cases}$$
$$\tag{4-16}$$

4.3.2　不同胜任力对不同激励合同的逆向选择

该激励机制设计下，如果满足式(4-16)的条件，那么低胜任力技术人员选择合约(ω_L, q_L)，即低胜任力技术人员选择生产低产量 q_L，从而获得低工资 ω_L；中等胜任力技术人员选择合约(ω_M, q_M)，即中等胜任力技术人员选择生产中等产量 q_M，从而获得中等工资 ω_M；高胜任力技术人员选择合约(ω_H, q_H)，即高胜任力技术人员选择生产高产量 q_H，从而获得高工资 ω_H。由于方案实施时员工是优先选择的，自利的本质会让员工的优先选择总能实现自身效益最大化。因此，当每类员工的效用实现最大时，组织也实现了利润最大化。在上述情况下，组织和员工达到了努力目标一致，效益同时最大化。

4.4　胜任力薪酬与组织效益协同式激励机制研究结论

4.4.1　胜任力薪酬与企业效益协同激励机制研究总结

不同于以往的胜任力薪酬设计的方法时通过行为面试、经验认定等主观判断方法,本章基于委托代理理论,用信息经济学方法对混合所有制企业不同类别员工构建了一种能区分不同胜任力的应用型主动激励模型。

由于混合所有制企业激励契约设计的实质是委托人和代理人效用对策问题,所以其理想的激励机制是,通过激励代理人起到引导的作用,并保证在代理人效用最大化时实现组织自身效用最大化。因此混合所有制企业作为委托人,通过分离均衡精细识别了员工胜任力水平的差异性,并据此采用差异化的激励手段和方法,促使员工主动选择与其能力、绩效对应的薪酬,从而实现国企和员工共赢的结果。在该机制下,不同胜任力的员工会主动根据自己的能力选择对应的产出的薪酬,使得组织更准确地实现胜任力与薪酬挂钩,减少了因组织和个人激励目标不一致而导致资源浪费,从而达到组织和员工的激励协同。

4.4.2　能力与效益协同式激励机制结论及相关解释

本章以国企民企混改后难以识别专业技术人员真实水平为例,根据其胜任力水平分别将其分成三大类(高、中、低),并构建了不同的产出与激励机制模型,最后得出以下结论。

首先,作为组织,要高度关注员工的 θ。作为绩效产出的重要预测指标,θ 是一种边际成本,因此可以被看成胜任力的重要衡量指标。对照岗位的胜任力模型,如某位专业技术人员,如果其沟通起来很费劲,如组织要经过对其不断培训、对其加强经验的积累等其沟通能力才得以提升,表示其沟通边际成本高,即 θ 高;如某位专业技术人员的主动性很高,如组织为敦促其完成工作任务对其的监控成本较低,则表示主动性的边际成本很低,则 θ 低。因此,在组织对员工的胜任力模型构建完成的情况下,可以进一步对其每一项胜任力特质可以予以细分、跟踪、培养和识别。

其次,本研究为混合所有制企业不同胜任力水平类别的员工进行了分离均衡契约设计。契约设计的前提是考虑到员工是自私的,他们永远会选择那些最有利于自己的方案。那些胜任力水平比较高的员工,由于其边际成本较低 θ_H,需要接受更大产量 q_H 的激励选择。在这样的选择中,员工可以得到的效益比选择低产量或中等产量的效益高,因此高胜任力的员工选择高产量方案。同理,低胜任力的员工 θ_L 将会主动选择低产量薪酬方案,而不是高产量或中产量,因为在这样的选择中,员工的效益达到了最大化,当然,中等胜任力的专业技术人员也因为追求个人利益最大化,会选择最适合自己的中等产量。

最后,本研究根据信息经济学,在机制设计的时候将员工目标和组织目标协同起来。即该激励机制避免了委托方存在信息缺失的弊端，促使代理人主动选择对组织有利的绩效产出和薪酬激励体系。因为 $\pi = S(q) - C(q)$，企业利润最大时，$\pi' = 0$，即 $S'(q) - C'(q) = S'(q) - \theta = 0$，因此：$S'(q_H) = \theta_H$，$S'(q_L) = \theta_L$。即当员工投入的边际成本等于组织的边际收益时，组织的效益达到了最大化。说得再具体一些，当专业技术人员的某一项胜任力特质，如主动性水平不断增加（对员工就是成本），增加到其主动性边际成本等同于因为其主动性为组织带来的边际收益时，组织效益最大化。当然由于员工本质上是自利的，其做出的这个选择使他/她个人效益也达到了最大化。在这个时候，组织和员工努力方向一致，效用同时达到了最大化，即实现了激励协同。

4.5 胜任力薪酬与混企效益协同研究总结与管理启示

4.5.1 胜任力薪酬与企业效益协同激励模式研究总结

考虑到较之民营企业，国企缺乏民营企业高度倡导的价值导向，其相对固定的年薪、有限的晋升机会难以激发起管理者与员工去从事"艰辛探索"，创新冒险精神缺失。因此，为充分发挥混合所有制企业活力，本章拟通过建立并主动识别针对不同胜任力、不同业绩契约的薪酬激励机制，将激励力度与业绩增长、做大蛋糕的能力紧密挂钩，以充分提升混合所有制企业员工创新创业的积极性，释放原民营企业市场"狼性""草莽英雄气"的激情，从而尽可能提升混合所有制的市场竞争力。

由于组织与员工之间存在着严重的逆向选择风险，传统的基于胜任力的薪酬激励既无法有效地甄别不同胜任力的员工，也不能激励他们努力工作。为了消除这种逆向选择缺陷，本章通过设计薪酬激励机制，针对混合所有制企业不同能力的专业技术人员采用分离均衡式契约安排，在不同胜任力的技术人员之间预设了唯一的分离均衡。该机制解决了以胜任力为基础的激励薪酬的局限性，改变了传统的胜任力主观评估引起的偏差现象，精确识别了不同胜任力的员工，减少了代理双方的博弈风险。该结论应用可促进不同胜任力水平群体体协同性，让高胜任力及低胜任力员工的工作热情都得以激发，从而实现组织效益最大化。本研究结论对组织激励机制设计及组织和员工激励协同均具有重要启示意义。

4.5.2　胜任力薪酬与企业效益协同激励模式管理启示

上述非对称信息下基于胜任力的激励机制设计,可以为混合所有制企业如何针对不同胜任力员工进行不同激励带来如下管理启示。

首先,混合所有制企业要意识到,组织里的员工因为其价值观、动机、知识技能等不同,其能力是参差不齐的,所以其边际产出是不同的。不同胜任力的员工需要采用不同的激励方式,应该采用不同的薪酬激励水平,切勿一刀切。因为统一的胜任力薪酬水平,定得过高(如高于市场水平),则会加重组织成本;定得过低,则难以吸引高胜任力的候选人。因此都不能起到激励的作用。所以基于胜任力的薪酬水平设计要多元化。

其次,混合所有制企业应该认识到,由于信息不对称,组织很难完全控制员工的行为。所以组织对员工的激励应该考虑到员工的动机,并以此激发他的行为。组织在设计激励机制时,不能勉强员工一定要选择哪种方案,而是根据人性的弱点,确信员工会追求个人利润最大化。因此组织需要预先设计激励机制,根据掌握的信息合理确定 ω_H、ω_M 及 ω_L,使其满足分离均衡条件。

最后,激励协同才是组织激励的最高境界。组织在设计激励机制时,要考虑多方面的因素和作用。只有当组织目标和员工个人目标协同一致时,组织才能抵消非协同带来的损耗,达到组织和员工都比较满意,实现"1+1>2"的激励协同效应,最后达到组织和个人效益最大化。

【专栏】　国企混改与共同富裕

推进企业参与共同富裕,或可借国企混改东风

最近,党中央发表重要讲话,强调在接下去的征程中,要坚持以人民为中心,在经济高质量发展的同时促进共同富裕。此次讲话极大地鼓舞了人民士气,尤其是,会议提出的关于通过"三次分配"以进一步促进社会公平、形成"中间大、两头小的橄榄型分配结构"的分配理念,引起社会广泛热议。

企业是经济活动与高质量发展的重要的主体,直接参与了财富创造与财富分配过程。因此,能否引导、推进企业积极担当作为、履行社会责任,将共同富裕理念嵌入企业内在发展的逻辑,是政府、社会、企业、个体协同推进共同富裕的重要内容之一。也因此,我们应该站在一个更高的视角,客观地看待在推进企业参与共同富裕过程中可能面临的问题与挑战、优势与机遇、对策与路径,从而为企

业认识、参与、践行共同富裕提供有益的借鉴与启示。

（一）推进参与共同富裕过程中企业可能面临的困惑

困惑一：企业第一要务是"做强做大"还是"能力大责任大"。该命题不仅仅是现实难题，也是西方管理学几十年来颇具争议的主题。改革开放 40 多年来，一些企业尤其是民营企业的启示是：活下来、提高绩效、利润为王，做强、做大、做久。现在的共同富裕、三次分配的提法，给了部分企业困惑：企业在做好业务经营的同时，要否提升社会责任感、参与慈善公益？如何参与？参与多少？参与的同时能否为企业带来好处？

困惑二：三次分配会否成为分配主角。三次分配是一种通过道德规范、舆论约束而实施的公益慈善性质的分配。很显然，相对于通过市场实现收入分配的初次分配、通过政府实现转移支付的二次分配，三次分配是辅助的、起补充作用的。然而，当前关于三次分配的声音较多较杂，部分企业与企业家难免不产生一种道德绑架、劫富济贫等恐慌感。因此，对于三次分配，当前有否合适的路径、可行的样板可以参照？

困惑三："心有余而力不足"情况下如何助力公益事业。当前，新冠疫情形势再度严峻，整个国家乃至全球都在经受严峻考验。对企业来说，除了受到疫情影响，还面临中美贸易摩擦致使的外需不足问题，从而进一步加剧了产能过剩、产品转型升级等压力；同时，国民经济发展与人口老龄化致使企业人工成本持续上升。尤其是中小企业，资金紧张问题更为突出。在这样的情境下，有些企业虽然认同企业社会责任理念，然而对参与推进共同富裕有心无力。由此带来的问题是：能力有限的现实情况下企业该如何助力履行社会责任、推进公益慈善？

（二）国企混改，或可提供企业参与共同富裕启示与路径

当前，国企混合所有制改革东风正盛。它是指通过投资主体与产权结构多样性等变革，提升公司治理模式有效性的一种改革。从协同视角看，当前亟待推进的企业参与共同富裕，与国企推进所有制变革，在理念、路径与方法方面，存在一定的相似性。

首先，中央提出的共同富裕的首要本意与路径是优化资源和机会分配格局；与此思路十分吻合的是，国企混合所有制改革可以帮助更多的有核心技术或者有市场开拓能力、但缺少规模资金投入的民营企业共谋发展蓝图。

其次，中央提出要在高质量发展中实现共同富裕。国有企业一直在致力于

服务关系国家安全和国民经济命脉的重要行业和关键领域。国企推进混合所有制改革,将带领更多的非国资企业通过技术、商业模式和管理联合创新,服务先进制造业与战略性关键领域。混改致力的这种既追求效率、更追求动力转换、体制创新的,与共同富裕期待引领企业走向更高质量、更加公平、更可持续、更为安全的发展,可谓是殊途同归。

最后,共同富裕强调公益慈善、服务民生,而国有企业在这方面做了较好的样板示范。除了其业务板块本身覆盖了一定比例的民生保障和改善职能,国有企业还注重日常公益慈善:在突发社会公共危机面前勇担重任、柔性转型;在全球经济重压下稳就业、稳产业链……所有这些,是值得大部分民企与外企学习与借鉴的。混合所有制改革,会促进这样的学习变成一种内部整合与吸收。

因此,在企业参与共同富裕缺少理念宣贯、舆论引导、路径明晰、样板树立的情境下,借势国企混改,可以为共同富裕推进注入强劲动力。

(三) 借力国企混改,探索公益慈善之路,推进共同富裕

当前,国企混合所有制改革东风已至。值此东风,或可进一步推进企业参与共同富裕。

首先,通过双方产权结构与业务重组加快国企混合所有制改革,最大程度促进国企、民企双赢,本身就是促进共同富裕最重要的方式。这是因为,企业参与共同富裕的前提是做大蛋糕。因此,国企混改东风下,国有企业要带领更多的有发展潜力的中小民营企业横向、垂直参与其关键产业布局,让民企成为产业链上下游或者平台垂直参与的合作伙伴,从而为民企提供大量的创新创业商业机会,带动更多的民企共同致富。另一方面,面对复杂多变的国际、国内市场的激烈竞争,民企要主动把握混改机会,迎难而上,开拓进取,争取运用自己的市场优势、成本优势、技术优势与柔性优势,谋求增量发展,同时也助力国企解决创新性、市场化以及保值增值问题。如此,在蛋糕做大的过程中,不自觉地参与了缴纳了更多的税收、提供了更多的就业机会、形成了更为稳定和谐的劳资关系过程,也就是参与建设了一个共同繁荣和富裕创造的社会过程。

其次,国有企业混合所有制改革要加快投身更多的战略领域、民生领域、中西部领域、乡村振兴领域。增量的混合所有制企业可以致力于关键领域创新的"专精深"、科技实力培育与提升与供应链产业链修复,促进中国高质量发展;参与到既有发展前景又能惠及社会的智能制造、健康、养老、生态等社会民生领域,开发更多保障民生、服务社会的创新型社会公共产品,让老百姓享受到物美价廉

的普惠产品和服务；投身于中西部地区、边缘地区、少数民族地区，改进当前区域发展不充分、不平衡问题，帮助弱势地区尽早实现共同富裕。

最后，国企混合所有制可以在国有企业之前常态化、规范化开展公益慈善路径的基础上，引领公益模式创新。积极引导混合所有制企业在有余力的情况下，力所能及就地开展三次分配。相对于大部分对履行企业社会责任既不内行、也无相应组织与运作模式的民企与外企，国企混合所有制一方面可以依赖原有路径开展捐钱捐物等公益慈善；更多的，建议创新公益慈善的模式：包括企业"能力大责任大""不忘初心，反哺社会"等理念的引导、在商业运作过程中以自己的优势技术与商业力量，就地开展公益服务，给服务的客户、服务所在地带来红利，从而为增进社会福祉、助力共同富裕做出贡献。

第5章 混合所有制层级奖惩与企业效益协同之机制设计[①]

　　传统的国企在激励与创新方面存在着两个顽疾：一是对高层的激励模式固留着传统的权力傲慢，从而严重阻碍了高层的冒险精神与创新意愿；二是在对中低层的激励模式中，因科层体制机械僵化而缺乏灵活性和柔性的方式，难以推动组织创新。为消解"内耗"，形成合力，混合所有制企业在设计激励机制与模式时更多地考虑组织不同层级的特质、动机和互动反应，以达到组织不同层级群体之间的激励协同。

　　本章基于双重委托代理理论，以混合所有制企业效益最大化为目标，构建了静态纳什均衡模型及动态序贯博弈模型，分析了混合所有制企业情境下的高低层级群体互动博弈过程及其对策。模型的演绎机制揭示：在提供顶层设计前提下，短期内，混合所有制企业对高层级群体绩效与奖惩紧密挂钩，将提升组织监管有效性；而混合所有制企业越过高层级群体对低层级群体加重惩罚是无效的；长期看，无论对高层级群体还是低层级群体，混合所有制企业必须配有一定程度的负激励，负激励是更为有效和持久的激励。

　　总之，借助层级博弈模型的演绎分析，本章将探索混合所有制企业内部总经理—部门经理—员工的奖惩优先性与奖惩程度，从而为推进组织层级监管有效性、探索科学的层级激励模式提供对策思路。

———————————

①　本章主要内容选自：马喜芳，颜世富，钟根元.基于互动博弈的组织不同层级间激励协同机制设计[J].软科学，2016，30(11)：86—90.

5.1　混合所有制企业开展层级协同激励的必要性

在管理实践中,激励被视为一种最典型常用的用以归化员工行为、引导创新、实现组织战略目标的重要方法(Malik, Butt & Choi, 2015)。科学有效地激励员工、发挥员工潜力并诱导个体实现组织期望已经成为并将继续成为管理学的核心课题。因此,从微观上讲,推进激励变革,用好激励改革良方,是我国国有企业在开展混合所有制改革过程中进一步加强现代化公司治理、激发创新活力的核心命题之一。

2005 年诺贝尔经济学奖得主、博弈论大家 Robert 曾发出振聋发聩的呐喊:"激励什么? 谁来激励? 如何激励?"Robert 也曾指出:"所有悲剧都源于不当的激励……一切经济体制出了问题,最后都可归结为不良的激励机制。"可以说,激励机制运用得好坏,一定程度上将是我国国有企业能否在国际舞台上做强做大、决定兴衰荣辱的重要因素。

尽管几十年来激励理论得到极大的发展,但由于激励本身不是一种简单的技术或者口号,其理论依然面临严重挑战(Larkin, Pierce & Gino, 2012)。目前关于激励的研究整体上可以分成两大类:基于组织行为学的实证研究和基于不对称信息下委托代理理论的经济学建模研究。前者通过理论阐述影响激励效果的因素是多元的并且复杂的,激励及其有效性之间的相关关系是不确定的;而后者依然坚信人的本性是理性的、自利的,是追求产出最大化的,因此激励应当也是必须与绩效紧密挂钩(Larkin, Pierce & Gino, 2012)。尽管激励体系设计具有相当大的自由裁量权(Gomez-Mejia & Welbourne, 1998),但是,无论是组织行为学还是不对称信息经济学,目前的研究主要是集中于横向上的单独个体,如针对知识性员工,或者纵向上的某个层级,如针对管理层的激励策略,很少有研究同时针对组织内不同层级群体的激励策略及其互动反应。在有关组织内激励协同的文章中,有静态环境下针对集团母子公司管控的激励协同(马喜芳、颜世富,2014)、团队知识联盟要素的激励协同(段永瑞、王浩儒、霍佳震,2012),缺乏动态情境下层级间的激励协同研究。

而事实上,混合所有制企业作为一个层级管理系统,不同层级的群体由于其等级、特质、动机、反应等不同,表现出显著的、稳定的差异性,因此需要为此设计不同的激励策略,使各层级主体都能协同合作(Bresnen & Marshall,2000)。层级管理思想最早可追溯到法约尔的"一般工业管理十四条原则"(Fayol, 1949),

随后巴纳德从组织权威的角度提出层级结构、逐级管理是组织管理的一个重要特征(Barnard,1938)。现代组织中,根据不同层级可以将群体代表性地分成总经理、经理、普通员工等,所谓的高层级群体和低层级群体是相对而言的。不同的层级由于工作目的、流程各不相同,目标也可能互相矛盾。而激励对象是主动的而非被动的,他们之间也存在着互动博弈。因此,复杂且动态的企业环境,已不满足对激励的研究局限于传统的单一层次的静态研究,而需要考虑在动态环境下不同层级激励对象的互动反应。

有学者把组织定义为一个由互相依存的要素组成的系统,组织要素的一致性或内部匹配,与组织绩效呈现正相关,所以组织必须不断寻求能够使其总系统大于各子系统总和的方法(Tantalo & Priem,2014)。从协同视角看,对不同层级的激励也是激励系统的子系统,只有当其子系统之间互相合作以达到子系统之间的平衡和共振,才能实现组织效益最大化。因此,如果对不同层级制定不同的激励策略而能促进组织不同层级互相制约和互相平衡,那么组织就实现了层级协同的激励功能。

本章基于双重委托代理理论,从协同视角构建了一个既定情境下混合所有制企业高层级和低层级群体间互动博弈的静态纳什均衡模型以及动态序贯博弈模型,分析既定情境下的高低层级互动博弈过程及其对策,为混合所有制企业实现激励协同提供解决思路。

5.2　混合所有制企业不同层级正负激励相关文献评述

5.2.1　组织中高层级、低层级的激励及激励有效性

从委托代理角度看,高层级群体多被视为代理人或经理人;从管家理论的角度看,由于高层群体同时承担监管低层级群体的职能,他们不是简单的员工,因而也被视为管家。组织中的高层级群体由于本身管理工作的复杂性,过程很难被监管,因此其激励话题一直是一个吃力不讨好的工作(Kidder & Buchholtz,2003)。尽管高层级群体的薪酬激励与组织绩效方面已有大量研究,但是鲜有证据表明两者之间有直接联系(Barkema & Gomez-Mejia,1998)。以 Tosi & Werner(2000)为代表的学者们通过元分析发现,在针对组织绩效触发因素分析中,只有 5% 甚至更低的比例可被高管薪酬来解释。曾爱军(2013)基于对2008—2010 年上市公司的实证研究得出结论:管理层年薪总额与公司净利润仅

在少数行业中存在相关性,激励机制并没有达到预期激励效果。刘振(2012)以沪深 A 股上市公司为样本,也得出相似结论。高薪激励的屡屡失效,进一步激发了经济学学者们对代理理论的坚持。Alchian(1972)等认为解决组织中的偷懒问题应该引入监督者,以有效解决代理人搭便车行为。

在低层级群体的激励有效性方面,研究集中在激励内容。如有研究认为,为了激发员工的敬业度,在形式上除了物质激励还应考虑非物质激励,在手段上除了外在激励,还可以通过管理者的可信行为等内在激励来激发员工的心理安全,从而提高工作有效性(Morrell,2011)。

5.2.2　组织中正激励、负激励及激励有效性

基于强化理论,Skinner 将激励分为正激励与负激励。前者是用于加强所期望的个人行为,如奖励和表彰;后者是为了减少或消除不期望发生的行为,如批评和降级。正激励可以通过满足需求而起到激励作用;但一味强调正激励可能会致使激励边际效益递减。

尽管有学者建议应当避免负激励,但最近有研究通过元分析得出,因为人们总是对坏经历印象深刻,负激励在一定情境下具有显著有效性(Balliet & Van Lange,2013)。Tverksy 等(1992)进一步研究得出,由于人有回避风险的本能,人们对损失的价值估计高出其对得到等价值的两倍。有学者从管理者心理感知对负激励进行了深度跟踪和调研,认为管理者在施加惩罚时会承受多方面压力;另一方面,大部分经理认为惩罚在实践中是有效的(Balliet & Van Lange,2013),甚至在某些情境下,如被激励群体频繁变更等,负激励比正激励更有效(Choi & Ahn,2013)。Kang 等(1995)通过对日本公司非例行更换高管进行实证分析后得出,经历非正常更换后的组织绩效会得到改进,研究对一定水平的负激励予以了肯定。

5.2.3　激励协同评述与层级激励协同的提出

激励协同概念起源于德国物理学家 Haken 的协同论。该理论认为,大系统中子系统间存在着相互影响而又相互合作的关系,系统协同程度越高,输出的功能和效应就可能越大,结果就越有价值。Porter 认为协同是企业在业务单元间共享资源的活动,通俗地理解就是"1+1>2"(Porter,2011)。第一次正式提出激励协同的 Amabile(1993)认为激励协同可以通过外在激励服务于内在激励而获得。在激励协同实践探索方面,段永瑞等(2012)运用委托代理理论,建立了基

于团队协作的激励模型，认为团队分享能促进协同效应。马喜芳等（2015）通过实证研究得出，组织非物质激励与 CEO 交易型领导风格存在协同作用，两者的协同能够显著促进组织绩效。王晔等（2015）认为，绩效管理体系的协同化设计可以促进企业的创新模式和创新绩效。

上述文献回顾可以得出，以前的学者对于组织中独立层级激励、如何运用正激励和负激励等以及对横向的不同要素的激励协同均做了大量探索。但是在如何同时针对不同层级展开激励机制研究方面还有待进一步挖掘。

5.3　混合所有制企业层级协同激励博弈模型构建

5.3.1　层级奖惩博弈建模理论基础和基本假设

混合所有制企业中的不同层级之间的管控在本质上是一种多重委托代理关系。解决代理问题的核心问题就是委托人需要设计一个最优激励与约束机制，以促使代理人从自身利益出发选择对委托人最有利的行为，既考虑激励相容约束和个人理性约束，同时也需考虑效率问题。为实现本研究的多层级激励协同，委托人一方面要加强对高层级群体的激励和监控；另一方面需要通过高层级群体来加强对低层级群体的监控。通过这种层级上的监管传递，可以使得高层级群体和低层级群体的目标一致，达到委托人的整体激励目的，防止机会主义的发生。

基于上述理论，本章将构建混合所有制企业不同层级间互动博弈模型，并做如下假设：

（1）混合所有制企业委托人做了顶层设计，即激励机制是由委托人制定的。

（2）委托人有能力对代理人即不同层级群体的绩效进行合理评估。

（3）高低层级群体面对博弈时分别有两种策略：①敬业；②偷懒，他们都是理性的，都追求自己的效用最大化。

（4）从长期看，低层级敬业将促进高层级高绩效。

为论述方便，在接下去的博弈矩阵分析中，将委托人以总经理代称，高层级群体以经理代称，低层级群体以员工代称。

5.3.2　层级奖惩博弈静态纳什均衡模型构建

如果经理不敬业，即经理没有严格监管员工，那么经理就无法区分员工是否偷懒,因而无法对他们做出正确的绩效评估,那么员工选择偷懒比选择敬业的收益就大,因为敬业得不到回报。所以在经理偷懒的情况下,我们假设员工敬业时收益为零,由此可推测员工选择偷懒时的收益大于零,令它为 S。由于经理的绩效取决于员工敬业的程度,员工越敬业,部门绩效越好;当员工偷懒时,其绩效必定也差。所以经理偷懒情境下,我们假设员工敬业时经理的收益为零;而员工选择偷懒时,会导致部门绩效明显下降,总经理就认定经理失职并要给予处罚,因此其收益小于零,令它为 $-T$。

综上得出,员工偷懒且经理也偷懒的情况下,员工和经理的收益分别为 $(S,-T)$;员工敬业而经理偷懒的情况下,员工和经理的收益分别为 $(0,0)$。见图 5-1。

同理,如果经理敬业,那么经理就能够区分员工是敬业还是偷懒,因此可以对员工进行客观的绩效评估并实施奖惩。在这样的情况下,员工选择敬业比选择偷懒的收益就大,因为前者能够得到回报而后者遭到惩罚。所以在经理敬业的情况下,我们假设员工选择敬业时收益为零,可以推测员工选择偷懒时的收益小于零,令它为 $-U$。另外经理的绩效取决于员工的努力,即员工越努力,组织绩效就越好,所以在经理敬业、员工也敬业的情况下,经理的收益为 $-W$(经理要付出时间精力去监管)。反之,如果经理敬业而员工偷懒,那么偷懒的员工会被抓出并受到惩罚,从而警告其他想偷懒的员工不得不转向敬业,所以总经理应该给予经理奖励,令它为 V。

综上得出,员工偷懒而经理敬业时,员工和经理的收益分别为 $(-U,V)$;员工敬业且经理也敬业时,员工和经理的收益分别为 $(0,-W)$。见图 5-1。

高层级（经理）

		偷懒	敬业
低层级（员工）	偷懒	$(S,\ -T\ )$	$(-U,\quad V)$
	敬业	$(0,\quad 0)$	$(0,\quad -W)$

图 5-1　高低层级静态博弈收益矩阵图

从图 5-1 可知,经理与员工静态互动博弈模型中,不存在纯策略的纳什均衡,但存在混合纳什均衡。令员工以 P_e 的概率偷懒,经理以 P_m 的概率不认真监管。

那么对员工来说:$P_m \cdot S+(1-P_m) \cdot (-U)=0$

解之可得：
$$P_m = \frac{U}{S+U} = \frac{1}{\dfrac{S}{U}+1} \qquad (5-1)$$

对经理来说：$P_e \cdot (-T) = P_e \cdot V + (1-P_e) \cdot (-W)$

解之可得：
$$P_e = \frac{W}{T+V+W} = \frac{1}{\dfrac{T+V}{W}+1} \qquad (5-2)$$

5.3.3 层级奖惩博弈动态序贯博弈模型构建

纳什均衡博弈做出的预测是基于博弈参与人的同时行为。而事实上，参与人的行动有先有后，后行动者的选择空间依赖于前行动者的选择，前行动者在选择自己的战略时也需考虑自己的选择对后行动者选择的影响。因此我们进一步建立了动态情境下的序贯博弈模型，模型假设与前面一致。

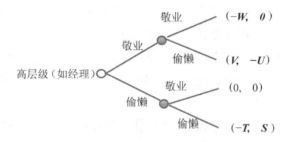

图 5-2 高层级群体先动情境下的动态博弈

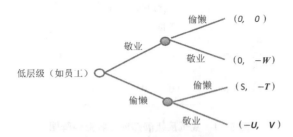

图 5-3 低层级群体先动情境下的动态博弈

从图 5-2 和图 5-3 博弈树可以看出，经理先动情境下，经理可以根据员工策略优先选择自己的行动策略，然后员工选择自己最佳方案。同理，员工先动情境下，员工可以根据经理的策略优先选择自己的行动策略，然后经理选择自己最佳方案。

5.4　混合所有制企业层级协同激励机制设计及结论

根据上述静态和动态博弈模型,下面将从四个方面探讨高层级和低层级群体的激励机制设计。

5.4.1　基于静态纳什均衡的激励机制设计

1) 低层级群体激励与收益

根据式(5-1),经理人如果想让经理敬业,我们只要使得 $\dfrac{S}{U}$ 取最大。如前文所述,其中 S 表示经理偷懒情境下员工搭便车的不当收益,由于 S 的减小依赖于企业治理机制,其复杂性已超越了本章讨论的激励范畴,因此 S 属于外生变量。而 U 代表的是经理敬业状态下员工有偷懒行为时可以施加的惩罚,总经理可以操控。

从公式看,当 U 远大于 S 的时候, $\dfrac{S}{U}$ 趋向于零;即 P_m 会越来越大,接近于 1。也就是说:如果总经理对于员工偷懒实施的惩罚程度越大,那么经理对员工就越不监管,即越不敬业,结果导致员工偷懒。由此,式(5-1)可以推出:

结论一:混合所有制企业越过高层级群体对低层级群体自行重罚的激励机制不利于高层级群体敬业。

这是因为,如果总经理对抓出的员工存在的偷懒行为予以重罚,会降低经理对员工监管的积极性和责任性。从伦理的角度分析,过大的惩罚力度也会激起经理对员工的怜悯之心。所以当经理发现员工偷懒时,经理会因为责任心的缺失及同情心的驱使而对员工放弃严格监管。

2) 高层级群体激励与收益

同理,根据式(5-2),总经理如果想让员工努力工作,我们只要使得 $\dfrac{T+V}{W}$ 最大。其中 W 表示经理严格监管时需要付出的成本(如时间和精力),当经理能力、企业作业流程等外在变量既定时, W 通常是个常数。 T 表示经理没有严格执行监管时总经理对其惩罚,而 V 表示经理严格执行监管时总经理对其奖励。为了使 $T+V$ 达到最大,我们不难看出,要么 V 足够大,即当经理有所作为时,总经理给予高度奖励;要么 T 足够大,即当经理不作为时,总经理给予严惩。即,总经理如果要使员工敬业,那么总经理就要对经理敬业进行重奖;反之,对经理采用放任式管理需要施以重罚。由此,式(5-2)可以推出:

结论二:混合所有制企业根据高层级群体绩效优劣施以严格的奖惩激励将促进员工敬业。

这是因为,总经理根据经理绩效表现予以鲜明的奖励和惩罚激励机制,会激发经理监控员工的积极性和责任心,降低员工偷懒概率。从代理理论的角度分析,对经理激励越直接,越能提升他们监管员工的绩效,从而促进员工敬业。

5.4.2　基于子博弈精炼纳什均衡的激励机制设计

1)低层级群体激励与收益

在具体分析时,为力求子博弈完美的纳什均衡,采用逆推法。由图5-3可知,在员工选择努力工作的情境下,经理将选择努力工作,因为(0,0)的收益大于(0,$-W$)。同理,在员工选择偷懒的情境下,经理将选择严格监管,因为($-U$,V)的收益大于(S,$-T$)。当 $V>0$,即只要经理监管能得到正激励,经理必定选择敬业(结论二已经论证)。在经理做出上述可能的选择后,现在轮到员工做出最后决策。只要 $U>0$,员工必定优先选择努力。即只要对员工偷懒略加惩罚,员工就会选择敬业而不是偷懒。由此,从图5-3可以推出:

结论三:混合所有制企业对低层级群体的偷懒行为施加惩罚将促进低层级群体敬业;并且这个惩罚力度大于零即可。

这是因为,惩罚本身会避免员工采取搭便车现象。而且惩罚作为一种负激励,会给员工带来比正激励更深刻的经验教训,从而避免给组织带来同样的错误。

2)高层级群体激励与收益

本求同样采用逆推法。由图5-2可知,在经理选择严格监管的情境下,员工将选择努力工作,因为($-W$,0)的收益大于(V,$-U$)。同理,在经理选择偷懒情境下,员工将选择偷懒,因为($-T$,S)的收益大于(0,0)。因为 $S>0$(搭便车收益)。在员工做出上述可能的选择后,经理将做出最后决策。由于 W 表示经理监管要付出的代价而 T 表示经理没有监管组织要给予的惩罚,为使得经理加强监管,组织应该让 T 大于 W。由此,从图5-2可以推出:

结论四:混合所有制企业对高层级群体偷懒施加惩罚将促进高层级群体敬业;并且这个惩罚的力度应该大于高层级群体监管低层级群体本身要付出的代价。

这是因为,如果总经理对经理的监管失职不予以一定程度惩罚,就会变相鼓励经理不作为,从而引发员工群体偷懒。从经济学人分析,人本质上都是自利的,需要外界压力的。

5.5　混合所有制层级协同激励机制结论与管理启示

5.5.1　混合所有制层级协同激励机制与模式结论

本章以混合所有制企业层级间激励协同为目的,通过构建静态和动态博弈模型,对"优先对哪个层级激励""正激励还是负激励为主""各层级奖惩程度如何掌握"等进行了探讨,并得出结论如下:来自委托人即企业高管的顶层设计是实现混合所有制企业不同层级互动博弈走出困境的前提。为达到企业效益最大化,实现激励协同效应,混合所有制企业应当针对不同层级设计不同的激励策略。混合所有制企业对经理应实施严格的绩效考评,奖惩激励与绩效紧密挂钩;同时,对员工不要越级重罚。最后,要重新认识负激励,负激励具有产生危机和忧患意识、激发潜能、促进敬业等作用,长期看是更为有效和持久的激励。

5.5.2　混合所有制层级协同激励机制管理启示

本研究具有如下管理启示。

首先,混合所有制企业应该对高管采用鲜明的奖惩激励政策,赏罚分明,对监管有力的高管实施高额奖金、股票期权,而对监管不力的高管予以减薪甚至降级。

其次,在总奖额有限的情况下,优先奖励管理层,因为奖励管理层比奖励员工有效。同理,在业绩不好的情况下,也应该首先惩罚高管。

再次,混合所有制企业需要合理运用负激励并把握程度。对员工来说,宜采用象征性的负激励,尤其不能越级重罚;而对高管来说,绩效不佳可以重罚,其处罚程度必须大于监管本身需要付出的代价,即实现激励相容。

最后,总经理对中层要严格,不可过于宽容;而对员工可以宽容甚至不管不问,因为总经理的"宽容"和"懒惰"会激发中层的"严格"和"敬业"。

总之,混合所有制企业只有针对不同层级制定差异化的激励策略,才能降低机会主义和搭便车概率,从而实现不同层级间的激励协同。本研究对于拓展激励理论,及在混合所有制企业实践中指导激励工作,都具有一定意义。

第6章 混合所有制海外资产流失防范与协同型
激励机制设计[①]

  混合所有制企业层级奖惩间博弈与协同,不仅仅存在于组织内部高层与中层、中层与基层,同样存在于国资委与企业集团、母公司与子公司之间。尤其是,"一带一路"背景下,国有企业面临"走出去"浪潮,其境外资产监管涉及更加复杂的博弈过程与流失风险。

  考虑到这些问题,本章基于系统视角,构建了国资委视角下的"国资委—国企集团母公司—国企海外子公司"的子系统博弈模式。通过系统多要素互动下的静态纳什均衡及动态序贯博弈分析,演绎国有资产境外流失的双重博弈过程及防范风险的激励机制,研究揭示:①基于系统视角,国资委应当提供顶层设计;②短期内,国资委在政策上加大对国企集团母公司的奖惩可有效防范境外国有资产流失,而一味加大对境外子公司惩罚的力度则无助于约束资产流失;③长期看,无论对母公司还是境外子公司,国资委必须配有一定程度的威慑惩罚措施;④从系统视角加强国有资产防范型激励机制,有助于实现国企母子公司管理协同。研究结论对系统防范和监管国有企业混合所有制境外资产流失具有启示意义。

  总之,本章将借助层级博弈模型的演绎分析,探索宏观层面国资委—国企集团—海外子公司有效监管与国有资产流失防范层级奖惩机制,从而为推进组织层级监管有效性、探索科学的层级激励模式提供对策思路。

---

① 本章部分内容选自:马喜芳,浦再明,熊竞. 系统论视阈下国有资产流失博弈分析及防范型激励机制设计[J].系统科学学报,2020,28(04):40—45.

6.1　国有资产流失与母子公司监管、激励缺位相关评述

"一带一路",国企先行。作为我国经济发展的支柱与中坚力量,国有企业在"一带一路""走出去"过程中发挥着拓路先锋的作用(李晨曦,2019)。数据显示,2018 年"一带一路"建设的影响力排名中,央企与地方国企分别占比 36% 与20%(国家信息中心,2019);截至 2018 年 11 月,国企在"一带一路"沿线承担基础设施项目占比在 50% 左右,合同额占比超过 70%(人民日报,2018)。

然而,随着合作边界不断向外延展,国企的"一带一路"境外实施存在着严重的境外资产监管缺失与国有资产流失风险(丘美珊,2019;张惠琴、杨瑚,2017)。因此,亟须建立消减、杜绝国有资产流失的监管机制与防范性激励机制,及时发现国有资产境外投资活动中存在的问题和风险,避免国企国有资产流失、境外腐败,确保"一带一路"倡议健康、有序地推行(丘美珊,2019),是肩负"管人、管事、管资本"的国资委推进"一带一路"建设中的当务之急。

为避免国企集团境外资产流失,以往诸多文献对如何防范国有资产操纵进行了相关研究。有学者基于利益博弈模型得出,加强母公司对子公司的监督从短期看的确约束了子公司的道德风险和逆向选择行为,然而从长期看不但不能阻拦子公司对自身利益最大化的选择,甚至还会降低对子公司的管控效率(马胜、周思伟,2011)。宋彪等(2018)从"一带一路"倡议联盟的视角出发,指出为杜绝企业和东道国地方政府在企业合作过程中发生的系列机会主义行为,国际政府部门应该专门设置监管机构,采取动态奖惩策略,以促进"一带一路"有序稳定发展。马喜芳等(2014)通过对母子公司进行静态纳什均衡建模并予以静态博弈分析得出:对母公司监控子公司的主动行为予以激励,有利于提升母子公司监控有效性。

系统论的融贯方法告诉我们,对复杂系统问题的研究要从纵向加横向双维度入手,既要分析事物的横向普遍联系,也要从纵向维度层层分解(于彬、王相臣,2020)。事实上,国有资产监管涉及经济系统中不同的行为主体间的利益相互掣肘及其策略选择问题。国资委与国企集团母公司(以下简称母公司)及其下属的国企集团境外子公司(以下简称子公司),在本质上是一组多重契约关系的、多层次的法人联合体(马喜芳、颜世富,2014);从系统视角看,这三个子系统间存在着不同利益博弈与策略选择。

考虑到这些子系统之间的多元博弈互动关系,本章将突破以往研究局限,将

系统管理理论引入国资委、母公司、境外子公司三方要素系统,构建三方博弈的静态与动态博弈模型。从指导思想看,系统理论强调,为了使得子系统各部分之间开展协作,形成具有一定功能的自组织结构,进而产生新的时空有序结构,系统论研究需要逐一分析子系统相关要素的属性、功能、价值与策略选择(杨桂通,2010);从研究方法看,系统理论认为可以通过"战略环境→战略选择→战略态势"等要素分析,从而构建系统战略模型(浦再明,2015);从实现目标看,系统理论认为系统有效性取决于协同程度,协同程度越大,输出功能、效应与价值就越大,越有可能实现"1+1>2"的协同效应(马喜芳、颜世富、钟根元,2016)。

从系统视角看,国资委与国企集团母公司(以下简称母公司)及其下属的国企集团境外子公司(以下简称境外子公司)构成了一个系统。国资委作为母公司的直接上级部门,是母公司的委托人;母公司作为子公司的出资人,与境外子公司也形成了典型的委托代理关系。

在该系统中,对国企集团母公司来说,它为了追求自己的利益最大化(如懒政怠政,放弃对境外子公司的严格监控),有可能导致集团整体利益受损。对境外子公司来说,作为知情者掌握更多的私人信息,可能会影响不知情者即委托人的利益(Zardkoohi, Harrison & Josefy, 2015);因此为实现单个利益最大化,子公司可能对母公司予以隐瞒,对资产进行操纵,包括在法律法规和一般公认会计原则范围内的盈余管理行为、在此之外的利润操纵或会计舞弊行为,以及不以总部效用最大化为目标的其他绩效信息操纵行为,以此来获得额外收益(马喜芳、颜世富,2014)。

因此,需要从系统视角站在顶层设计视角,分析国资委、直接代理人(国企母公司)与间接代理人(境外子公司)之间的博弈过程及其最优选择,并设计机制,让其在实现个体利益最大化的同时实现国资委追求的目标。本章的研究目标就是利用博弈机制使得子系统的目标一致,实现过程协同与结果协同,最后实现国企集团利益最大化。

6.2　国有资产流失及其防范举措相关文献评述

6.2.1　国企集团境外资产流失原因与对策分析

从委托代理理论来看,由于经营者与所有者之间存在两权分离所产生的代理问题,母公司与境外子公司存在着监管和被监管问题。因此,在母公司不参与境外子公司的日常运营管理的情况下,母子公司间所产生的信息不对称、责任不对等和利益不一致,导致境外子公司享有较大经营权与行为自主权的同时,存在境外资产操纵可能;境外子公司在境外项目的投入、招标的运作、采购经营、股权评比和当地合作机制等都有不可忽视的资金漏洞。以央企为例,其动态境外资产大部分未曾审计,存在诸多空白点,很大程度上是一笔糊涂账(曹煦,2015)。

因此,从顶层建立国有企业境外风险排查机制,是一个很现实并紧迫的问题。国资委需要创新监管制度,推进母公司加强监管,并根据监管结果予以奖励与惩罚,切实维护境外国有资产的安全。

6.2.2　国企集团境外资产流失防范机制相关评述

国有资产境外流失,是一个探寻科学有效的审计策略,对下属子公司予以审计、纪检、监察、巡视等或多管齐下,通过形成监管合力减少境外子公司的违规违纪的过程(罗廷婷,2017)。

在理论上,主要涉及集团母子公司监控博弈分析。企业集团母公司和子公司之间存在的代理矛盾被广泛关注(汤明、何晓明,2013)。有研究基于母子公司治理结构的静态和重复博弈模型,认为母公司控制权过度或子公司自主权过大,都将影响母公司监督职能的发挥(李晓娣,2008)。罗彪等(2013)通过构建子公司绩效信息操纵的委托代理模型,得出了总部对子公司的最优监督概率和子公司如实呈报绩效信息的最优激励机制。曾江洪和崔晓云(2015)基于演化博弈模型提出,合理的激励机制的设计,有助于解决委托代理问题,有助于集团母子公司策略选择,促进母子公司之间建立起一种互信互利的良好关系。

以前的文献主要研究其母公司对子公司如何制衡,因此不可避免地强调了对子公司进行奖惩;而没有将国资委、母公司与子公司同时纳入系统模型。它们没有探讨:作为最高委托人,国资委是否要同时对母子公司予以监管与奖惩;母子公司奖惩的优先性如何,激励与惩罚力度如何;以及对奖惩力度的大小如何影响境外资产监控有效性。

6.3　系统视角下的国资委—国企母子公司监管博弈模型构建

该部分将以系统理论为基础,构建包含国资委、国企母子公司的三方博弈模型,演绎境外资产操纵选择及其对策分析。

6.3.1　国资委—国企母子公司博弈理论基础与理论假设

1）系统激励理论

如果把组织视为一个系统的话，那么组织的激励管理系统中，被激励对象即系统要素的个体在层级、数量、比例、动机、价值观和技能等不同，表现出显著的、稳定的差异性。这些子系统互相之间存在着影响与制约（马喜芳、颜世富、钟根元，2016）。为使各个子系统的激励目标与组织目标协同，组织需要对不同层次的群体加以研究和审视，深入剖析不同被激励对象互动反应，设计相应的激励对策，以实现系统激励效果最大化。

2）委托代理理论

要解决委托代理过程中存在的信息不对称问题，委托人有 2 个策略：①利用监督限制代理人采取"假公济私"行为；②利用激励促进代理人努力工作，朝着委托人设定的目标前行。最优激励模式的设计就是想通过后者，考虑如何提升组织效率的同时，将经济学中的激励相容约束和个人理性约束设计进激励合同，从而使得员工与组织目标一致（马喜芳、颜世富、钟根元，2016）。

3）模型构建目标

模型构建目的在于：将国资委纳入系统模型范畴，通过国资委的顶层设计即激励与约束机制，自动实现国企集团母子公司过程协同与结果协同，母子公司目标协同，从而避免境外子公司资产操纵与资产流失，实现激励协同与系统效益最大化，具体为：一方面，设计机制激励母公司最大程度管理监控境外子公司，使得母公司对监控境外子公司充满热情与积极性；另一方面，设计机制约束境外子公司行动时自觉选择与母公司目标一致，为避免收益受损自觉放弃境外资产操纵。

4）系统结构与环境考虑

系统视角下的模型还需要考虑以下系统因素与环境，这些问题的澄清有助于后续的建模与对策分析。

首先，委托代理过程必然伴随着组织的监督成本、约束成本及剩余索取权引致的成本问题（Jensen & Meckling，1976）。因此，国资委在进行顶层设计时，要考虑到母公司要对其境外子公司实行监控是会涉及监管成本的；反之，如果国企集团为逃避责任减少成本付出，那么对境外子公司的监控会流于形式，从而会助长境外子公司滋长机会主义行为。

其次，由于规则是由国资委制定的，但是执行监控由国企集团负责，因此，需要考虑到惩罚的承受能力。即这种惩罚力度不仅要考虑到对境外子公司的伤害,同时需要考虑监控者母公司的心理压力,不要让惩罚力度影响到他们做出正确的执行。

最后,国资委在进行顶层设计时,要考虑不要将境外子公司的资产操纵的查处等同于国企集团本身的绩效低下。因为这种关联会变相影响国企集团做出正确措施,导致母公司管理目标错位从而做出选择包庇等逆向选择。

5）从系统视角对模型进行基本假设

模型做如下基本假设:

第一,国资委作为第一委托人,作出顶层设计,即国资委针对母公司及其子公司就境外资产流失问题制定出奖惩制度。

第二,在顶层设计前提下,母公司和境外子公司之间的博弈各存在两种选择:母公司有两种策略,严格监控和不严格监控;境外子公司有两种策略,境外资产操纵或不操纵。

第三,母公司在监控中,一旦发现境外子公司存在资产操纵等不当行为,则须依据国资委顶层设计的制度对子公司做出相应处罚。当然,母公司也可能对境外子公司不严格监控,最终子公司的境外资产流失会降低母公司的绩效,则国资委应对母公司给予惩罚。

第四,境外子公司也存在有境外资产操纵与不操纵的两种选择及对应后果:资产操纵而未被发现,子公司取得了非法收益;资产操纵而被发现,则会受到来自母公司的惩罚。

6.3.2　国资委—母子公司博弈静态纳什均衡模型构建

1）不严格监控情境下的静态博弈分析

如果母公司没有对境外子公司实行严格的监控,那么母公司就无法判定境外子公司是否存在资产操纵,因此无论境外子公司是否存在资产操纵,都没有办法进行相应奖惩。此种管理上的疏漏会诱使境外子公司选择自利更大的资产操纵而放弃资产无操纵。据此,现在假设在母公司没有严格监控境外子公司的情况下,境外子公司选择资产无操纵的收益为0;与之相对的,子公司选择资产操纵的收益大于0,令其为 A。

下一步,来分析母公司的收益。考虑到境外子公司是否进行资产操纵终究会在国企集团整体绩效中得到反映。若境外子公司无资产操纵,集团整体绩效相对较好;反之,当子公司发生了资产操纵行为,集团整体绩效必定较差。此时,委托人国资委将按规依章对母公司实施奖勤罚懒,奖优罚劣。现假设:在母公司没有严格监控境外子公司的情境下,境外子公司对资产无操纵时母公司的收益为0;那么在子公司发生有资产操纵情形下,国资委就认定母公司犯有因不严格监控导致的失职渎职,因此要给予经济处罚,令它为 $-B$。

综合上述,在国企集团母公司不严格监控情境下,①当境外子公司选择资产操纵时,境外子公司和国企集团(母公司)的收益分别为 $(A,-B)$;②当境外子公司选择资产无操纵时,境外子公司和母公司的收益分别为 $(0,0)$。详见图 6-1。

2)严格监控情境下的静态博弈分析

在母公司严格监控境外子公司的情境下,母公司能够准确区分境外子公司是否存在资产操纵,并根据监控结果按照国资委的规定实施奖惩。此种情境下,境外子公司选择资产无操纵会比资产操纵的收益大,因为前者能够得到奖励而后者要被惩罚。据此,在母公司严格监控的情况下,现假设:境外子公司选择资产无操纵时收益为0,那么选择资产操纵时收益小于0,令它为 $-C$。

同理,在母公司严格监控境外子公司情境下,假设子公司选择资产无操纵时母公司的收益为 $-E$(因监控本身要付出时间精力成本);那么境外子公司选择资产操纵时,母公司由于严格监管有功(严格监控迫使境外子公司不敢资产操纵而避免了资产流失),所以最高委托人国资委会给母公司以奖励,令它为 D。

综合上述,在国企集团母公司选择严格监控的情境下,①如果境外子公司选择资产操纵,则境外子公司和母公司的收益分别为 $(-C,D)$;②如果境外子公司选择资产无操纵,境外子公司和母公司的收益分别为 $(0,-E)$。详见图 6-1。

图 6-1　母子公司博弈收益矩阵

6.3.3　国资委—母子公司博弈动态序贯博弈模型构建

然而,现实中的"局中人"(三方),不一定会如前面的不完全信息下的静态纳什均衡博弈同时采取行动的;而更大的可能是局中三方因都彼此熟悉各自的特征、偏好与战略选择空间。在国企集团中,国资委、国企集团与子公司的行动不是同时发生的,而是会"先发制人"或"后发制人"。其中,后发者的战略选择空间取决于前发者的行动,前发者在开展自己的战略决策时也会考虑自己一旦做出决策,对后发者的战略选择会发生影响。

以上关于"局中人"的考虑更富于实际意义。因而我们需要通过建立基于完全信息的动态序贯博弈模型,来进一步分析国企集团母子公司之间对监管与被监管之间展开的具有时间先后的博弈。模型假设与前面一致。

从图 6 - 2 博弈树可以看出,母公司先动情境下,母公司可以根据境外子公司策略优先选择自己的行动策略(严格监管/不严格监管),然后境外子公司选择自己最佳方案(资产无操纵/资产操纵)。

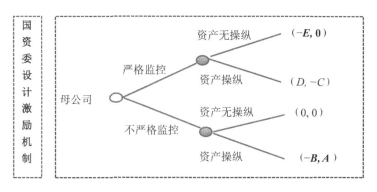

图 6 - 2　母公司先动情境下的动态博弈收益矩阵

同理,从图 6 - 3 博弈树可以看出,境外子公司先动情境下,境外子公司可以根据母公司的策略优先选择自己的行动策略(资产无操纵/资产操纵),然后母公司再选择自己最佳方案(不严格监控/严格监控)。

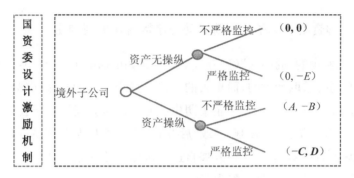

图 6-3　境外子公司先动情境下的动态博弈收益矩阵图

6.4　系统视角下的母子公司博弈均衡分析及激励机制设计

6.4.1　母子公司静态博弈分析:国资委—海外子公司

1) 国企境外子公司收益

从图 6-1 可以看出,国企集团母子公司静态博弈模型中,不存在纯策略的纳什均衡,但存在混合纳什均衡。令境外子公司以 P_1 的概率进行资产操纵,母公司以 P_2 的概率不严格监控。

那么对境外子公司来说:$P_2 \cdot A + (1-P_2) \cdot (-C) = 0$

解之可得:
$$P_2 = \frac{C}{A+C} = \frac{1}{\dfrac{A}{C}+1} \qquad (6-1)$$

对母公司来说:$P_1 \cdot (-B) = P_1 \cdot D + (1-P_1) \cdot (-E)$

解之可得:
$$P_1 = \frac{E}{B+D+E} = \frac{1}{\dfrac{B+D}{E}+1} \qquad (6-2)$$

2) 对国企境外子公司的激励机制设计

接下来,先站在委托人国资委视角,对国企子公司进行奖惩激励机制设计。

根据公式最优监控概论(6-1),国资委如果想让母公司执行严格监控,只要使得 $\dfrac{A}{C}+1$ 取最大,即 $\dfrac{A}{C}$ 达到最大,或者 A 远远大于 C。如前文所述,A 表示母公司不严格监控下境外子公司进行资产操纵所得。由于 A 的值取决于母子公司综合治理机制、境外子公司本身的资本、拥有的权力以及操纵的机会等外生变量,其复杂性、不可控超越了本章讨论的范畴,因此本章将之暂定为常量。

但是对于 C,因为代表的是母公司对境外子公司资产操纵时制定的可以施加的惩罚,属于国资委可以操控的范畴。由公式可知,当 C 远远大于 A 的时候,$\dfrac{A}{C}$ 变得越来越小,趋向于零;即 P_2 会越来越大,接近于 1。这意味着:如果国资委制定规则,对于境外子公司业绩操纵行为惩罚程度越大,那么,母公司对境外子公司有否实施资产操纵越不监管。结果反而会导致境外子公司实行资产操纵。由此,上述母子公司静态博弈公式(6-1)可以得出:

结论一:国资委制定的激励规则中,对一旦发现境外子公司进行资产操纵实行重罚反倒不利于母公司监控境外子公司。

这是因为,如果在国资委制定的规则中,严格要求一旦发现境外子公司存在资产操纵事件,则必须实行重罚,诸如取消境外子公司自主经营权。从权责体系角度分析,国资委制定规则直接处罚境外子公司会降低母公司对子公司监控的积极性和责任性。从伦理的角度分析,过大的惩罚力度也会引起母公司对子公司的怜悯之心或心理压力。所以当发现子公司存在资产操纵时,母公司也可能会因为恻隐之心或心理压力而放松监控甚至故意视而不见。

6.4.2　母子公司静态博弈分析:国资委—国企母公司

同理,接下来再站在国资委视角,对母公司进行奖惩机制设计。

根据子公司资产操纵的概率公式(6-2),可知,委托人如果想让境外子公司认真贯彻母公司战略,不对资产进行操纵,我们只要使得 $\dfrac{B+D}{E}$ 取最大。其中 E 表示母公司执行严格监控时需要付出的成本(如时间和精力),通常这个没有办法改进。B 表示母公司没有严格执行监控时委托人对它的惩罚,而 D 表示母公司严格执行监控时委托人国资委对它的奖励。为了使 $B+D$ 达到最大,我们不难看出,要么 D 足够大,即当母公司有所作为时,委托人给予高度奖励;要么 B 足够大,即当母公司不作为时,委托人给予严惩。也就是说,国资委如果要最大限度激发子公司不营私舞弊不操纵资产,那么委托人国资委就要把对母公司严抓境外资产流失的奖励(D)提升到一个相当的高度;反之,对母公司监控过程的放任自流要施之以足够大的惩罚(B)。也就是说,国资委对母公司不严格监管的惩罚力度(B)越大,以及对其严格监管境外子公司的奖励(D)越大,那么境外子公司对资产不操纵的概率 P_1 就越高。由此,从上述母子公司静态博弈公式可以得出：

结论二：国资委对母公司予以高奖重惩是有效的激励措施。

这是因为，如果国资委设计了一套有效的、针对母公司承担的对境外子公司的监控绩效予以重奖或重罚的奖惩制度，就会激发母公司的积极性和责任心，从而能有效提升母公司对子公司监控的有效性。从代理理论的角度分析，人的本性是理性的、自利的，是追求产出最大化的，因此激励与绩效紧密挂钩是有效的（Larkin，Pierce & Gino，2012）。

6.4.2 母子公司动态博弈分析：国资委—母子公司

1）国企母公司激励与收益

在具体分析时，为力求博弈完美的纳什均衡，采用逆推法。由图 6-2 可知，在母公司选择严格监管的情境下，因为 0 的收益大于 $-C$，因此较之资产操纵的收益（D，$-C$），境外子公司只好选择资产不操纵，因为后者收益（$-E$，0）更大。同理，在母公司选择不严格监控情境下，因为 $A>0$（搭便车收益），（$-B$，A）的收益大于（0，0），所以境外子公司将选择资产操纵。在境外子公司做出上述可能的选择后，母公司将做出最后决策。由于 E 表示母公司监管要付出的代价而 B 表示母公司因没有监控子公司而要接受国资委给予的惩罚，为鼓励母公司加强对子公司的监管，国资委应该让 B 大于 E。据此，由图 6-2 可以推出：

结论三：国资委制定的激励规则中，应要求母公司对境外子公司严加监控，对监控不力应予以惩罚；惩罚的力度应该大于母公司监管境外子公司本身要付出的代价，才是有效的激励措施。

这是因为，如果国资委对母公司的监管失职不予以惩罚，就会变相鼓励母公司不作为不监管，从而引发境外子公司搭便车，实施资产操纵，最后导致境外国有资产的流失。

2）境外子公司激励与收益

该部分同样采用逆推法。由图 6-3 可知，在境外子公司选择资产无操纵的情境下，国企集团将选择不监管，因为（0，0）的收益大于（0，$-E$）。同理，在境外子公司选择资产操纵的情境下，国企集团母公司将选择严格监控，因为（$-C$，D）的收益大于（A，$-B$）。当 $D>0$，即只要母公司监管能得到正激励，母公司必定选择严格监控，该结论与上述结论二是吻合的。

在母公司做出上述选择后，境外子公司做出最后决策。只要对境外子公司的惩罚大于 0，即只要 $C>0$，境外子公司必定优先选择资产无操纵，因此，可以

有效规避境外资产的流失。据此,由图 6 - 3 可以得出:

结论四:国资委制定的激励规则中,对境外子公司的资产操纵施加惩罚将减少境外资产流失,并且只要求这个惩罚力度 $C>0$ 即可。

这是因为,惩罚作为一种负激励,会给境外子公司带来比奖励更深刻的教训,从而减少境外子公司搭便车现象。

6.5　海外资产流失防范型激励机制结论及启示

6.5.1　海外资产流失防范型激励机制设计研究结论

本章基于系统视角,构建了"国资委—国企母公司—境外子公司"子系统互动博弈的静态纳什均衡模型及动态序贯博弈模型,通过模型演绎分析了国有资产流失的博弈过程以及得出风险规避的应对之策——防范型激励机制。

研究结果揭示:将国资委纳入激励系统,并予以顶层设计是实现国企集团母子公司的委托代理走出资产流失困境的前提。在国资委提供顶层设计(防范型激励机制)的前提下,短期内,国资委加大对母公司的绩效奖惩政策可以规避国企境外资产流失;而国资委政策上直接加大对境外子公司惩罚的政策则未必能有效防范境外资产的流失;从长期看,无论对母公司还是对其境外子公司,国资委配有一定程度的威慑惩罚措施还是有必要的。

6.5.2　海外资产流失防范型激励机制设计管理启示

本章具有以下管理启示。

首先,系统视角下,要实现激励协同,国资委有必要针对国企集团建立一套科学的绩效和薪酬管理体系。在总奖额有限的情况下,优先奖励母公司,因为奖励母公司比直接奖励子公司有效。同理,在绩效下滑的情况下,也应该优先惩罚母公司。

其次,在管理母公司方面,国资委需要将母公司的绩效与境外资产流失防范紧密挂钩,并根据绩效评定结果实施重奖严罚机制,诸如对监控得力的母公司发放高额奖金、股票期权等;而对于其监控不力甚至联合子公司进行资产操纵的行为则必须给予重罚。因为上述举措有助于加强母公司对境外子公司监控的积极性与责任心。

再次,在管理国企子公司方面,国资委不宜对查处出资产操纵的境外子公司予以重罚。国资委对境外子公司要"宽容"与"懒惰"。因为国资委对境外子公司的"宽容"和"懒惰"会激发母公司的"严格"和"敬业"。而母公司一旦"敬业",就会威慑子公司,从而降低境外国有资产流失。相反,国资委如果对境外子公司严厉,母公司就会逍遥、懒惰,从而不利于对国企境外资产真正的管理。

最后,国资委需要合理运用负激励并要精准把握力度。"大棒"有助于企业产生忧患和危机意识。对境外子公司来说,可以采用象征性的低水平的负激励;而对母公司来说,绩效不佳可以重罚,其处罚程度必须大于监管本身需要付出的代价,即实现激励相容。

【专栏】 国资国企任重道远

国资国企如何在打造国际产业链贡献中国力量[①]

(一)危机下我国助力"维护全球产业链供应链稳定"

当前,新冠病毒肆虐全球,全球经济与社会发展面临严重威胁,国际产业链和供应链遭遇重创。

疫情危机下,我国在第一时间组织复工复产,为疫情国家提供紧急物资,为稳固全球产业链贡献了中国力量,体现了大国担当精神。2020 年 3 月 26 日的 G20 峰会上,习近平总书记高屋建瓴,提出要构建"开放、稳定、安全的产业链"来"共同维护全球产业链供应链稳定""以一如既往的方式,为世界经济稳定做出贡献"。

产业链是一个集价值链、企业链、供需链和空间链的复杂概念,是一个包含了上下游关系和相互价值的交换、上游环节向下游环节输送产品或服务、下游环节向上游环节反馈信息的完全链条。产业链的修复与重整,是个长期的过程。

(二)修复、构建全球产业链,我国任重道远

外贸撤单与上游断供使我国产业链修复面临压力。我国是制造大国,拥有全球规模最大、门类最全、配套最完备的制造业体系,同时也拥有全球最长的产业链,然而我国制造业转型升级、产业链上移之路缓慢。在产业链综合实力上,

---

① 本章主要内容选自:马喜芳. 产业链重整从完善"内循环"开始[N]. 社会科学报,2020 - 05 - 07(004),国内信息.文章后为搜狐网、看点快报、网易等转载。

我国优势产业以通讯、电子设备等劳动密集型产业为主,与发达国家创新引领有一定差距;从产业链参与情况看,中下游强,上游不强;某些点强,但链不强;另外,我国产业链设计能力较弱,补链、建链、强链领军人物亟待培育。

疫情危机下,随着外贸订单取消,出口需求下降明显;更重要的,我国作为需求方,对一些疫情国家的进口存在严重依赖。以半导体原材料硅晶圆、光刻胶、存储芯片等为例,日韩疫情恶化直接造成我国高度依赖进口的半导体原材料、核心零部件短缺,制造成本上升,电子、汽车等相关行业受挫。

(三) 修复国际产业链,国资国企当逆势而上,贡献中国力量

国际先进产业链的发展经验启示我们,产业链打造的关键在于构筑"自主可控、安全高效"全产业链,包括对产业链上游的控制能力。因此,在全球疫情危机影响国内产业链正常循环的情况下,我国国有企业必须未雨绸缪,"危"中创"机",探索出高质量发展的新路径,在逐步实现复工复产的基础上首先完善产业链的"内循环"。这不仅是应对眼前难关的前提,也是加速我国产业转型升级的长远之策。

首先,国资国企顶层设计修补产业链,构筑"内循环"产业链的生态网络。国资国企尤其要积极发挥中国作为参与国际产业链供应链分工程度最深、范围最广、影响最大的国家的优势。以龙头国企为抓手,审视核心产业链上下游的完整性,"引资补链""引资扩链",将产业链从制造环节逐步延伸到产品设计、原材料供应、生产、销售、服务的全过程。在长三角、珠三角、京津冀等经济区域打造空间上高度聚集、上中下游高度协同、覆盖产品研发、原材料提供、制造生产、市场销售渠道等全产业链;确保上游、中游和下游等环节配套,不缺链节,不掉链子,建立并逐步完善产业链生态主体间的双边或多边合作机制以及信息服务平台。

其次,积极参与国际产业链供应链深度整合,攻克关键核心技术,为国际产业链注入发展动力。识别并有计划、有区别地扶持一些影响核心产业链发展的关键技术。科学预测和规划核心产业链的发展趋势,着重追求产业链的配套效率、数量和质量。针对国内研发与合作,改革优化科研评价指标体系。重视国际研究与合作,在新技术开发早期阶段择机介入组织、协调,减少风险,为"内循环"上游产业链提供创新动力。同时,鼓励园区、企业与科研院所加强产学研用联合,积极吸引优势外企来我国设立先进制造基地、研发中心、采购中心和地区总部。

再次,国资国企修炼内功、抱团取暖,为"内循环"产业链提供活力。对我国

企业来说,疫情当下要学会修炼内功。一方面,针对外贸撤单、国际物流滞阻不畅、产业链扰动等做好危机应对;更关键的是,应树立长期忧患意识,"危"中创"机",形成内循环经济产业链,抱团取暖,上中下游协同发展。对一些龙头企业来说,全球疫情下要利用产业链重塑新机会,开展自动化、信息化、智能化、高端化之角色转换,抢占"内循环"上游先机;利用自己的比较优势找准链条上深化合作的战略契合点,并逐步向两端发展,以实现"优品推优技—筑节成链"的产业链突破。

最后,国资国企加速产业集群配套服务,为"内循环"产业链提供助力。产业集群是构建"内循环"的载体。着力为关键产业、龙头企业建立一系列配套环境和条件,包括基础设施、配套工厂、人才培养等,以及通盘考虑配套环境的产业集群效益,发展相关配套的器件生产企业,建设便利的港口、陆路交通,提供独特的技术人才引进政策等。

总之,从长远来看,疫情下我国产业链受到冲击是暂时的;当然要走上转型升级重塑全产业链之路也是不易的。"内循环"产业链完善之路,需要国资国企登高望远、低头务实、跬步笃行、倒逼转型、迎难而上,唯此奋进,才能占领国际产业链格局中的新高地!

第7章 混改情境下的非规则激励与组织情境协同影响机制研究①

考虑到大部分混合所有制企业处于初建期、磨合期,因此可能存在工作不规范的问题;同时,为加强战略管控,混合所有制企业高层会在资源获取、信息获知、空间布局、时间安排等方面加强优先权,因此,对组织中权力分配不平等情况的接受程度可能更大。那么,在这样的情境下,领导风格作为影响公司战略的重要非规则激励,其有效性如何受到影响,是个值得探讨的问题。由此带来的思考是:如果其过大的权力距离是阻碍而不是激发了员工创新,那么我们该如何削弱而不是放纵这种权力傲慢? 如果组织规范化水平会促进而不是削弱了员工的创新绩效,那么,在企业开展混合所有制改革以后,该如何培育加强这种规范化水平?

本章以"过犹不及"效应(TMGT)与领导替代效应为理论基础,探讨混合所有制企业中变革型领导与员工创造力之间的倒 U 型曲线关系。运用 232 名员工与其直接主管填写的多源配对数据,来验证理论假设。研究发现,变革型领导与员工创造力之间存在倒 U 型关系。此外,组织情境中的工作正式化与权力距离对曲线关系起到了调节作用:随着工作正式化程度的降低或权力距离的增大,倒 U 型曲线关系更加明显。

本章混合所有制情境下的变革型领导对员工创造力的学术争论予以了理论与实证解释。研究扩展了领导力替代者的视角,为混合所有制企业里的非规则激励何时实现最大效用、非规则激励如何受工作正式化、权力距离如何共同影响员工创新提供了新的视角。

① 本章部分内容选自:Ma X, Jiang W, Wang L, Xiong J. A curvilinear relationship between transformational leadership and employee creativity[J]. Management Decision, 2020, 58(7): 1355 - 1373.

当前国有企业混合所有制在激励与创新方面仍存在着时常为人所诟病的顽疾。要化解混合所有制改革的实践难题,提升混合所有制改革难题,不仅仅是将国企与民企的激励手段进行简单粗暴的移植或择其一而用之,更应该通盘考虑混合所有制企业所处的文化环境和具体时代背景,正视当前存在的激励机制缺位和不适问题,从而走出当前激励机制"水土不服"的魔咒,铲除"管理低效"的毒瘤。

7.1 混合所有制企业非规则激励与创新相关背景

组织绩效的前因变量研究具有高度的复杂性。其中,由于管理层对组织的计划、组织、激励等具有直接的职能领导,管理层独到的战略眼光、强烈的创新精神和运筹帷幄的指挥协调能力是组织绩效背后的根本指导力量,因此,在影响企业未来发展是否成功的诸多因素中,管理层领导行为被视为最具关键性的因素之一(马喜芳、颜世富,2014)。作为领导行为模式的领导风格,会帮助定义和形成有助于组织绩效的推动力。

在关于领导风格的文献中,交易型领导风格(transactional leadership)和变革型领导风格(transformational leadership)两个领导风格一直占据着西方领导理论的前沿领域和重要方向。Burns(1978)认为,相较于交易型领导主要是通过"满足下属即刻的、与自我直接相关的利益来激励下属",变革型领导主要是通过"与下属之间的互动来让员工意识到所承担任务的重要意义,激发下属的高层次需要"。

大量的研究在探讨和比较两者的影响机制。相比交易型领导风格,理论家们对变革型领导风格寄予了更高的期望。有研究认为,变革型领导对于交易领导,最能激发员工士气,并且具有扩大效果(augmentation effect)(Waldman,Bass & Yammarino,1990),即变革型领导的影响是在交易型领导的基础上,对下属和组织有额外的影响效果。Bass(1985)在其代表作《领导和超出预期的业绩》写道:"变革型领导促使下属为了组织的利益牺牲自己的利益,达到并超越原来期望的结果。"

尤其是,变革型领导通过提供鼓舞性激励、设定高绩效期望、帮助员工克服对挑战性工作的恐惧与挑战等(Jyoti & Dev,2015),从而极大地促进员工的创新态度、行为以及员工创造力(Bass & Riggio,2006;Mittal & Dhar,2015)。然而,将变革型领导与员工创造力联系在一起的实证证据是混杂的,其结论呈现非一致性(Ma & Jiang，2018)。尽管有大量研究实证显示了它们之间的正向关系，另有一些研究表明它们之间并没有相关关系，甚至存在着负相关关系(Wang & Rode，2010)。例如，Basu 和 Green(1997)首先发现了变革型领导与追随者的创造性行为之间存在负相关的例外情况。Ma 和 Jiang (2018)经实证研究得出，在充满不确定的社会情境下，变革型领导与员工创造力没有呈现正相关。类似地，有学者提出了一些假设与猜想，认为某些条件如组织背景和文化，可能是致使其悖论关系的原因(Iii & Shriner，2017)。然而，在对变革型领导力有效性的实证研究中，组织情境很大程度上被忽略(Porter & McLaughlin，2006)。因此，急需开展更多的相关研究，以进一步探索混合所有制企业为何以及何时可以及时地收获组织中高层变革型领导的有效成果，从而更全面地理解与应用变革型领导理论的不同情境下的影响机制。

现有研究有意识到工作场所存情境的差异性可能是变革型领导有效性不一致性的原因。研究发现，当个人和情境变量发生变化时，领导与员工创造力的相关性会出现相应改变(Ma & Jiang，2018)。Basu 和 Green(1997)解释说，理论上讲，员工的创造力可能会被拥有高魅力的领袖所吓倒。这些"完美的领导风格"鼓励追随者的依赖，并要求毫无异议地服从领导决策(Basu & Green，1997)。Eisenbeiß 和 Boerner(2013)通过对 416 名研发人员的研究证明，变革型领导增加了追随者的依赖性，从而降低了下属的创造力。Ma 和 Jiang(2018)进一步提出，领导非规则激励与员工创造力之间不一致可能是因为组织阶层、环境的快速变化、高度的不确定性、工作保障的缺乏以及工作场所具体的规章制度不够明确所导致，上述这些都削弱了变革型领导的有效性，也进一步抑制了跟随者的创造性表现。更有进一步的实证研究表明，悖论也可能源于不同工作情境下的不同研究设计(实验与实际工作场所)的结果(Gumuslouglu & Ilsev，2009)。为了更好地解决这些问题，学者们建议增加中介变量(Tse，Herman，March，et al.，2018)，或者增加调节机制(Ma & Jiang，2018)，即限定的特定条件可以更好地阐释该领导风格的影响机制。

然而，之前的相关研究存在以下不足：一方面，它们没有用一个合适的理论来解释为何自变量和因变量之间存在这种不一致性；另一方面，它们也没有通过实证调研的方法，来进一步研究变革型领导和跟随者创造力之间的负面关系是如何受制于工作情境的。因此，当前这种混杂的、非一致性的现象与研究结果表明，为了更好地挖掘变革型领导在组织中是否以及如何影响员工的创新绩效，亟需新的理论视角，并开展相应的实证研究。事实上，我们推测，变革型领导与跟随者创造力之间的关系可能比简单的线性关系更为复杂,这种不一致很可能是"过犹不及"效应(TMGT,too-much-of-a-good-thing effect)引致的。"过犹不及"理论说明:从管理学角度看,某种供给通常是有益的;但如果供给量过大则可能会适得其反(Pierce & Aguinis,2013)。这样的理论基础也符合了之前的一些理论推测,如,一些研究人员曾提出过,因为阶层等级原因,或者对领导表示绝对忠诚将直接决定员工职业安全乃至职业成功等传统因素,过高的变革型领导风格倾向可能会导致过多的"服从文化",从而扼杀跟随者的创造力(Ma & Jiang,2018)。

此外,尽管已有大量研究探索了提高跟随者的创造性绩效的前因变量(Ma & Jiang,2018),然而员工创造力前因变量的实证研究仍显不足。例如,目前的研究发现,工作场所赋予的开阔视野、自主性支持、鼓励、承诺、挑战(Elkins & Keller,2003)、创新支持氛围(Khalili,2016)、任务复杂性和创新性(Mahmood,Uddin & Fan,2019)将促进变革型领导收获更多的员工创造力。然而,更多的研究还有待于开发,以在更广的范围内识别更多的前因变量,从而培养追随者的创造力。

情境领导力研究者认为,领导力不是在虚拟的真空中产生的,其有效性的发挥离不开真实情境的影响(Porter & McLaughlin,2006)。从这个角度分析,我们需要更多地关注追随者和情境变量,而不仅仅是领导者本身。例如能促进创新的工作环境、工作文化等,相比其他因素,可能是更为有效的创造力预测前因变量(Ma & Jiang,2018;Wang & Rode,2010)。基于领导力替代论(Kerr & Jermier,1978),一些典型的领导替代因素,如工作场合中广泛存在的文化导向,工作任务特征等,可能会影响领导的有效性(Kerr & Jermier,1978)。

基于上述分析,本章将基于"过犹不及"效应视角,开展混合所有制应用情境下的理论假设与实证分析,探索文化导向和工作情境因素有可能潜在影响变革型领导与员工创造力之间的非线性关系。具体研究步骤如下。

第一,我们将研究变革型领导与员工创造力之间的曲线线性关系。我们做出理论假设:适度和过度的变革型领导可能会促进和削弱其下属的创造性绩效。鉴于以往的研究并没有提出一个曲线关系来进一步探讨变革型领导与员工创造力之间的悖论,本研究首次从"过犹不及"效应的角度出发,提出了变革型领导与员工创造力之间的曲线关系,该尝试有助于解释为何众多的变革型领导与员工创造力之间关系存在非一致性。

第二,基于领导替代理论,本章假设 2 进一步对变革型领导与员工创造力之间的曲线关系提出了一个缓冲模型。考虑到工作场所创造力是创造力研究的许多重要领域之一，因此，运用行动者—情境互动模型可以更好地探讨创造力的复杂性，以及其潜在影响机制（Zhou & Hoever，2014）。在接下去的理论假设 2 中，我们将探讨影响创造力的关键因素（工作特征）和背景因素（文化）。作为工作设计的一个核心维度（Lee & Antonakis，2014），工作正式化（Job formalization）指的是一个组织在多大程度上使用规则和程序来规定在执行某些工作时的行为（Fredrickson，1986）。提出该理论模型基于两个原因：一方面，这两个变量在创造力前因变量研究中尚未得到充分分析，因此有进一步探索的必要；另一方面，尽管工作正式化主要出现在工作设计文献并且受到诸多关注（Hempel，Zhang & Han，2012），许多学者认为，作为一个工作特征，它与员工创造力（Marinova et al.，2015）和变革型领导力（Saleem & Mahmood，2018）的相关性同样不能被忽视。因此，我们首先考察了工作正式化对领导—员工关系的利弊影响。

　　第三，基于领导替代理论，假设 3 进一步考察了权力距离对上述倒 U 型关系的强化影响机制。我们提出，权力距离导向可能会对组织中的变革型领导对员工创造力起到促进或阻碍作用。权力距离作为一种领导替代物，被一些研究认为缺乏实证研究，尤其在一些亚洲文化中（Keller，2006）；我们的研究将有助于发展和丰富领导力文献的替代物。由于深受儒家思想的影响（Hofstede & Hofstede，2001），中国被描述为一个高权力距离国家，这使得它成为实证研究组织文化特别是权力距离导向如何影响变革型领导对个体创造力有效性的理想情境。与文化相关的文献表明，文化价值取向在员工对工作各方面的反应中起着重要作用（Kirkman et al.，2009）。因此，为更加有效地管理拥有文化多元化特质的员工，管理者需要了解领导力有效性是如何受制于下属的文化价值取向，因为文化导向有可能影响追随者的态度和行为。具体到本章，权力距离被定义为那些在组织内的员工（通常他们在权力面前显得弱小）选择接受和期望不平等的权力分配的程度（Hofstede & Hofstede，2001）；可见，权力距离几乎存在于所有的组织文化价值框架中（Hofstede & Hofstede，2001）。在当前的研究中，我们遵循了先前研究的方法，使用"权力距离导向"一词来表示个体层面的结构，而不是国家层面的结构（Loi，Lam & Chan，2012）。因此，把权力距离纳入研究体系，可以为我们提供一个更真实的环境来察觉变革型领导的影响边界与路径，它为解释领导力与员工创造力的关系的不一致性提供了特别的视角（Gumusluoglu & Ilsev，2009）。

综上所述,本章的主要贡献如下:第一,本章提出了混合所有制情境下变革型领导与员工创造力之间的曲线关系,从而为变革型领导风格与员工创造力的争议性做出贡献。第二,据我们所知,还没有研究探讨变革型领导与员工创造力曲线关系的边界条件。因此,本章通过实证调研权力距离导向和工作正式化对变革型领导与员工创造力之间曲线关系的调节作用,为领导激励相关文献提供参考。第三,通过研究这一复杂现象,我们有助于将变革型领导作为学者和管理者的一个热点加以扩展,使得他们可以全面了解变革型领导与员工创造力的关系,并在工作场所培养员工的实际创造力。混合所有制非规则激励、工作情境与创造力理论模型如图 7-1 所示。

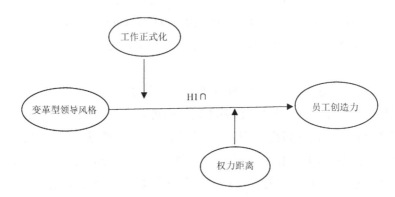

图 7-1   混合所有制非规则激励、工作情境与创造力理论模型

7.2   理论与假设:非规则激励、工作情境与员工创造力

7.2.1   变革型领导风格与员工创造力的曲线关系

在创新驱动的时代,员工创造性绩效越来越受到企业管理者和研究人员的关注(Ma & Jiang, 2018)。员工创造性绩效又称为员工创造力,被定义为"可能与组织相关或对组织有用"的"新颖或原创的产品、想法或程序"(Oldham & Cummings,1996,p.607)。变革型领导包括愿景激励、领导魅力、智力激发和个性化关怀四个维度(Van Knippenberg & Sitkin, 2013)。"过犹不及"效应描述了当一个单一的有利关系上升到一个高峰后,如果继续加大供给,将出现转折点,致使关系变得不利(Pierce & Aguinis, 2013)。从"过犹不及"效应出发,我

们将考察魅力影响、领导感召力、智力激发和个性化关怀的适中与过高水平分别对创造力的有益与损害程度。

正如先前的研究所表明的,当变革型领导从低水平到中水平发展时,领导者为追随者提供了理想化的榜样(Ma & Jiang, 2018)。这意味着变革型领导表现出非传统的、非固守成规的行为和新颖的思维方式。另外,变革型领导者向下属表达对他们的高期望值,激励他们成为团队中共享梦想的一分子;运用团队精神和情感诉求凝聚下属的努力,以实现团队目标,使得员工产生强烈的创新愿望(Bass, 1985)。再次,变革型领导兼任教练,鼓励下属创新,勇于挑战自我,包括向下属灌输新观念、启发下属发表新见解和鼓励下属用新手段、新方法解决工作中遇到的问题。最后,变革型领导者关心重视个人需要、能力和愿望,耐心细致地倾听,根据下属的不同情况和需求,因材施教地培养和指导每一个下属(Shamir, House & Arthur, 1993)。如此,在中等适度的变革型领导的激励下,员工的创造性绩效持续上升(Ma & Jiang, 2018)。

然而,上述的这种领导力对员工创造力的持续上升影响会达到一个顶点,过了这个顶点,其影响可能产生相反的效果。当魅力领导持续升高时(Basu & Green, 1997),它会变成对追随者依赖其领导者的一种鼓励(Kark, Shamir & Chen, 2003)。虽然智力激发是一个注重理性解决问题的过程(Jaussi & Dionne, 2003),但创造力更多地取决于员工的个人能力和特质,而不是理想化的领导者(Amabile, 1988)。因此,过于理想化的领导魅力和过于注重对员工的智力激发可能会导致员工过度依赖变革型领导者,从而削弱追随者的主动性(Ma & Jiang, 2018),这会导致员工创造力的内在动机降低(Eisenbeiß & Boerner, 2013)。

此外,员工的确喜欢高水平的鼓舞性激励和个性化关怀,事实上,它们也激励了员工去追求更高水平的创造力(Byron, Khazanchi & Nazarian, 2010)。然而,当存在过多的鼓舞性激励和个性化关怀时,员工会感知到来自领导者对自己过高的绩效期望(Ma & Jiang, 2018),从而产生过度的心理压力。元分析显示,过高期望、过度的评估带来的高压力会降低员工的创造性绩效(Byron, Khazanchi & Nazarian, 2010),即所谓的"过犹不及"。此外,研究表明,只有在安全的心理环境压力下,变革型领导才能促进追随者的创造力(Zhou & Pan, 2015)。即适当的变革型领导下,员工受到领导的激励和引导,备受鼓舞,会努力超越绩效期望,开展积极自主的创造性行为(Burns, 1978);而当变革型领导的程度从中低水平向过高水平转变时,员工会过度依赖领导,徒增心理压力,最后

削弱员工创造力。因此,我们提出以下曲线假设:

假设1:变革型领导与员工创造力之间呈先升高后降低的倒U型关系。

7.2.2　工作正式化在非规则激励与创造力间的缓冲作用

从领导替代论的角度来看,一些潜在的替代物类别,包括个体差异和背景因素,会弥补、替代甚至抵消领导行为对下属的影响(Kerr & Jermier,1978)。Raja和Johns(2010)研究显示,不同的工作特质会对员工创造力起到不同的作用,或阻碍或促进。因此,在这小节与接下去小节,我们将分别探讨工作特质(工作正式化)与文化价值取向(权力距离)对变革型领导与员工创造力之间的影响机制。

正式化最早可以追索到韦伯提出的官僚正式结构(Weber,1947),包含正规化、专业化和集权化三个特征(Scott & Davis,2006,p.29),是组织理论和工作设计研究者的根基(Griffin et al.,2007)。作为一种"非人格化",这种组织趋向规则化、正式化和书面沟通化的程度,被官僚组织赞成者认为是组织有效运作的一种理性化的理想状态。组织只有专注于理性和逻辑,才会减少组织的不确定性,降低组织突变可能(Siggelkow,2002;Tushman et al.,2008),确保整个体系的有效运作。

工作正式化明确了工作规范、程序和行动准则详细的程度(Briscoe,2007)。以前关于工作正式化的研究已经得出结论,高水平的正式化会降低灵活性,促进刚性的组织惯性(Weick,Sutcliffe & Obstfeld,2008),并导致对领导者的不信任(Huang & Van de Vliert,2006)。例如,低职位的正式化与对领导者的信任有关,同时增加了开放的沟通和协调(Juillerat,2010)。因此,当工作正式化程度低时,员工受到低水平或中等水平变革型领导的激励和授权,并且由于工作灵活性和对领导者的信任而更有可能从事创造性。相反,当工作正式化程度较高时,员工可能会在其领导者身上经历更多的工作界限和不信任(Juillerat,2010),破坏了变革型领导对员工创造性绩效的积极影响。

在工作正式化水平较低的情境下,员工可遵循的规章制度屈指可数,因此工作弹性很大,伴随的自主性变高。在这样的情况下,当变革型领导水平从低等变为中等水平时,员工会更加依赖领导者而减少了自己的自主性,这种依赖会抑制员工展现创造力的动机(Eisenbeiß & Boerner,2013)。相反,工作正式化水平较高时,它代替领导规范了员工应该遵守的规则、法规和程序指南,它们充当领导责任并提高了员工的工作效率(Weber,1947)。在这种情况下,当变革型领导从低水平到中等水平、再从中等水平转变为高水平时,即使领导行为与特质对员工创新产生了一些压力,员工可能承受的心理压力也不会太大。再加上高工作正式化也降低了员工对领导者的信任(Huang & Van de Vliert,2006)。因此,随着变革型领导水平的变高,高工作正式化情境下,员工不太可能受到领导行为的影响。综上所述,我们提出了以下理论假设:

假设 2:工作正式化缓和了变革型领导与员工创造力之间的倒 U 型曲线关系,因此与较低的工作正式化水平相比,当工作正式化水平较高时,这种倒 U 型关系显得不那么明显。

7.2.3　权力距离在非规则激励与创造力间的加剧作用

作为 Hofstede(1980)的四个文化价值维度之一,权力距离引起了学术界的广泛关注。跨文化管理文献促进了我们在宏观层面上对不同文化和国家之间的文化价值观差异的理解(Auh et al.,2016)。然而,宏观层面文献的一个主要缺点是,它同时了忽略个人层面的文化和组织异质性(Auh et al.,2016)。事实上,不仅仅是国家层面,即使是同一个组织,员工感受到的或者能够接受的权力距离也是不同的。因此,一些学者如 Kirkman 等(2006)以及 Kirkman 等(2009)呼吁,未来研究应该更多地从个人层面考察权力距离导向,并将它作为调节变量纳入一些有意义的理论模型。个体层面的权力距离导向是指个体在接受不平等权力分配方面,如组织内部对权威、领导者、地位和等级的差异程度的认知(Auh et al.,2016)。权力距离导向水平较高的员工能够接受权力失衡,倾向于接受下级对上级的服从,以及下级对上级的从属关系(Kim & Leung,2007)。

由于个人对权力和权威的信念、知觉会直接影响员工对领导者的态度和行为(Cavazotte,Hartman & Bahiense,2013),具有高权力距离导向的员工对变革型领导者更为敏感,认为变革型领导者的行为是理所当然、值得大力拥护的。社会和环境因素可以培养或阻碍员工的创造力(Shalley & Gilson,2004)。在温和型的变革型领导风格下,员工不仅表现出尊重、尊敬、诚服和对权威的忠诚(Lian,Ferris & Brown,2012),甚至还将变革型领导视为一种自我激励的内在动机(Jaussi & Dionne,2003)。因此,当变革型领导程度从低水平向中等水平转变时,员工所具有的权力距离导向越高,变革型领导对员工创造力的正向影响就越显著。相比之下,权力距离倾向较低的员工对他们的领导者不太在乎,对这些领导者如何对待他们也不太敏感(Kim & Leung,2007),因此就可能削弱变革型领导对员工创造力的正向影响。

对组织权力分配不均不太在意的员工较少考虑他们的地位差异,对领导者的依赖性也较低(Kirkman et al.,2009)。相应的,他们不那么敏感与焦虑,所承受的心理压力相对较小(Carl, Gupta & Javidan,2004);并且当变革型领导程度过高对员工可能带来一些负面的压力的时候,这些低权力距离倾向的员工会尽可能克服领导的负面影响,尽可能保持自己的创造性行为。相反的,高权力距离导向的员工更依赖于领导者,因此对明显存在的权力距离感知更敏感。因此,他们会顺从于领导指示而不太可能采取主动行动(Carl et al.,2004)。因此,当变革型领导能力从中等水平提高到较高水平时,高权力距离的员工将创新视为一种风险行为,并极力避免挑战权力而去从事或参与创新性风险(Kirkman et al.,2009);相反的,他们可能更倾向于等待领导人的回应、指示和命令,而不是采取主动或冒险(Ma & Jiang,2018)。因此,当变革型领导水平由中等变为高水平时,具有高权力距离导向的员工的创新绩效可能会急剧下降。基于上述分析,我们提出以下假设:

假设3:权力距离导向加剧调节了变革型领导与员工创造力之间的倒 U 型曲线关系;与较低的权力距离导向水平相比,权力距离导向水平越高,这种倒 U 型关系越明显。

7.3　研究方法:基于三家国企的个体层面配对调研

7.3.1　数据收集与抽样描述:以国企为样本

数据采集于华东地区的三家生物制药公司,这三家企业都属于混合所有制国有企业。我们对三家混合所有制企业的专业技术人员,例如生物医学工程师和新药开发人员进行了随机抽样。考虑到工作正式化情境以及权力距离导向影响因素,我们在抽样这些研发人员时注意到了他们从事的工作上并非完全独立的,而是需要在纵向与横向上有依赖联系的。这些研发人员是公司研发创新的主要推动力。

数据采集步骤如下:首先,我们联系了这三家公司的高层管理人员,与他们沟通并得到允许问卷调研的确认。该步骤是非常重要的,因为只有得到高管的支持与配合,我们接下来繁杂的配对调研开展才有可能开展。接下来,我们从HR 那里得到了员工名单,并对列表随机选择了一些参与调研的员工名字。最后,我们对员工及其直属上司分别进行匹配并且进行独立的问卷调查。其中,每位被调研的员工要完成的问卷调研包含如下信息：直接主管的变革型领导水平、工作正式化程度、权力距离导向和员工自身的背景信息等问题。另一方面，我们让被访者的直接主管提供员工创造性表现的评分（即匹配的主管和下属调研）。

调查问卷包括一封问卷调研介绍信，说明调查的目的，并告知读者参与的自愿性质与保密承诺，以消除他们的顾虑。根据我们从 HR 获得员工的人口统计信息，以及开展的方差分析和卡方检验，可以获知：参与调研者和非参与者的人口统计没有显著差异。

如果被调研者包括员工主管对相关变量问卷没有提供完整的打分，为确保调研有效性，我们会将其调研认定为残缺的、非完整问卷，不纳入数据统计范畴。最终回收的有效调研由 232 对主管—下属匹配问卷组成，有效回收率为 78.9%。其中女性占比 54.3%，已婚者占比 45.7%。受访者年龄在 21～60 岁，21～30 岁占比 60.2%，31～40 岁占 29.0%，41 岁以上占 10.0%。关于学历，其中高中毕业生占比 1.3%，拥有大专学历的占比 59.5%，拥有学士学位的占比 32.2%，剩余的拥有硕士及以上学位（6.6%）。大约一半的被调查者（50.9%）的任职年限少于 6 年，31.7% 的人任期超过 10 年。

7.3.2　变量测量：领导风格、工作情境与员工创新

本章采用 5 点 Likert 计分量表，1 代表非常不同意，2 代表同意，3 代表一般，4 代表同意，5 代表非常同意。所有量表均采用翻译和反翻译程序翻译（Brislin，1986）。

1）变革型领导

变革型领导采用 Podsakoff 等（1990）编制的 22 项量表进行测量，该量表由四个分量表组成，分别测量领导魅力、领导感召力、智力激发和个性化关怀。其代表性题项为："我的主管在完成目标时表现出决心。"*Cronbach* 的 α 为 0.934。

2）工作正式化

工作正式化采用 Hempel，Zhang 和 Han（2012）开发的 4 项量表进行测量。受访者被要求确定如何将工作分配给团队成员。其代表性题项为："团队成员的工作职责已经明确定义。"*Cronbach* 的 α 为 0.892。

3）权力距离

权力距离采用 Dorfman 和 Howell（1988）开发的 6 项量表。被调研者被要求报告他/她们对自己与管理层之间权力距离的真实感受。其代表性题项为："为了保证工作有效进行，主管需要经常他/她的运用权力和权威。"*Cronbach* 的

α 为 0.923。

　　4）员工创造力

　　员工创造力即员工创造性绩效采用 Oldham 和 Cummings(1996)开发的 3 项量表。由员工直接主管领导对其下属进行打分。其代表性题项为:"该员工的工作成果新颖程度和实用程度有多高?"*Cronbach* 的 α 为 0.779。

7.3.3　控制变量:个体背景变量

　　基于之前相关研究的建议(Gong et al.，2009；Janssen & Huang, 2008)，我们将员工年龄、性别、教育程度和工作年限设定为控制变量。年龄和工作年限按年计算;将性别设置为虚拟变量(即男性＝0，女性＝1);教育程度从低到高采用四点量表，最高学历中学为 1，大专为 2，本科为 3，硕士及以上为 4。

7.4　分析结果:结构效度与假设检验

7.4.1　模型的结构效度

　　在检验假设之前,我们通过验证性因子分析(CFA)对研究变量进行聚合效度与区分效度分析。首先,我们将包含四个潜变量的结构方程模型设定为基准模型,然后通过合并相关潜变量,生成并比较候选因子模型。正如表 7-1 所示,基准模型由变革型领导、工作正式化、权力距离和员工创造力构成;同时,我们生成了三个备选模型,并将之逐一与基准模型进行比较。为获得样本量与潜在变量合并的最佳比率,我们遵循先前的研究(例如，Williams & O'Boyle，2008; Zhang，Wang & Shi，2012)，将相关变量根据一定的要求组合成变量包。具体地,我们遵循了 Landis 等(2000)之前的过程建议,在变量进行单因子探索性因子分析,并将具有最高因子负荷率的变量和最低因子负荷率的那些变量合并为第一个包裹;同理,将那些具有第二高和第二低的变量被分配给第二个包裹,等等(Direnzo，Greenhaus & Weer，2015)。

　　我们采用比较拟合指数(*CFI*)和相对拟合指数(Tucker-Lewis index，TLI)来评估模型整体拟合效果。这些代表性指数在最大似然估计时具有较好的稳定性,对于多个模型比较分析时非常有用;另外,之前的研究也发现,在样本量较小的情况下,如果这些指数如果表现稍差,根据实际情况也可以接受(Sharma et al.，2005)。一般来说,可接受的拟合临界值应当是大于 0.90(Hu & Bentler,

1998)。再次,我们还考虑了近似均方根误差(*RMSEA*)作为拟合指数。但是,在解释该指数时应当抱谨慎态度,因为它可能会拒绝小样本模型,同时受模型中变量数量的影响(Kenny & McCoach,2003)。换句话说,模型样本量偏小或者模型变量过多的情况下,RMSEA 指数表现可能会较差(Chen,Curra,Bolle,et al.,2008)。因此,基于上述原因,我们初步决定将可接受模型的临界值设置为<0.10(Kunze,Boehm & Bruch,2011)。

如表 7-1 所示,验证性因子分析表明,基准模型即四因子模型在我们的测量模型和收集的数据之间提供了极好的拟合效果($\chi^2/df=2.884$,$RMSEA=0.090$,$IFI=0.919$,$CFI=0.917$)。与其他几个合并了潜在因子的 3 个模型相比,基准模型在卡方检验结果上有显著的改进。这些结果为我们采用四因子理论模型提供了有力的证据(Fornell & Larcker,1981)。

表 7-1　结构模型比较

模型	因子	χ^2	df	$\triangle\chi^2$	χ^2/df	RMSEA	IFI	CFI
基准模型	四因子:变革型领导,工作正式化,权力距离,员工创造力	372.036	129		2.884	0.090	0.919	0.917
模型 1	三因子:工作正式化与权力距离合并为一个因子	529.832	132	157.796***	4.014	0.114	0.867	0.865
模型 2	二因子:变革型领导,工作正式化与权力距离合并为一个因子	1181.187	134	809.151***	8.815	0.184	0.649	0.664
模型 3	一因子:所有变量合并为一个因子	1288.441	135	916.405***	9.544	0.192	0.613	0.608

理论模型涉及的变量的平均值、标准差和相关性如表 7-2 所示。我们首先测量平均方差抽取量来检验变量的收敛效度。如表 7-2 所示,每个变量平均方差抽取量的平方根在 0.799 到 0.870 之间,大于所有变量和其他变量之间的相关系数。这些结果表明变量具有足够的区分效度(Fornell & Larcker,1981)。此外,如表 7-2 所示,变革型领导与员工创造力正相关($r=0.248$,$p<0.01$)。工作正式化与个体创新绩效($r=0.328$,$p<0.01$)、权力距离与个体创新绩效($r=$

−0.335，$p<0.01$)都存在显著相关。

表 7‑2　变量的描述性和相关性关系

变量	均值	标准差	1	2	3	4	5	6	7	8
1.年龄	2.480	0.684	—							
2.性别	1.540	0.499	0.110	—						
3.教育	2.580	2.126	−0.075	−0.064	—					
4.工作年限	8.293	6.873	0.802 **	0.157 *	−0.101	—				
5.变革型领导	4.406	0.433	−0.055	−0.027	−0.029	0.006	(0.799)			
6.工作正式化	3.780	0.794	0.036	−0.002	0.054	0.068	0.298 **	(0.870)		
7.权力距离	2.627	0.899	−0.020	−0.172 **	−0.085	−0.106	−0.310 **	−0.540 **	(0.851)	
8.员工创造力	3.915	0.575	0.036	−0.021	−0.062	0.004	0.248 **	0.328 **	−0.335 **	(0.833)

注：* $p<0.05$，** $p<0.01$

7.4.2　假设检验：倒 U 型关系、缓冲与加剧作用

研究采用层次回归分析对假设1～3进行了检验。表7‑3展示了多元回归分析的结果。假设1预测了变革型领导与员工创造力之间的关系呈倒 U 型。为了验证这一假设，我们首先输入控制变量和变革型领导的一次项（模型1），然后输入变革型领导的二次项（模型2中标记为变革型领导的平方）。如表7‑3所示（模型1和模型2），变革型领导的一次项与员工创造力正相关（$\beta=0.245$，$p<0.01$）。更重要的是，变革型领导的平方项为负，具有统计学意义（$\beta=$ −0.187，$p<0.01$）。因此，假设1得到了支持。

假设2和假设3预测，高工作正式化和低权力距离分别缓和了变革型领导和员工创造力之间的曲线关系；也就是说，工作正式化水平较低的情境（假设2），以及权力距离导向较高的组织文化（假设3），变革型领导与员工创造力之间的曲线关系更为显著。为了检验这些假设，我们将工作正式化和权力距离以及它们与变革型领导和变革型领导的交互作用平方化为随机系数方程。表7‑3（模型4）显示，工作正式化与变革型领导的交互作用项为正，并且统计显著（$\beta=$ 0.333，$p<0.01$）。同样，表7‑3（模型6）的结果显示，权力距离与变革型领导平方的交互作用项为负数，并且统计显著（$\beta=−0.285$，$p<0.01$）。最后，我们在模型7中同时包含了两个调节变量。结果表明，工作正式化对变革型领导的平

方项的影响依然显著($\beta=0.286$，$p<0.05$)，而权力距离与变革型领导的平方项之间的交互作用显著性消失($\beta=0.075$，$p>0.01$)。综上所述，假设 2 得到充分支持，假设 3 得到相对充分支持[①]。

表 7 - 3　假设关系的层次回归分析结果

	模型 1	模型 2	模型 3	模型 4	模型 5	模型 6	模型 7
年龄	0.186	0.205	0.197	0.164	0.235	0.183	0.184
性别	0.025	0.022	0.014	0.009	−0.037	−0.039	−0.032
教育水平	−0.050	−0.063	−0.086	−0.069	−0.106	−0.090	−0.088
工作年限	−0.122	−0.155	−0.172	−0.095	−0.220	−0.150	−0.122
变革型领导风格	0.245 **	0.185 **	0.100	0.044	0.074	0.027	−0.005
变革型领导风格的平方		−0.187 **	−0.213 **	−0.117	−0.214	−0.144	−0.138
工作正式化			0.263 **	0.088			−0.008
权力距离					−0.330 **	−0.181 *	−0.201 *
变革型领导 * 工作正式化				−0.024			−0.032
变革型领导风格的平方 * 工作正式化				0.333 **			0.286 *
变革型领导风格 * 权力距离						−0.036	−0.065
变革型领导的平方 * 权力距离						−0.285 **	−0.075
R^2	0.072	0.102	0.164	0.228	0.193	0.231	0.265
调整后的 R^2	0.049 **	0.076 **	0.136 **	0.194 **	0.166 **	0.197 **	0.221 **
F	3.205 **	3.937 **	5.791 **	6.707 **	7.408 **	6.817 **	6.019 **

注：* $p<0.05$，** $p<0.01$，two—tailed test ($N=232$)

工作正式化与权力距离对倒 U 曲线的调节作用分别用图 7 - 2 和图 7 - 3 表示，方法与上述类似。如图 7 - 2 所示，高水平的工作正式化导致倒 U 型不太明显。换言之，在工作形式化程度较高的情况下，变革型领导对员工创造力的影响较弱。相反，在图 7 - 3 中，高权力距离加剧了倒 U 型。也就是说，在权力距离

---

① 相对充分支持是指：当没有工作正式化交互作用的情况下进行测试时，权力距离交互假设（假设 3）得到了支持；但当两个交互作用同时进行测试时，工作正式化与变革型领导风格的交互作用没有显示显著性；而这时，工作正式化的交互作用保持在同一方向上，并且显示显著性($p<0.05$)。所以在同时测试中，可能是权力距离导向的交互作用较小，其显著性水平未得到支持。因此，对假设 3 的结果进行更细致的解释是有必要的。

　　较高的情况下,变革型领导对员工创造力的影响机制被放大。

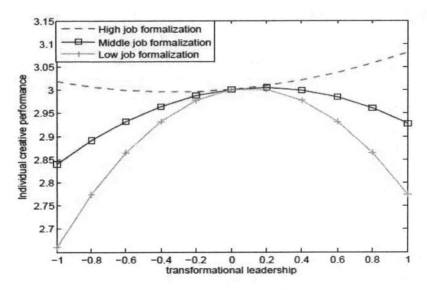

图7-2　工作正式化的缓冲型调节作用

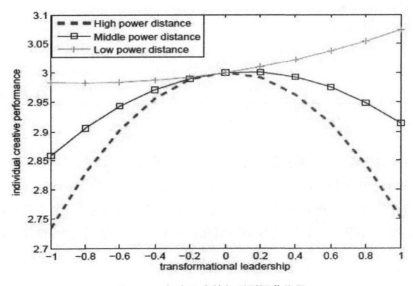

图7-3　权力距离的加剧型调节作用

7.5　非规则激励与组织情境的协同效果研究结果讨论

本章探讨混合所有制企业中变革型领导对员工创造力的影响,这种探讨对混合所有制企业能否具有与众不同的"魅力型领导"、如何发挥领导效用、受制于哪些情境因素约束等具有重要的启示意义。基于"过犹不及"效应的观点,我们实证检验了变革型领导并不是那么完美的,而是一种先升后降的、存在拐点的理论假设,即变革型领导效能与员工创造力之间的相关关系随着领导力的增加,会趋于增长、渐进然后消减。此外,借鉴领导替代理论,我们还尝试构建了边界条件,首次检验了工作正式化和权力距离会否以及影响这种倒 U 型曲线。研究结果证实了理论假设,研究得出组织中的变革型领导与员工创造力不是简单线性相关的,而是呈倒 U 型关系;此外,当组织中拥有高权力距离与低工作正式化程度时,这种倒 U 型关系更为明显。

7.5.1　理论贡献:工作情境对非规则激励的影响机制

本章对混合所有制企业非规则激励的有效性研究作出了如下理论贡献。

首先,我们清楚了混合所有制企业里也会存在变革型领导风格,即领导风格可存在于任何一个组织。进一步地,我们研究得出,变革型领导在组织中会表现出"过犹不及"效应(Pierce & Aguinis, 2013)。我们首次发现变革型领导与员工创造力之间存在非线性关系,这也解释了为什么先前的一些研究报告显示的变革型领导对员工创造力的影响有不一致性。即混合型影响机制说明,领导风格与员工创造力之间的关系不一定是线性关系,而可能是倒 U 型曲线关系。

其次,我们的实证结果表明,领导有效性是复杂的,这是因为领导置身于环境中会受其影响;具体的,我们认为变革型领导风格,会受到其追随者即下属的文化价值取向(权力距离)和情境设置(工作正式化)。我们通过实证研究证明了权力距离导向和工作正式化在塑造追随者对变革型领导者的反应中所起的重要调节作用。我们扩展了领导替代理论的视角,为未来关于领导力及其替代物如何共同影响员工绩效提供了更系统的视角与有力证据。

再次,本章的研究对象是华东地区的三家混合所有制企业组织,有着高度的集体主义和权力距离。该研究提供了蓬勃兴起但尚未被广泛研究的文化背景,其实证数据为一定工作场景中的领导有效性提供了新的研究证据(Keller, 2006)。

最后,通过运用行动者—背景相互作用模型,我们的研究确定了可能阻碍创造力的消极因素,而不是提高创造力,这在创造力领域是相对匮乏但十分重要的(Zhou & Hoever,2014),因为负负得正的原因,两个消极因素的相互作用可能在某些情况下产生比较理想的创造力表现。这为我们孜孜以求地探索组织创新提供了新的视角。

7.5.2　实践启示:重视混合所有制工作场景的作用

本章结果对混合所有制企业非规则激励的有效性影响具有重要的启示意义。首先,我们的研究结果表明,混合所有制企业管理层在发挥领导作用时,应该采取谨慎的中庸之道策略;同样,国资委在鼓励国企高管领导、推进与参与变革行为时,不宜持有"多多益善"的观念,而是要有"适度为佳"的理念。管理层需要观察变革领导力的程度是否超过追随者所能承受的感知可控性。如果是这样,他们需要及时调整自己的领导策略,以便更有效。

其次,变革型领导者需要调整自己的策略,以适应特定的环境。例如,领导者应该意识到,当变革型领导从低水平向中等水平转变时,高的权力距离导向(通常混合所有制企业常与高权力距离导向挂钩)有利于培养员工的创造力。然而,当变革型领导从中高水平向过高水平发展时,太高的权力距离可能会损害员工的创造力。因此,管理者需要了解其追随者的文化价值观,并针对性地根据下属调整自己的领导风格与行为,以匹配追随者的价值取向。如在员工的招聘、培训和评估中识别员工的权力分配认知和可接受性,确定他们的权力距离导向水平并将其纳入员工记录清单;又比如对一些权力分配高度敏感的员工,采用温和型的变革型领导风格。

最后,本章表明,工作正式化对变革型领导与员工创造力关系中同时存在着双刃剑影响机制。我们的研究发现,混合所有制企业里面如果其变革型领导风格水平低下或一般,此时较高的工作正式化程度只会削弱员工创造力的发挥;因此,这时候组织可以适度放开工作规范化水平,使它适度"灵活"一些;然而,当混合所有制企业中呈现过高水平的变革型领导,这时,高水平的工作正式化会保护员工的创造力受损。这时,对岗位进行正式化的工作描述、规范繁杂的工作规章制度,对员工以及组织来说,是一个好事。所以,混合所有制企业高管,应根据员工所在组织、团队的工作正式化程度,采取适当的领导行为;也可以根据团队主管的领导风格,对组织情境工作正式化水平予以调整,以充分发挥员工的创造力。

7.5.3　研究局限与未来研究方向

本章研究存在以下局限,希望在未来研究中加以改进与进一步探讨。

首先,本章采用了横截面数据采集。由于本研究是研究主管变革型领导风格以及特定情境的交互影响下,对员工产生的持续的影响结果,因此,从其研究方法上讲,应该要考虑时间跨度,即需要考虑其时滞效应。因为基于过程的影响范式,即期的策略应该会在下期的绩效上才能获得体现;再加上员工的创造力表现与主管领导的任职年限有关,所以横向研究也很难回答员工创造力是否会随着主管领导任职时间的推移而发生变化的问题。

其次,在本研究中,我们使用主管评分来衡量员工的创造力即创新绩效。尽管这是以往研究中的常见做法,但有证据表明,仅依赖主管对个人绩效的评级可能是不够客观的,可能掩盖了一些有意义的关系(Oh & Berry,2009)。比如混合所有制企业主管与员工的关系导向,显然会影响主管对员工的评价。未来的研究应该使用员工创造力的客观衡量标准(如员工研发的专利数量、员工的销售绩效等),以便深化和拓展我们的研究成果。

最后,关于权力距离的概念。权力距离概念在一开始提出时被视为是国家与国家间文化的一级维度(Hofstede & Hofstede,2001)。然而,正如文中指出的,一些研究发现,个人对其组织内的地位和等级有着不同的知觉、信仰和价值观,这种差异影响着对领导者行为的反应(Auh et al.,2016),因此在目前的研究中,权力距离导向是一个个体层面的结构,它显示了组织中持有不同文化感知与导向的员工之间的差异,也有其研究的必要。当然,我们并不期望我们的研究结果仅局限于中国企业。未来的研究可以进一步将我们的发现应用推广到跨文化背景下的公司测试,以发现更有趣的结论。

7.5.4　结论与推广应用

虽然我们的研究是基于中国的背景,是基于混合所有制企业,我们的结论也可以推广到单纯的国企、民企,乃至全球范围各种形式的组织。在权力过于集中或工作正式化太弱的情况下,变革型领导会产生潜在的负面影响。例如,一个具有太多变革型领导特征的美国领导人会创造过多的"以成就为导向的文化",并因为高权力距离价值观而降低追随者的创造力——这是因为,员工为保证职业安全甚至为了追求职业成功,会屈服于组织中的等级制度,并对直接主管表示毋庸置疑的忠诚。另一个例子是,一个位于欧洲小型创业公司中,同样是在变革型风格的 CEO 领导下,由于该小型公司的规则、制度、程序、准则都没有很好的确立,这时,CEO 的"独裁式领导"做法常常会打击企业的创新意识;因为没有经理的同意员工就不敢擅自做主、冒险创新,从而错失了提出新想法、改进新流程、新产品的机会。因此,这项研究为研究者和实践者提供了一个更好的视角,揭示了组织中变革型领导与员工创造力之间的倒 U 型关系是如何受到情境影响的。

【专栏】 国有企业激励、保护机制与干部担当

健全激励和保护机制,促进国企干部担当作为

党的十八大来,习近平总书记多次旗帜鲜明地指出,担当作为是领导干部必备的基本素质,"新时代是奋斗者的时代""为官避事平生耻""空谈误国,实干兴邦""干部就要有担当,有多大担当才能干多大事业"等。

新时代是奋斗者的时代。正如习近平总书记强调的,"我们要坚持把人民对美好生活的向往作为我们的奋斗目标,始终为人民不懈奋斗、同人民一起奋斗"。同时,为激励与保护担当作为,习近平总书记也多次做出重要指示,指出新时代背景下,为促进广大干部展现新担当新作为,"撸起袖子加油干",除了要进行情怀激励,更要完善激励与保护机制,为他们提供制度保障。在此指示下,党中央国务院以及地方政府也出台系列担当作为激励与保护相关政策办法。所有这些,充分释放出新时代重视担当、激励担当、呼唤担当的强烈信号。

国有企业是当前战疫情、稳经济的中流砥柱。国企干部作为党在经济领域的执政骨干,肩负着经营管理国有资产、实现保值增值的重要责任,是治国理政复合型人才的重要来源。国企干部是否敢担当勇作为,直接影响国企的发展方向与生产效益。因此,新时代背景下,构建并完善国企干部担当激励与保护机制,激发内在动力,是推进干部担当作为的重要抓手。

(一)新时代国有企业干部担当作为的重要性和紧迫性

一方面,健全担当作为的激励与保护机制,将为落实党中央决策部署工作安排提供重要的激励制度保障。当前,在统筹推进新冠肺炎疫情防控和经济社会发展的关键时期,国有企业作为国家重大战略部署的排头兵,一方面致力于关键领域创新的"专精深"以及国民经济转型升级;另一方面,国有企业在当前的新冠疫情之下逆行而上,助力稳就业、稳金融、稳外贸、稳外资、稳投资、稳预期。正是

因为国有企业承担了多重职责,她在深化改革、提升企业活力和效率、加快推进混合所有制改革等方面面临新的挑战,在其纵深推进过程中涌现出一些新问题、新矛盾。尤其是,激励机制作为管好干部队伍最重要的抓手,还存在激励失灵问题。因此,在当前国有企业任务更重、挑战更大、难度更高、"诱惑"更多的现实背景下,亟须推进激励与保护国企干部的担当作为的制度建设,通过激励制度的保障与约束,引导督促国企干部要做新时代的实干家,践行"空谈误国,实干兴邦",带领广大干部职工坚决落实党的重大决策部署和工作安排,确保将党的十九大确定的蓝图变为现实。

另一方面,健全担当作为的激励与保护机制,有利于在国有企业形成新的风向标与指挥棒,有助于调动干事创业的积极性,让广大干部想干愿干积极干,在干部队伍中形成你追我赶、创先争优的生动局面。在全国国有企业党的建设工作会议上,习近平总书记提出,国企干部必须做到"对党忠诚、勇于创新、治企有方、兴企有为、清正廉洁"。其中的"勇于创新、治企有方、兴企有为",讲的就是国企干部面对复杂多变的国际、国内市场的激烈竞争,迎难而上,开拓进取,坚持改革,为做强做优做大国有企业而拼搏奉献。因此,科学开展国企干部担当激励与保护,将促进忠诚干净担当的优秀干部选出来用起来,而将个别做样子、混日子、不作为的干部调整出领导班子,从而为国有企业改革再出发提供坚强的组织保证和人才支撑。这对于强化国有企业形成正确的用人导向、建立适应新时代要求的国有企业领导队伍,具有十分重要的意义。

(二) 健全激励与保护机制、促进国企干部担当的对策

首先,要明确担当作为的内涵,构建国企干部担当评价指标体系,从而为国企干部担当作为科学评价提供依据。没有衡量就难以评价。国企干部敢于担当作为的内涵与外延是什么? 依据什么来鉴别、选拔与培养"敢于担当""勇于担当""善于担当"的国企干部? 这是当前国有企业首先要回答的问题。从理论上讲,所谓担当,就是在工作中不怕涉险滩、敢啃硬骨头,遇到难题不逃避、不推诿,遇到困难决不坐视不管,而是迎难而上。具体到国有企业应用情境,担当作为可以包括但不限于:国企干部是否能在关键时刻、重大任务面前以及急难险重任务面前,冲得出、顶得上、靠得住;在遇到重大事件、敏感问题时是否态度鲜明、立场坚定;是否敢抓敢管,敢于挑担,面对大是大非敢于亮剑,面对失误敢于承担责任等。

在具体开发国企干部担当指标体系时,可以创造性地将西方先进绩效评估

思想与工具,如 BSC(平衡记分卡)和 360 度评价引入国企干部考察领域并进行"本土化"处理和使用。构建具有"国企特色"的干部担当行为指标,有助于相关部门精准选人用人。BSC 与 360 度评价思想内涵与政绩观十分吻合,相信必定能在国企中产生积极的影响和效用。BSC 有兼顾短期目标与长期目标平衡、经济效益与社会效益平衡、内在运行与外在客户平衡以及资源能力与发展潜力之间的平衡的特点与优点。如可以参照 BSC 四个维度,选择考察国企干部担当比较契合的三级指标,包括:企业战略规划、社会服务、经济效益提升、科技实力培育与提升、供应链产业链修复、产学研协同创新、区域经济均衡发展、创新型人才培养等,并针对性纳入不同评价维度。同时,将 360 度评估工具纳入国企担当指标应用过程,有助于全方位、多主体地引导、评价干部的担当作为意识、担当能力水平和担当服务质量。

其次,为促进国企干部担当作为,需要创新性地针对不同的担当行为指标,建立与担当指标对应的、相匹配的激励机制。对敢于负责、勇于担当、善于作为、业绩突出的国企干部,为激发其担当活力和担当动力,保护其创新创业斗志与企业家精神,建议实行与担当勇气相匹配、与担当能力相适应、与担当风险相挂钩的差异化激励、保护机制;即根据不同的担当行为指标,匹配以不同力度的激励。

比如,为激励与保护干部担当作为,需要首先把担当作为的勇气与业绩与用人制度紧密挂钩。为政之要,莫先于用人。习近平总书记强调:"建立健全干部担当作为激励机制,坚决反对形式主义、官僚主义。""建设忠诚干净担当的高素质干部队伍"首先就要健全晋升激励机制,要坚持事业为上、依事择人,切实把最优秀的干部派到最需要的位置上,把最能拼的"战士"输送到最重要的疆场上。"疾风知劲草,烈火见真金。"对于敢担当作为的好干部,要不拘一格引进、培养与提拔。应坚决选拔任用那些政治过硬、堪担重任的国有企业好干部,对担当作为不合格的及时予以调整。将结果运用与国企干部换届、干部提拔任职考察以及后备年轻干部考核选拔紧密挂钩。不搞论资排辈、平衡照顾,而要五湖四海、唯贤是举;为那些敢于担当的干部提供广阔的施才平台和上升空间,让他们的付出有所得,使得担当与激励匹配,为他们的创新冒险提供匹配得起的组织激励。

另外,为激励大量的基层领导腰杆挺起来、心神定下来,激励与保护干部担当作为,还需要把担当作为的勇气、业绩与国企干部任期激励机制挂钩。目前国有企业改革发展面临滚石上山、爬坡过坎的压力,尤其需要加大正向激励,充分调动国企干部干事创业的积极性、主动性和创造性,激发和保护企业家精神,发挥企业家作用。对敢于负责、勇于担当、善于作为、业绩突出的国企干部,应当及时激励,包括物质激励与精神激励、短期激励与任期激励、过程激励与目标激励,以及重要表彰、先进事迹等。可以探索实行与选任方式相匹配、与企业功能性质相适应、与经营业绩相挂钩的差异化薪酬分配办法。

最后,为促进国企干部担当作为,还要针对不同的担当行为指标,旗帜鲜明地建立针对性的容错保护保机制。多聆听干部心声,将考评指标与激励与保护方法进行匹配,使得政策建议具有针对性与实效性。针对调研中发现的"不愿担当""不敢担当"与"不善担当"等指标,建议匹配不同的激励与保护举措:如健全薪酬和晋升激励机制,让干部"愿担当作为";建立容错纠错机制,让干部"敢担当作为";创新培训激励机制,让干部"善担当作为"等。对考察结果要适当包容。可以考虑从目的正当、程序合规、行为合法、结果合理等作为容错的基本条件,引导国企干部争当改革的促进派、实干家。

同时,对一些国企干部的担当作为评价不做简单化"一票否决"处理。"一票否决"制初衷是为了增强责任感与危机感;然而,如果其恣意推广、泛化,就有可能造成责任推卸和激励扭曲。因此,在是非曲直未有丝毫含糊的前提下,为提振国企干部担当作为勇气与激情,消除"宁可不作为,不可乱作为"的畏难情绪与慵懒做派,一方面可以考虑设置"一票否决"的权重系数;另一方面可以完善"一票否决"的考核规程,对其制定主体、问责主体、事项内容、岗位权责等进行清晰规定,对可能被"否决"者予以合规权利保护。所有这些,让国企干部知敬畏、守底线的同时,解除其思想束缚,换发其干事活力。

笔者坚信,这种与担当行为指标相匹配的国企干部激励和保护机制,将形成有利于国企干部奋发有为的工作和心理环境,也必将充分调动起和发挥出广大国企干部的积极性和创造性。

第8章　混改情境下领导柔性激励与组织制度激励协同研究①

　　国有企业参与混合所有制改革,不仅仅是资本的混合,更是企业战略与领导风格的混合。与组织激励一样,领导的有效性也不是发生在真空中,而是与组织情境紧密相关。混合所有制情境下,不但要考虑领导风格的适用性,更要考虑组织不同类别的激励与领导风格开展合适的匹配,以倍加迸发出干事激情与创新动力。

　　在本章,借鉴有机整合理论,运用来自260家混合所有制企业的员工及其主管的配对问卷调查,我们发现:①混合所有制情境下,变革型领导与员工创造力不呈现显著相关性,而交易型领导与员工创造性行为正相关;②变革型领导风格与物质激励、交易型领导风格与非物质激励之间能形成协同效应,它们之间的匹配能有效促进心理授权,并促进员工创新绩效。

　　研究建议,组织应当科学地认识、构建并适时地切换、调整规则与非规则激励之间的关系,如以柔性、速动性的非规则激励去弥补刚性、短时性的规则激励;以柔性、长期性的威权激励去弥补刚性、缓动化的制度晋升激励,以实现资源匹配、整合。这些发现开拓了激励有效性作用边界;对指引国有企业开展有效的混合所有制激励变革、促进混合所有制企业在不同的发展阶段实现运营效率最大化提供实践价值。

　　混合所有制企业是两种或多种单一所有制的混合物,不仅仅涉及多种股权混合,更涉及多种领导风格的交融。由于不同的生存与组织环境,国企与民企的

---

① 本章部分内容选自:Ma X, Jiang W. Transformational leadership, transactional leadership, and employee creativity in entrepreneurial firms[J]. The Journal of Applied Behavioral Science, 2018, 54 (3):302-324.

领导风格呈现较为显著的差异。

一般而言,国企领导干部在招聘选拔对候选人的年龄、学历、资历等都有较高的要求,偏好"根正苗红""路子正"。入职后,受制于其组织战略与制度环境,国企领导者在规划、运营时首先考虑法律、制度规定,而非公司利益;做决策时奉行中庸与平衡;个人风格偏中庸,讲究维稳,个性比较模糊,比较中规中矩,官架子重,比较典型的有不怒自威型。

与此相对的是,民企领导干部有草台班子的特点,上升通道没有完全被堵死,招聘选拔时不拘一格,能者就上。入职后,民企领导者在规划、运营时,通常以企业盈利为第一考量点;重视市场规模,轻视市场规范;为了生存和利益,甚至会打政策擦边球。由于大部分民企领导者是在市场中通过摸爬滚打、自身努力脱颖而出,因此个性相对鲜明、风格迥异,有较为出挑的个性和能力。他们独到的战略眼光、强烈的创新精神和运筹帷幄的指挥协调能力是组织绩效背后的根本指导力量。在风格方面,比较典型的有家长制、变革型、交易型领导风格。

从协同视角看,组织激励和领导风格都属于不同的子系统,前者对个体行为具有牵引和控制效应,是组织赋予个体的一种"外界压力";后者被嵌于这种特定的外界情境之中,会受到相应影响。只有当领导风格与作为管理制度的组织激励协同合作时,才能促进它们间的互相作用和互相平衡,进而产生"1 + 1 > 2"的协同效应(马喜芳、颜世富,2014)。

接下来,我们将以交易型与变革型领导风格为非规则激励代表,研究混合所有制情境下规则与非规则激励的匹配性及其有效性。

8.1　混合所有制企业领导风格、组织激励与创新相关文献评述

员工创造力指的是个人或一群人共同工作产生新颖、有用的想法(Shalley,Zhou,& Oldham,2004)。大量证据表明,组织创新和竞争优势的主要来源是员工创造力。由于领导拥有诸多资源与权力,对员工创造力有直接的影响作用(Amabile, et al., 2004;Pieterse, et al., 2009),因此,越来越多的组织在寻求可以激发员工创造力的领导风格与领导行为(Hirst, Van & Zhou, 2009;Zhou & George, 2001)。

在诸多调查领导行为对创造力的影响研究中,变革型领导风格和交易型领导风格在领导力文献占了主导地位,并经常被拿来开展领导模式对比(Judge & Piccolo, 2004;Bass & Riggio, 2006)。一般而言,学者们认为变革型领导比交

易型领导更为有效。然而事实上,研究发现,变革型领导与员工创造力之间的实证研究结果虽然大部分呈现了积极的结果(如 Gong,Huang & Farh,2009; Shin & Zhou,2003),但也有一部分是消极的(Basu & Green,1997),甚至夹杂了不显著相关关系的混合型结果(Wang & Rode,2010)。

同样,交易型领导风格与员工创造力之间也呈现不一致性。例如,Steven & Feng(2012)发现交易型领导与员工创造力之间存在负相关。Joung 和 Lee (2011)研究得出,交易型领导对员工创造力没有直接影响。Feng 等(2010)和 Pieterse 等(2010)进一步指出,交易型领导是促进还是削弱下属创造力,取决于情境因素。

这些似是而非、模棱两可的研究表明,领导风格与员工创新之间存在一种权变关系,因此需要运用新的研究视角对此开展深层次的挖掘。根据有机整合理论(自我决定理论的子理论),外在动机或社会背景因素可以促进或阻碍内在动机和自我调节(Deci & Ryan,1985;Ryan & Deci,2000)。当员工对领导有高度的认同感,或对组织情境有一致的价值认同时,外在压力会逐渐转化为内在动力(Gagne & Deci,2005;Ryan & Connell,1989)。也就是说,在合适的外在情境下,变革型领导或交易型领导才能更好地被予以强化,能各自实现增强下属创造力的目的。

接下来,我们将运用有机整合理论,将组织物质激励与非物质激励纳入理论模型,考察混合所有制情境下变革型领导和交易型领导的有效性,以探索领导风格、领导行为如何更好地激发下属创新。我们不但考察组织中员工的动机会如何分别受到领导行为、组织激励策略各自的影响,还将着重考察这两种力量的交互作用。图 8-1 显示了我们的理论框架。

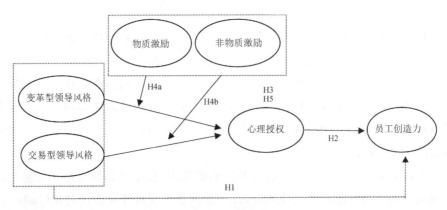

图 8-1　混合所有制领导风格、组织激励与创造力理论模型

本章拟从三个方面做出理论贡献。首先,我们开发并验证了一个过程协同模型,通过该模型,由物质激励和非物质激励调节的变革型和交易型领导通过心理授权影响员工创造力。研究将揭开领导和组织激励作为系统中的子系统,如何单独及协同发挥其重要功能。

其次,我们的研究有助于发展和丰富有机整合理论。本研究率先在特定的企业背景下,对组织制度激励与领导柔性激励中的内外在激励互动、转化进行了研究。研究深化了外部动机如何通过自我调节内化并整合到内部动机,并通过心理授权促进创造力。

最后,中国是一个儒家国家,等级制度和权力距离被视为文化价值观(Hofstead,1994)。尤其在混合所有制文化环境中,员工创新、内部创业更是必须在得到领导许可的情况下进行。因此,我们可以推断,在混合所有制情境下,由于充满变数与不确定,变革型领导效应可能会减弱,而交易型领导效应会增强。

8.2　理论基础与研究假设:领导风格、组织激励与员工创新

8.2.1　变革型领导风格、交易型领导风格与员工创造力

员工创造力是一种环境综合因素共同作用的结果(Einstein),这些因素包括创新鼓励、员工自主性/自由、组织资源,甚至压力(Amabile et al. 1996)。工作场所领导者,因为能够为组织及员工提供推动创造力的专业知识、资源、技能和动力,被认为能对员工创造力产生"涟漪效应"(Barsade,2002)。

变革型领导是指领导者通过领导魅力、领导感召力、智力激发和个性化关怀等,让员工意识到所承担的责任及任务的重要性,激发其更高层次的需要,从而使其最大限度地发掘自身的潜力来取得最高水平的绩效表现。研究人员一致认为,作为一种有助于组织内创新创业的领导风格,变革型领导者有其特有的激励行为方式(如,Bass, 1985;Shamir, House, & Arthur, 1993),因此是一种值得推广、能产生较大影响力的领导模式(Gong, Huang & Farh, 2009)。Miles(2000)在其著作《龙之乡》(Land of the Dragon)中提出,在广泛的组织环境中,变革型领导力属性往往会激励员工采取非凡行动,如卓越的绩效与超凡的创造力。

　　然而,任何事物都有其两面性。变革型领导者由于其魅力和自恋倾向,可能会对自己的影响力与控制力过度乐观(Walton, 2014; de Villiers, 2014),而当这种影响力或控制力过高时,会降低甚至扼杀下属的创造力。此外,变革型领导者通常强调未来而不是当下,重视精神而不是物质。大概率情况下,混合所有制企业的运营环境为:缺失企业文化的融合,治理结构混乱,企业内控制度不健全。在这样的情境下,领导把太多的重心偏于明日的愿景而非今天的现金流与激励,强调精神而非物质,会导致员工内心的不安全感,从而削弱创新。

　　同时,非凡的领导魅力,会让员工盲目崇拜,将领导视为动态环境中唯一可接受的行为典范(Brown & Trevino, 2006),从而表现出对变革型领导者过多的依赖和信任(Brown & Treviño, 2006; Howell, 1988);对领导强烈的忠诚,对领导的想法、指示无条件地接受(Basu & Green, 1997; Eisenbeiß & Boerner, 2013)。而创新通常与质疑、思辨联系在一起。在这样的情境下,员工可能会与创造力渐行渐远。基于上述推导,我们提出:

　　H1a:混合所有制企业中的变革型领导将负向影响员工创造力。

　　交易型领导(transactional leadership)即领导的交易模式(transactional model)由 Hollander(1978)所提出。Hollander 认为领导行为乃发生在特定情境之下时,领导者和被领导者相互满足的交易过程,即领导者藉由明确的任务及角色的需求来引导与激励部属完成组织目标。混乱、不成熟、不确定、无规则或既定程序不足,是大多数混合所有制企业的组织制度背景。有研究认为,在复杂或混沌的情况下,交易型领导的有效性可能得以放大,其领导优势会得到更好的体现(Waldman, Ramirez, House, et al., 2001)。

　　一方面,混乱的、不确定情境下,下属们总希望其领导者帮助设定目标和任务优先次序;而交易型领导比变革型领导更加重视对下属的任务布置和具体要求(Robbins,2003)。因此,在不确定性条件下或创新工作可以被明确描述、界定的情况下,布置任务有助于促进员工创新。

　　另一方面,交易型领导深谙奖励和惩罚之道(Robbins,2003),会及时将下属绩效与奖惩联系起来,鼓励创新,从而更有效地指导和推动工作。交易型领导的特征是强调交换,即在主管与下属之间形成一种秘而不宣的契约式交易模式。在交换中,领导给部下提供报酬、实物奖励、晋升机会、荣誉等,以满足部下的需要与愿望;而下属则以服从领导的命令指挥,完成其所交给的任务作为回报。尤其是在复杂、模糊的情况下,领导者对被领导者源源不绝的"默契契约"与"资源交易",对促进创造性成果提供了强大的助力(Reiter,2004)。基于上述推导,我们提出：

H1b：混合所有制企业中的交易型领导将正向影响员工创造力。

8.2.2　心理授权在领导风格、员工创造力间的中介作用

心理授权是一个比较新的心理学概念，是指授权个体被授权后，内心感知与体验的一个心理过程，反映了员工对工作的积极取向（Carless，2004；Ergeneli，Saglam & Metin，2007；Thomas & Velthouse，1990）。虽然也属于授权范畴，心理授权更注重内在激励与自我认知：①在发起和促进行动方面有选择权；②具有工作能力；③对环境有控制权；④认为工作很重要（Spreitzer，1995；Thomas & Velthouse，1990）。通俗地讲，心理授权包含了个体在自我决定、胜任力、自我效能感与工作意义的四维度。

混合所有制企业对内面临着组织模式、内部机制的巨大变迁，对外需要应对市场不确定性，积极开展新的投融资市场，因此，更需要员工以灵活、弹性的方法自觉参与工作，予以有效经营。得到心理授权的员工，会认为自己有能力并且会以有意义的方式影响自己的工作和工作环境；他们积极主动，并自主独立（Laschinge & Shamian，1994；Spreitzer，1995；Thomas & Velthouse，1990）。心理授权在员工参与创新创业过程的意愿方面也起着重要作用（Zhang & Bartol，2010）。当员工认为自己的工作又重要又有意义，并且有一定的自主权来决定做什么、如何做时，他们往往会投入更多的时间与精力，付出更多的努力，竭尽所能克服困难开展创造性活动。基于上述推导，我们提出：

H2：混合所有制企业中的心理授权对员工创造力有促进影响。

研究表明，变革型领导者通过智力激发，鼓励下属创新，挑战自我，包括向下属灌输新观念，启发下属发表新见解和鼓励下属用新手段、新方法解决工作中遇到的问题。通过智力激发，变革型领导者可以激发下属蓬勃向上的意识、信念以及价值观，让员工充满信心与朝气自信（Avolio et al.，2004）。然而，我们认为，在混合所有制情境下，变革型领导在唤醒、激发员工的内在动机方面或面临一定的阻力。

首先，西方文化假设变革型领导信任并依赖于自主的员工，因此员工可以自由地进行思维发散并予以创新（van Knippenberg & Sitkin，2013）。与西方文化不同的是，中国员工对领导威权、制度合规性、秩序与和谐高度地顺从甚至屈服（Tyler，Lind & Huo，2000）。特别是，当处于混合所有制这种高度不确定性和混乱情境时，这种顺从性会被放大。西方假设的变革型领导与员工的对等与和

谐关系,至少在中国的儒家等级观念情境中遭遇了一定的挑战。

此外,在混合所有制企业里,尽管变革型领导能够为员工提供鼓舞人心的愿景激励,但员工能否感受到内在动机并愿意投身冒险与创新,却取决于员工自身。事实上,员工选择主动参与还是被动应付,离不开其赖以生存乃至促其发展的组织环境与社会条件(Ryan & Deci,2000)。在混合所有制环境里,当领导的变革型风格过高时,员工的自我激励动机与心理健康发展的自然过程会受到破坏。员工会将变革型领导的远期激励视为空洞承诺;会将变革型领导对员工过多的智力激发视为压力。加上没有具体的指导意见、解决方案,职场无力感难以消除;面对职场棘手难题焦虑不安,甚至妄自菲薄。在此情况下,不但缺乏足够的安全感,也失去了工作的意义感与对工作的控制力,内在动机缺失,从而对创造力产生了负面作用。

与之相对的是,交易型领导擅长的完善奖惩制度、合理安排工作任务等,在某些情境下发挥了较好的作用。在中国儒家文化背景下,尤其在充满一定危险、变数的情境下,员工更喜欢依赖领导;而交易型领导者通过向员工发号施令、提供特定的命令非常有效地激励了员工(Judge & Piccolo,2004)。混合所有制企业里,员工会通过准确无误地接收并完成领导旨意、领导分配的任务而得到心理授权。交易型领导者实施的即时奖励使员工感到环境更可预测和更可控。当面临困难或任务启动阶段,交易型领导会及时传达对下属的绩效方期望,然后观察这些要求是否得到满足。正如我们在之前的文献中所发现的,交易型领导提供了对交易协议的尊重,这些协议建立了与领导者的信任、可靠性和一致性认知(Avolio,1999;Judge & Piccolo,2004)。这种明确的期望、目标,及基于业绩的及时奖励,更有可能鼓励实现期望的信心。因此,我们认为,在需要创新创业的混合所有制企业中,交易型领导通过促进员工的工作意义感、掌控感与外在刺激,最后促进了员工创新创业的精神与行为。基于上述推导,我们提出:

假设3a:混合所有制企业情境下,心理授权在变革型领导和员工创造力之间起着中介作用。

假设3b:混合所有制企业下,心理授权在交易型领导和员工创造力之间起着中介作用。

8.2.3　物质激励和非物质激励作为调节变量

根据自我决定理论,员工的创新性动机的激发以及持续维持是需要有支撑性条件的(Ryan & Deci,2000)。领导的确可以通过其特有的手段与方法激励员工,然而动机还会受到组织内多种条件与因素的制约,例如制度性薪酬福利体系等(Farh & Cheng,1987)。与其他因素相比,这些独立于领导的组织环境因素被认为是激发员工动机更为有效的预测元素(Zhou,1998),并能促进创造性过程与成果(Zhou & Shalley,2003)。因此,有必要更深入地研究组织制度激励是如何与领导柔性激励相互作用,共同影响心理授权与员工创新。

组织激励是指组织为激发动机,提供能满足员工需求的激励物的总和(Reif & Louis,1976)。现代组织激励从内容看可分为两大类:物质激励和非物质激励(Armstrong & Murlis,2005;Milkovich & Newman,2008)。物质激励包括固定奖励,如基本工资或薪金、福利、加班费和假日工资溢价,以及与绩效相关的权变激励。非物质激励是指在非货币意义上有利于员工的激励物,如组织认可、更为优渥的工作岗位安排、培训和发展机会等。虽然物质激励通常被用作激励工具,但控制或降低成本的压力越来越大,导致了非物质激励的扩散和增加(Wah,2000)。在一些大公司中,许多激励,比如加薪、员工福利或优先工作分配等是由组织掌控的(Kanungo & Hartwick,1987),而非领导可以自己决定。

在本节中,我们提出了一个假设,即组织激励将加强领导柔性激励与心理授权之间的关系。具体而言,我们提出,物质激励将负向调节变革型领导与心理授权之间的关系,而非物质激励则正向调节交易型领导和心理授权之间关系。这一假设的核心逻辑是,组织激励的类型和水平,与一定的领导风格、行为匹配,会形成一种协同效应。

我们认为,在充满变革与动态的组织环境中,组织物质激励水平削弱了混合所有制企业中变革型领导和心理授权之间的负关联。变革型领导通过明确使命感、关注内在需求(Burns,1978)和鼓励个人为了集体利益而包容甚至超越自我利益来激励员工(Bass & Avolio,1995)。可以推断,变革型领导通过激发内在动机来实现目标;挖掘对工作的浓厚兴趣和参与感、好奇心、乐趣和/或个人挑战感。然而,内在动机虽然相较外在动机更为持久和稳定,不过,客观地说,个体与生俱来的兴趣毕竟有限,大部分态度、价值观和行为都是后天习得和培养的,是一种内化的过程(internalization)。由于员工是主动出击而非被动回应的代理人,光靠言辞可能不足以触发员工的自我动机与行为(Grant,2012)。外在动机是动机内化的前提与条件。虽然变革型领导能激励员工,但基于内在动机的努力意愿(Gagne' & Deci,2005;Ryan & Deci,2000)在获得工作本身以外的结果方面比外在动机弱(Amabile,1993)。

在提供高水平物质激励的组织中,员工感觉到强大的组织支持,更容易被激发,愿意为组织的利益付出更多的努力。更重要的是,高水平的物质激励减轻了员工对不确定性的顾虑,降低了不安全感。尽管外在动机存在短时性、被动性等缺点,然而与变革型领导合力作用下,较好地起到了将外在动机予以内摄调节的作用。员工不但享受了物质激励,而且在变革型领导的鼓舞下,感受到了工作的意义与价值,享受到了自主决策过程。与上述情况相反的是,在不重视物质激励的组织中,变革型领导难以很好地助力员工将外在激励转化为内在动机。因为独立决策(心理授权)可能会导致隐性或显性批评,如果领导只明确描绘蓝图与愿景,而不提供实质性的物质激励,员工很有可能不敢冒险创新。因此,他们不但不享受决策过程,而且还会在投入自我决策时倍感压力。也就是说,低物质激励情境下,变革型领导更难促进员工的心理授权。

与变革型领导不同的是,组织非物质激励加强了混合所有制企业中交易型领导与员工创造力之间的正向关系。如前所述,交易型领导者更喜欢与员工交换有形奖励,通过速效、短时的外在奖赏来激励、诱发的外在动机来实现目标。可见,交易型领导风格情境下,员工通常是被与工作本身毫无关系的事情所驱动。在充满不确定性、规范化不足的混合所有制企业里,高水平的非物质奖励,如领导认可、技能培训和就业保障,抵消和弥补了交易型领导只追求经济交易、只会对各种差错进行严格惩罚的缺憾。

根据有机整合理论,当组织提供了高水平的非物质激励时,员工不但受到了交易型领导的权变奖励,而且也享受了人性化、精神层面的内在激励。这两者协同作用会促进员工的外在动机内摄化,促进员工在致力于完成交易型领导期望的工作同时,相信该过程是有意义的。相比之下,低水平的非物质激励刺激了员工对物质回报的敏感性,并进一步削弱了工作的激情、意义感与自主感(Deci & Ryan,2000)。在此情况下,员工因缺乏内在动机,不喜欢自己做出决策的过程;相反,他们被动地完成领导者的指示与命令,不再有激情去从事创造性工作。

Ambile(1993)提出,当外在动机为内在动机服务时,它会发展为一种激励协同作用,最终导致员工满意度和绩效的高水平。基于有机整合理论,我们进一步推断,当物质激励为变革型领导提供外在动机内化的条件,当非物质激励助力交易型领导的经济交换转化为工作的意义感、自主感时,组织制度激励和领导柔性激励之间就形成了匹配,从而通过心理授权对员工创造力产生了协同效应(Deci & Ryan,2000)。基于上述推导,我们提出:

H4a:混合所有制企业情境下,物质激励负向调节变革型领导和心理授权之间的关系,即物质激励水平越高,变革型领导与员工创造力之间的负向关系越弱。

假设 4b：混合所有制企业情境下，非物质激励正向调节交易型领导风格和心理授权之间的关系，即非物质激励水平越高，交易型领导与员工创造力之间的正向关系越强。

8.2.4　物质激励与非物质激励的调节作用

前面我们假设心理授权将完全中介领导和员工创造力（假设 1～3），组织激励将调节领导风格—心理授权之间的关系（假设 4）。根据被调节的中介推导方法 （Edwards & Lambert，2007；Preacher & Hayes，2008），我们也可以推导并且预测，随着组织激励的增加，组织激励将为领导风格和员工创造力之间的关系提供更充分的解释。也就是说，将假设 1、2、3 统筹起来，其背后的逻辑推理可以支持图 8-1 所示的被调节的中介模型。根据上述逻辑，我们提出以下假设：

假设 5a：混合所有制企业情境下，物质激励调节了变革型领导与员工创造力之间的关系，即高水平的物质激励下，变革型领导风格通过心理授权降低员工创造力的关系将被削弱。

假设 5b：混合所有制企业情境下，非物质激励调节了交易领导能力与员工创造力之间的关系，即高水平的非物质激励下，交易型领导风格通过心理授权提升员工创造力的关系将被强化。

8.3　研究方法：基于混合所有制企业样本的配对问卷

8.3.1　研究设计：样本选择与问卷处理

本研究调研对象为混合所有制企业。调研通过以下步骤开展：首先，联系混合所有制企业中高层，了解有无得到调研配合的可能；其次，在得到肯定回复后，我们根据被调研人员信息，开展纵向跟踪的配套问卷调研；对愿意直接接受调研的采用打印问卷并现场等待的方式获取数据；考虑到便利性考虑，更多的调研方式则采用了问卷星或电子邮件方式。

为确保样本的特定应用情境，我们特意以创业周期不到 5 年的 4 家混合所有制企业为对象开展了数据采集。其中两家企业是位于长三角地区的金融企业，另外两家是房地产混合所有制企业。与成熟的国有企业或外资企业相比，这些初创型的混合所有制企业除了面临较高的不确定性，还缺乏一定的制度规范性。

　　为了减小共同方法偏差，我们从多个来源获得了数据（Podsakoff，2003）。对285名员工及其120名直接主管编制并发放了单独的问卷。每位员工需完成包含自变量、调节变量、中介变量和控制变量的调查。对应的直接主管对应变量即员工创造力进行了评价。为减少员工与主管问卷填写时隐私泄露的顾虑，确保问卷真实有效，我们对数据采集过程强调并保证了保密性。

　　据统计，共有效回收由113位主管打分的260份配套问卷（其中每个主管平均打分2.3名下属）。被评价对象以一线员工、主管级别及以下为主（占比72.3%），包括HR专员、销售代表、产品工程师、质量工程师、客户服务人员等。男性占比五成以上（58.1%），年龄在26至35岁之间（64.6%），受过良好教育（大专及以上占比78.9%）。公司创立年限平均为3.5年。

8.3.2　变量测量：领导风格、制度激励与员工创造力

　　量表来自国外主流文献。在双向互译的基础上（Brislin，1986），我们根据混合所有制企业的相关情境与语义对题目做了微调，并对题项的严谨性和合适性进行了检验。本章采用5级Likert量表进行评价，1代表完全不同意，5代表完全同意。

　　1）变革型领导风格

　　为考察变革型领导风格中某一单一行为维度如何影响员工创造力，我们响应了Daan van和Sim（2013）对变量独立维度的呼吁，从构念上定义并提取了变革型领导的柔性激励维度。也就是说，本研究中，我们重点关注了变革型领导的激励成分而非所有内容，即变革型领导对员工的愿景激励（Goodwin，Wofford & Whittington，2001）。其代表性题项为：我的上司在试图完成目标时显示了其强烈的决心与意志。*Cronbach α* 系数为0.773。

　　2）交易型领导风格

　　交易型领导风格使用Bass & Avolio（1995）开发的包含2个维度、6个题项的量表。两个维度分别为：即时奖惩与例外管理。其代表性题项为：我的上司明确告诉我想得到奖励需要做什么。*Cronbach α* 系数为0.784。

　　3）心理授权

　　心理授权使用Spreitzer（1995）开发的量表，共12个题项。该量表包含自我决定、胜任力、自我效能感与工作意义4个维度，每个维度由3个题项组成。其代表性题项为：我所做的工作对我来说非常重要。*Cronbach α* 系数为0.872。

4）物质激励和非物质激励

物质激励和非物质激励测量参考了 Rousseau（1990）、Robinson，et al.（1994）与 Herriot et al. (1997)开发的量表，分别包含 3 个题项和 12 个题项。物质激励的代表性题项为：公司提供了有竞争力的薪水。非物质激励的代表性题项为：公司认可我对组织做出的贡献。*Cronbach α* 系数分别为 0.775 和 0.739。

5）员工创造力

员工创造力测量参考了 Zhou 和 George (2001)开发的量表，共 13 个题项。由员工相应的主管进行评定。其代表性题项为：他/她提出了新颖的、实用的想法以提高绩效。*Cronbach α* 系数为 0.961。

8.3.3 控制变量：员工背景

研究将员工性别、年龄、婚姻、教育、岗位级别与公司任期作为控制变量。因为以往研究发现，这些特征可能会影响个体创造力（George & Zhou，2007；Janssen & Huang，2008）。其中性别采用虚拟变量，教育水平通过五分制衡量，1 表示初中及以下，5 表示博士研究生。另外，如前所述，所有样本企业的创业经验都少于 5 年。

8.4 数据分析及结果：效度与假设检验

8.4.1 描述性统计分析、聚合效度与区分效度检验

变量的描述性统计如表 8 - 1 所示。研究显示，交易型领导风格与心理授权、员工创造力存在正向相关性（$r=0.39$，$p<0.01$；$r=1.35$，$p<0.01$）。心理授权与员工创造力之间存在正相关（$r=0.64$，$p<0.01$）；变革型领导则与心理授权之间也呈现正相关（$r=0.21$，$p<0.01$）。描述性统计分析结果为大部分理论假设提供了初步支持。

表 8-1　变量描述性统计分析

变量	均值	标准差	1	2	3	4	5	6	7	8	9	10	11	12
1.性别	1.43	0.50												
2.年龄	2.96	1.12	−0.11											
3.婚姻	1.44	0.56	0.08	0.08										
4.教育	2.95	0.75	−0.09	−0.02	−0.02									
5.工作年限	2.77	1.31	−0.16**	0.46**	−0.27**	0.08								
6.级别	1.95	0.89	0.10	−0.18**	−0.18**	0.20**	0.24**							
7.变革型领导	4.01	0.63	−0.12*	−0.10	−0.10	−0.09	0.04	−0.12*	(0.79)					
8.交易型领导	3.61	0.66	−0.12	−0.08	−0.08	−0.31*	−0.03	0.40**	0.40**	(0.71)				
9.物质激励	3.29	0.77	−0.01	−0.17**	−0.17**	−0.25**	0.04	0.20**	0.20**	0.49**	(0.84)			
10.非物质激励	3.63	0.78	−0.07	−0.15*	−0.15*	−0.13*	−0.02	0.22**	0.22*	0.36**	0.38**	(0.75)		
11.心理授权	3.71	0.528	0.08	−0.11	−0.11	−0.14*	−0.01	0.21**	0.21**	0.39**	0.30**	0.19**	(0.68)	
12.创造力	3.54	0.57	−0.05	0.07	−0.12	−0.10	0.09	0.07	0.16**	0.35**	0.25**	0.20**	0.64**	(0.79)

注：* $p<0.05$, ** $p<0.01$

在检验假设之前,我们遵循两步分析程序(Hair,1998)来检验理论模型的有效性。首先,我们使用 CFA 评估包含 6 个潜变量的结构模型的拟合优度。如表 8-2 所示,相比较备选方案(模型 2-6),模型 1 六因子模型即基准模型的拟合优度最好($\chi^2/df=2.87$,$RMSEA=0.07$,$CFI=0.91$,$TLI=0.90$)。说明 6 个变量具有较好的聚合效度与区分效度。

表 8-2　测量模型比较结果

模型	因子	χ^2	df	χ^2/df	RMSEA	CFI	TLI
模型 1:基准模型	六因子:变革型/交易型领导风格,物质/非物质激励,心理授权,创造力	2931.06	1091	2.87	0.07	0.91	0.90
模型 2	五因子:变革型与交易型领导风格合并为一个因子	3119.45	1012	3.40	0.09	0.82	0.81
模型 3	五因子:物质激励与非物质激励合并为一个因子	3050.72	1024	2.97	0.11	0.79	0.76
模型 4	四因子:变革型与交易型领导风格合并为一个因子;同时,物质激励与非物质激励合并为一个因子	3226.18	1028	3.13	0.12	0.77	0.75
模型 5:	三因子:变革型领导风格、交易型领导风格、物质激励、非物质激励合并为一个因子	3518.97	1031	3.41	0.14	0.74	0.71
模型 6:	一因子:所有变量合并为一个因子	5644.385	1034	5.459	0.25	0.52	0.48

接下来,我们测量了结构模型变量的复合信度和平均变异抽取量。从表 8-3可看出,每个变量的组合信度范围为 0.86 至 0.96,平均方差抽取量范围在 0.46至 0.70,所有测量值均达到了可接受水平(>0.7;>0.5)。另外,如表 8-1 所示,所有变量之间的相关系数小于对角线上 AVE 的平方根,表明 6 个变量之间具有良好区分效度。

表 8-3　组合信度与平均变异抽取量

变量	组合信度（可接受临界值＞0.7）	平均变异抽取量（可接受临界值＞0.5）
变革型领导风格	0.87	0.62
交易型领导风格	0.86	0.51
物质激励	0.87	0.70
非物质激励	0.92	0.57
心理授权	0.92	0.46
员工创造力	0.96	0.63

8.4.2　理论假设检验：领导风格与组织制度激励

接下来，我们采用 SPSS 软件开展阶层回归分析，以检验假设 1～4，回归结果如表 8-4 所示。模型 6 显示，交易型领导风格对员工创造力有积极影响（$\beta=0.35, p<0.001$），从而支持了假设 1b。然而，变革型领导与创造力没有呈现显著的相关性（$\beta=0.02, ns$）。因此，假设 1a 不被支持。模型 7 显示心理授权与员工创造力之间存在显著正相关（$\beta=0.64, p<0.001$），因此假设 2 得到支持。

为了检验中介效应，我们首先检验了领导风格对心理授权的影响。模型 2 表明，交易型领导风格显著促进了心理授权，而变革型领导风格与心理授权则不呈现相关关系（$\beta=0.36, p<0.001; \beta=0.07, ns$）。然后，我们将心理授权纳入回归方程。在模型 7 中，我们发现，交易型领导风格仍然显著影响员工创造力，但与之前的回归系数（$\beta=0.35, p<0.001$）相比，显著性水平降低（$\beta=0.14, p<1.05$）。这表明心理授权在交易型领导和员工创造力之间起部分中介作用。因此，假设 3 得到部分支持。

表 8-4　假设检验回归分析结果

变量	心理授权				员工创造力		
	Model 1	Model 2	Model 3	Model 4	Model 5	Model 6	Model 7
性别	−0.10	−0.04	−0.05	−0.03	0.015	0.00	0.03
年龄	0.06	0.12	0.12	0.15 *	−0.046	0.05	−0.02
婚姻	−0.08	−0.02	−0.00	0.02	−0.041	−0.04	−0.03
教育	−0.16 *	−0.05	−0.04	−0.06	−0.017	−0.01	0.02

（续表）

变量	心理授权				员工创造力		
	Model 1	Model 2	Model 3	Model 4	Model 5	Model 6	Model 7
工作年限	−0.07	−0.08	−0.08	−0.04	0.094	0.04	0.09
岗位级别	0.06	0.08	0.07	0.05	0.041	0.09	0.05
变革型领导风格		0.07	0.06	0.10		0.02	−0.02
交易型领导风格		0.36 ***	0.30 ***	0.14		0.35 ***	0.14 *
物质激励			0.11	0.09			
非物质激励			0.03	0.21 **			
心理授权					0.64 ***		0.60 ***
变革型 * 物质激励				0.23 **			
变革型 * 非物质激励				−0.01			
交易型 * 物质激励				−0.01			
交易型 * 非物质激励				0.35 ***			
R^2	0.05	0.18 ***	0.19 ***	0.33 ***	0.43 ***	0.25 ***	0.46 ***
$\triangle R^2$	0.02	0.15 ***	0.16 ***	0.29 ***	0.41 ***	0.23 ***	0.44 ***

注：* $p < 0.05$，** $p < 0.01$，*** $p < 0.001$

在假设 4a 的检验中，我们发现变革型领导风格与组织物质激励的交互作用显著，正向影响了模型 4 中的心理授权（$\beta = 0.23, p < 0.01$；$\triangle R^2 = 0.29, p < 0.001$）。另一方面，交易型领导与组织非物质激励交互作用显著，也正向影响了心理授权（$\beta = 0.35, p < 0.001$；$\triangle R^2 = 0.29, p < 0.001$）。

调节作用如图 8 - 2 与图 8 - 3 所示。斜率分析图表明，当物质激励水平越高，变革型领导风格对心理授权的正向影响越强；当非物质激励水平越高，交易型领导风格对心理授权的正向影响越强。因此，假设 4a 和 4b 均得到了支持。

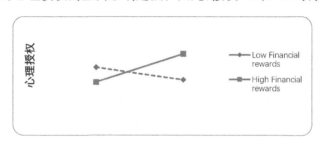

图 8 - 2　物质激励的调节效应

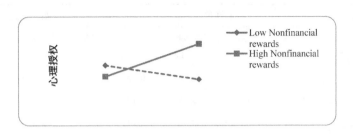

图 8-3　非物质激励的调节效应

为了检验假设 5a，我们采用了 Ruker 和 Hayes（2007）和 Hayes（2013）的方法来检验被调节的中介效应。首先，我们将组织物质激励作为调节变量引入变革型领导风格—心理授权—员工创造力的调节中介模型。如表 8-5 所示，当物质激励为中等或最高（1 S.D）时，中介效应的置信区间不包括 0［$LLCI=0.04$，$ULCI=0.20$］［$LLCI=0.14,ULCI=0.40$］。结果表明，通过变革型领导风格的心理授权的中介作用（受物质激励的调节）对员工创造力有显著影响。因此，假设 5a 得到支持。

同样，我们通过在交易型领导风格—心理授权—员工创造力模型中加入组织非物质激励来检验假设 5b。如表 8-6 所示，当非物质激励处于中等或最高水平（1 S.D）时，中介效应的置信区间也不包括 0［$LLCI=0.06,ULCI=0.18$］［$LLCI=0.17,ULCI=0.35$］。中介作用显著性结果表明，交易型领导风格对员工创造力的间接影响受到组织非物质激励的调节。因此，假设 5b 得到了支持。

表 8-5　被调节的中介效应检验（变革型领导风格×物质激励）

自变量	中介变量：心理授权			
	B	SE	B	p
常量	6.00	0.74	8.13	0.00
变革型领导风格	−0.73	0.19	−3.97	0.00
物质激励	−0.91	0.23	−3.96	0.00
变革型领导风格×物质激励	0.28	0.06	4.83	0.00
自变量	因变量：员工创造力			
	B	SE	t	P

（续表）

常量	0.88	0.24	3.73	0.00
心理授权	0.69	0.53	13.09	0.00
变革型领导风格	0.02	0.04	0.54	0.59

中介变量	条件间接效应			
	物质激励	B	Boot SE	LLCI	ULCI
心理授权	2.52	−0.03	0.04	−0.12	0.05
心理授权	3.29	0.12	0.04	0.04	0.20
心理授权	4.06	0.26	0.07	0.14	0.40

注：$n=260$，$bootstrap$ 取样＝1000

表 8-6 被调节的中介效应检验（交易型领导风格×非物质激励）

自变量	中介变量：心理授权			
	B	SE	t	p
常量	6.29	0.65	9.69	0.00
交易型领导风格	−0.90	0.20	−4.44	0.00
非物质激励	−0.91	0.16	−5.62	0.00
交易型领导风格×非物质激励	0.30	0.05	6.04	0.00

自变量	因变量：员工创造力			
	B	SE	t	P
常量	0.77	0.21	3.71	0.00
心理授权	0.65	0.06	11.69	0.00
交易型领导风格	0.10	0.10	2.29	0.05

中介变量	条件间接效应			
	非物质激励	B	SE	LLCI	ULCI
心理授权	2.85	−0.03	0.05	−0.12	0.06
心理授权	3.63	0.12	0.03	0.06	0.18
心理授权	4.42	0.27	0.05	0.17	0.35

注：$n=260$，$bootstrap$ 取样＝1000

8.5　结论与讨论

8.5.1　研究结论：领导柔性激励与组织制度激励协同性

研究通过理论建模和实证研究，对领导柔性激励与组织制度激励的协同关系与作用边界进行了探索性研究，在理论上揭示了差异化匹配的协同作用机理。具体而言，研究回答了如下问题：变革型领导风格和交易型领导风格何时，又是如何以最有效的方法促进员工创造力？

研究通过将充满不确定性的混合所有制组织环境作为特定情境来回答上述问题。这种特定的情境设置，放大了交易型领导而非变革型领导的优势特征。在不确定性和儒家文化背景下，员工希望领导者帮助设定目标和优先事项，并基于绩效开展即时奖惩，因此，交易型领导比变革型领导更有优势，会带来更大的创造力。此外，本研究还表明，物质激励与变革型领导之间、非物质激励与交易型领导之间存在着较高的匹配，虽然风格迥异，却殊途同归。总之，关于如何促进员工创造力之难以，研究发现，不存在最佳领导风格，但的确存在领导和制度激励间的最佳匹配。

8.5.2　激励协同理论贡献

本章的主要贡献如下。

首先，先前研究发现，变革型、交易型领导与员工创造力之间的关系并不总是不言而喻的，而是混合的；我们通过实证研究，为这样的混合型相关关系提供了有力证据并揭开了黑箱。也就是说，在混合所有制企业成立时间短、组织变革不确定性高、员工缺乏工作安全感、组织内控制度与工作规范不明确的情境下，研究揭示：交易型领导风格的优势会被放大，而变革型领导风格的优势会被缩小。这些发现与先前识别的组织文化和情境因素可能会极大地影响领导效能的理论保持了一致（Peterson，2004）。我们还重新回应了先前的理论，即组织中如果没有领导去解决工作场所问题，就无法实现创造性成果（Reiter，2004）。我们的发现突破了传统上以美国为中心的、关于交易型和变革型领导理论有效性的结论，对领导理论予以了补充与完善。

其次，当前的研究进一步扩展了特定情境下变革型领导、交易型领导激励并推进员工创造力的影响边界与作用空间，丰富了领导风格与员工创造力之间研究的冲突理论解释。通过构建被调节的中介模型,研究在非西方文化背景下,将组织制度激励作为调节因素来阐明上述关系。我们还得出,组织激励可以在某些方面补充、替代、强化领导风格;这两种激励合理的匹配、相互作用,可以提升员工的心理授权,从而对员工创造力产生促进作用。

最后,我们的研究超越了领导替代理论,并为有机整合理论提供了贡献。根据领导替代理论(Kerr & Jermier,1978),一些组织替代物会实现领导替代,并使领导变得冗余(Kerr,1973;Kerr & Jermier,1978)。之前的研究通常把内外在激励视为相互排斥的关系,而较少关注两者之间的协同作用(Gagne & Deci,2005)。我们的结果表明,一些不受领导控制的组织要素,如组织激励,可以强化领导者的有效性,从而为整合领导激励和组织激励丰富了相关理论。同时,关于领导激励与制度激励,之前的研究通常在不同的文献线索中独立开展研究;我们的研究通过理论模型构建与实证研究,揭开了它们间存在的能互相促进的关系黑箱,从而对领导力与激励的情境化研究又予以了深化。

8.5.3　激励协同管理启示

研究结果表明,混合所有制企业需要重新审视影响领导有效性的情境因素。即公司中人力资源激励政策不能长久不变,而要主动求变以适应组织环境的变化和员工需求的改变。优秀的制度应该保持其稳定性,但企业的激励政策却并非如此。因为企业的领导风格只有在配置了某一"合适"的组织激励情境下,才能最大限度地发掘领导潜力,提升员工创造力。

当团队领导体现"高变革型"风格时,组织需要使用高水平的物质奖励,为员工提供敢于冒险创新所需的安全保障。变革型领导鼓励下属超越、改变自己,但是混合所有制情境下,员工普遍缺乏工作安全感,因此不能仅仅靠愿景、发展激励激发士气,否则难以开展冒险创新。

当团队领导体现"高交易型"风格时,组织的人力资源管理激励制度要更多地关注员工非货币激励,如组织认可、培训发展、通过职业生涯的设计让员工感受到安全感、组织对职业发展的长期导向倾向,而不是盲目地使用金钱刺激。适度的发展激励的补益会使员工重新定义他们与组织的关系,而不再将劳动视为简单的金钱交换。在这种导向下,员工会感到更受信任和尊重,因此会采取长期定位,更倾向于为问题创造创新的解决方案,以创造性方式完成任务。

8.5.4　问题、局限性和未来研究方向

首先,未来的研究可以控制其他工作特征,以进一步深化相关研究。当前研究仅仅考虑了员工性别、教育程度和员工任期作为控制变量。有研究认为,员工所从事的工作特征,也会影响员工创新,而且会影响领导和员工的关系(Liu, Liao & Loi, 2012)。

其次,未来研究可以对员工创造力开展的客观测量。研究中我们由员工直接领导评估下属创造力,然而主管评估不可避免地会受到其个人背景和偏好影响(Landy & Farr, 1980),即晕轮效应。有学者提出,为提升研究结论的可信度,创造力衡量最好采用一些客观度量,如创造性业绩、证明、专利、发明、披露表、研究报告等(Liao, Liu & Loi, 2010; Tierney, Farmer & Graen, 1999)。

再次,尽管我们在国内混合所有制企业进行了研究,强调了混合所有制情境、中国儒家文化的重要性,但我们在研究模型中没有将中国文化、混合所有制情境作为变量,也没有对混合所有制企业里的非规范化水平与不确定性程度予以测量。未来的研究应将这些变量纳入研究模型,从而使得研究设计的信度与效度更高,得出的研究结论更可靠。

最后,研究的横截面设计一定程度上难以回答变量之间的因果关系。未来需要进一步开展纵向调研与实证设计,以深入了解制度激励与领导柔性激励合力作用下,员工的心理反应和创造力提升的动态过程。

【专栏】　国有企业改革与动态平衡

国企改革要在"动态平衡"中探索前进[①]

2020年6月30日,党中央通过了《国企改革三年行动方案(2020—2022年)》。《方案》对最近三年的国企改革目标和时间紧迫性要求做了明确规定,对混合所有制改革提速发力、国企现代企业制度健全、国有资本管理深化以及代表性公司试点运营等举措进行了细化。

然而,正如国务院国资委党委委员、秘书长彭华岗指出:国企改革到今天,剩

---

① 注:本文主要内容选自:马喜芳. 国企改革要在"动态平衡"中探索前进[N]. 经济参考报, 2020 - 08 - 17(007), 国企周刊 智库. 文章后被国务院国资委官网、光明网、东方资讯、企业头条、国研网数据库等转载。

下的都是比较难啃的"硬骨头"。由于涉及资源、利益的重新分配，国企改革早已不是喊口号加小打小闹那么简单；它面临的一些深层次难题，有些看起来似乎是矛盾的、冲突的、甚至让人无所适从的。因此，推进国企未来三年甚至更长远的改革进程，要敢于直面难题，要敢于正视改革动力不足背后的利益纠缠之本质矛盾。

（一）当前国企改革的几个深层次难题

当前国企改革的深层次难题之一，是"产权缺位""内部人控制"与政府同时身为委托人与代理人之间的矛盾与冲突。从多层次委托代理理论来看，国企治理涉及三个层级：国家、政府与国企管理者（如企业领导班子成员）。在国家与政府之间，存在委托与代理关系；在政府与国企领导班子之间，同样存在委托代理关系。也就是说，政府既是代理人，又是委托人，这就带来了一些深层次问题。一方面，国企依赖政府建立约束激励机制管理监督国企领导班子；另一方面，现有的产权制度下，国有企业的所有权属于国家所有。而事实上，国家是一个虚拟的、被泛指的社会群体与非人格化主体，其终极的所有权只能以法律的方式委托政府（如国资委）予以行使。政府作为一级代理人，既不是真正风险的承担者，也不是国企剩余利益的享受者。这可能致使政府难有强烈的创新创业冲动，更不会牺牲自己的政治前途去冒险创新。基于委托代理理论，在"产权缺位"情况下，一级代理人政府较易出现玩忽职守、过度职位消费等问题。

当前国企改革的深层次难题之二，是通行的威权式管理与改革动力不足之间的矛盾。国企改革的初心是增强国企活力，然而当前国企过度的威权管理会导致当下级政府在面对上级政府的督促监管时，命令服从往往就成为最优选择，从而导致国企改革瞻前顾后、裹足不前，改革动力不足、活力难以激发。如在国有资产的保值增值方面，"国有资产流失"是国企改革的一道高压线，在领导人员绩效考核中具有一票否决权。因此，为避免影响政治生涯，国企领导人员在推进资产重组、民企混改过程中，宁可"不作为"，也决不"碰红线"；宁可资产价值"高估"无人接盘，也担忧价值"被低估"而被扣帽子，这些"过度服从"实则"消极服从"的心理时常成为国企在鉴别资产优劣、实现价值创造时的掣肘。

当前国企改革的深层次难题之三，是国企改革同时受到多个目标的影响、多种条件交缠制约的问题。国企改革涉及利益群体多，相互关系复杂，关系国家和区域的短期利益和长远发展利益，相关政策的制定要求差异大；在国家层面上，国企改革是国家改革全局中的局部，自然会受到国家整体改革进程的制约；还有,我国幅员辽阔,产业结构复杂,不同地区技术经济发展水平、不同产业、行业和企业发展水平都差异较大,故而各个地区、不同产业推进国企改革的政策和进度就难以全盘一律……据此,国企改革必然是一个动态过程,亟需我们上下一致地树立大局意识和全局观念,在各种问题矛盾中探索前行。须知,唯有坚持探索和改革创新,方能有效地解决这些"老、顽、固"问题。

(二)国企改革要在"动态平衡"中探索难题的解决之道

上述所及的这些深层次的问题与矛盾,说明国企改革是一项艰巨复杂的系统工程,推动国企改革将是一项长期的战略任务。国企改革在纵深推进过程中必然会不断涌现出许多新问题、新矛盾,同时又面临着多重目标指引,压力重重,阻力多多。笔者以为,冲破阻碍凭勇气,化解难题靠智见。当下,我们正可借机运用我国优秀传统文化中的"平衡之道"去探寻答案,即新一轮的国企改革要求我们在谋求"动态平衡"过程中去坚持探索和加以发展完善。

谋求"动态平衡"是解决当前国企改革棘手难题的新思路。所谓的"动态平衡",是借鉴物理学的一种思维,指系统在不断运动和变化情况下保持的一种宏观平衡。由前面的一些问题可以看出,当前国企改革的核心矛盾涉及市场与政府、国企竞争力提升与国家宏观调控之间的平衡。这些矛盾从表面看,似乎是冲突的、对立的,其实可以在对立中寻找统一。国企改革今天能取得相当成绩,正是因为在某种程度上基本做到了一种"动态平衡":即在党对国有经济的全面领导与影响的基础上,通过对国有资本的有伸有缩,对国企管控的有松有紧,对计划调控的灵活应变,实现了我国国企在经济转型、激流勇进过程中的"动态平衡"规制之路。接下来的三年,是国企改革持续攻坚克难的三年,因此必须进一步实现新的"动态平衡",即在新矛盾、新问题不断涌现的同时,积极寻找新的秩序规则的构建。

在加强对国企的有效监控与保持国企的独立运营之间探索"动态平衡"。鉴于国企监管的双重委托代理特征,有必要对兼为委托人与代理人的政府继续优化监控制度。加强党对国企的绝对领导,进一步改进国有企业党的建设,是有效构建预防国企腐败的"藩篱"。因此,坚持党的领导、加强党的建设,是国有企业的"根"和"魂",是我国国有企业的独特优势,绝不能丢弃。与此同时,国企改革要提升国企效率,必然要实现政企分开,转机建制,让国有企业真正进入市场,成为自主经营、自负盈亏的独立的市场主体。因此,国企改革关键年,需要继续简政放权,从"管资本"向"管资产"转变;可以沿着"产权—企业行为—改革对策"的改革思路进一步"抓大放小"。从委托代理理论的角度看,为实现国企运营效益最大化,可以在坚持党管一切、党管国企经营者的任免权和重大事务的前提下,保持国企日常运营的相对独立性,包括经营者的选择、高管团队的激励、子公司并购重组等日常经营决策的制定等,以企业利益最大化为目标让国企开展相对独立的运营。对国有企业经营管理人员不进行直接任免;继续优化监事会制度,通过监事会充当政府与国有企业管理部门之间的"缓冲器",进一步实现经营权与监督权的"动态平衡"。

在政府宏观调控与灵活配置之间探索"动态平衡"。作为国民经济的重要支柱与经济社会发展的"稳定器""压舱石",国企在"稳增长、调结构、促改革"方面调控得力。在今年突如其来的防疫抗疫大战中,国企充分发挥了政府宏观调控的优势,立功再塑新形象。在接下去的三年行动方案过程中,国企将面临更大的挑战:在对外贸易和基建投资的发展都面临重重困难的情况下,既要保证一定的经济增速,又要控制低水平产能扩建,这就需要国企既要在经济管理的框架中统筹把握,又要根据我国的国情做好政策间的配合和协调。即在今后面对"新经济格局"的挑战和风险中,敢于提出新理念、新构架、新战略,视情适时变换以市场的手段配置资源或以行政的方法调配资源,以谋求企业和社会的最大社会效益、经济效益和生态效益。如在"后疫情时代"进行产业链的快速修复和升级完善方面,需要较好地运用到国企发展战略的新思考——"动态平衡"来加以灵活应对,视情适时切换使用市场和行政的两手,包括开展国际化重组、产业链条整合、市场经营的联合推进等,从而构建以内循环为主、国际国内互促的双循环发展的新格局。

在国企价值静态估值与动态优化之间探索"动态平衡"。在资产流失预防制度建设的前提下,面对一些资产账面值很高而实际价值或创造能力并不强的国有企业,允许给予一定范围的弹性处置的自主权,尤其不要用一刀切的"高压线"去打击"冒险创新"的积极性。这样带来的直接好处是,一些民企在进行"平价"资本估值与后续动态升值评估后,参与意愿会大大提高,从而也将促进国企参与混改,提升国企价值动态优化的机会。为推进这种"动态平衡",一方面可以考虑,除了威权式领导风格,还可以在管理团队中尝试发展更加积极开放的管理风格,如变革型领导风格、伦理型领导风格、民主型领导风格、愿景型领导风格、参与型领导风格等;另一方面可以考虑在维护国有资产安全的前提下建立容错机制:如考虑出台混合所有制企业改革工作容错免责条款,对推进混改过程中因缺乏经验、先行先试而出现的失误和错误,同明知故犯的违纪违法行为区分开来,从而保护"真才实干"的热情,激发"冒险创新"的精神,在国有资产动态优化与静态估值之间找到一条平衡之路。

在国有资本"混"与"改"之间探索"动态平衡"。正如三年行动方案所提出,混改依然是国企改革的主要突破口。接下去,要把握好"混"与"改"的力度与平衡。一方面,以"混"促"改",只有"混"才能真正实现"改";另一方面,混合所有制企业之难,难在力往一处使,更难在心往一处想;惑在"同权利""同甘苦",更惑在如何"共发展"。唯有混且"合""和",企业方得持久活力。因此,接下去三年,不能一"混"了事,除了让民企参与分红,还需进一步在推进产权平等、利益共享、参与经营管理、激发活力等微观深层次发力。在这个转轨的过程中,如何进行微观经营制度安排、改变资源配置方式、破解垄断难题、实现最优规制、提升重组效率,就涉及"混"与"改"的"动态平衡"之管理艺术。

随着三年行动方案的出台,随着国企改革的纵深推进,国企改革过程中的新矛盾、新问题还将不断涌现。只有正视这些矛盾与问题,运用自如地驾驭"动态平衡",在多重目标、多方利益、多重制约的复杂条件下综合施策,定能不断增强国企改革的系统性、整体性、协同性,有效防范和化解局部风险累积,才能为三年行动方案积蓄力量、为提质增效形成新的秩序和更为广阔的发展空间。

第9章 混改情境下组织结构变迁与民企激励模式协同影响机制[①]

国有企业参加混合所有制改革,组织结构会面临巨大变迁,但如果激励机制依然是按岗发薪,就会引发一系列的问题。反过来,新的组织结构与组织情境的变迁,也可能会对原民营资本方开展的绩效工资制产生掣肘与制约。考虑到混合所有制改革带来的组织结构的影响是不可忽略的,本章开展了组织结构、激励与组织创新的相关研究,以探求混合所有制变革带来的动荡条件下的结构调整对混合所有制企业带来的不确定性影响机制。

民营企业以价值创造为导向的绩效工资制激励模式是其创新发展的法宝。同时,成长中的民营企业面临着组织规范化、集权化与组织规模的快速变化。然而,鲜有文献研究民企的激励模式及其组织创新会否被其变化的组织结构改变。借鉴战略决策理论与组织理论,运用中国137家民营企业的组织层面问卷调研并予以实证分析后发现:①民企实施绩效工资制会促进组织创造力;②组织规范化会促进民企更多地实施绩效工资制,而组织集权化与组织规模会制约民企运用绩效工资;③组织规范化正向调节绩效工资制与组织创造力之间的关系;组织集权化负向调节绩效工资体系与组织创造力之间的关系,组织规模化对上述关系不呈现统计学的显著性影响。研究结论表明:民营企业在快速成长的时候,如果要保持原有的绩效工资制带来的优势,需要进一步提升组织规范化,并且要避免过度集权。

---

① 本章部分内容选自:马喜芳,芮正云,梁爽. 长期导向绩效工资制与组织创造力:组织结构的调节作用[J].科学学与科学技术管理,2023年将刊出.

9.1　民企组织结构改变及其激励有效性评述

中国已成为世界第二大经济体,国有经济固然做了主导性的贡献,民营经济的历史贡献与地位作用同样不容置疑(方光华、张卫平、张欣,2019;齐平、宿柔嘉,2018)。正如一些学者指出,改革开放 40 年,民营经济为我国贡献了 50％以上的财政税收、60％以上的 GDP 产值、70％以上的科技创新、80％以上的员工就业以及 90％以上的公司数量(政武经,2019)。不仅如此,在创新方面,民营企业也不容小觑。以 2007—2013 年间我国沪深 A 股上市公司为研究样本,相较于国有企业,民营企业在要素价值创造效率方面要明显胜出(周铭山、张倩情,2016)。

"所有的组织理论都应当考虑薪酬激励与组织绩效之间关系的这个重要问题。"(Lawler,1971,p.273)。民企创新优势的背后,离不开民企旗帜鲜明的、业绩为王的绩效工资制的实施(马喜芳,2020;南存飞,2014)。较之于国企的"限薪令"、有限的晋升机会、规范化激励如岗位工资制等,民企在激励模式方面则灵活很多(马喜芳,2020):以绩效工资制为代表,民企推崇价值创造导向分配,将员工薪酬与其绩效紧密联系,薪酬弹性大,可以"零底薪",却不设"天花板"。

但是另一方面,我们也理性地认识到,民营企业要做强、做大,像国企一样做成百年老店并且走上世界舞台,依然面临很大挑战。数据表明,我国民营企业的平均寿命不到 4 年,中小民企平均寿命更是不到 3 年(林泽炎,2020)。我国绝大部分民营企业未能像国家电网、中石油、中石化一样走上世界舞台并且绽放光彩;相反,它们中的相当比例在为活下去而默默无闻地奋斗。

有研究认为,大部分民企未能生命长青,除了企业家领导风格(马喜芳等,2014)、公司治理有效性、增长模式、金融环境(杨轶清,2014)、市场机会、政府干预(娄淑珍、吴俊杰和黄玉英,2014)、投资领域进入门槛(马喜芳,2020)等原因外,另外一个潜在的原因是,民企初创期奉行的绩效工资制激励模式随着组织结构的快速变迁(Wright & Pandey,2010)而难以为继,也是十分关键的阻碍因素。正如 Holagh 等(2014)指出,不同的组织形式会直接影响组织创造力。组织结构是组织理论中十分重要的内容,它可以为组织价值观和惯例等一系列内部组织要素提供系统稳定的体制支持(O'Toole & Meier,1999)。通常来说,组织结构包括集权化、规范化与规模化(Walter & Bruch,2010)。民企在创业初期,组织结构表现形式多为规模小、正式化程度低、集权程度较高;受此影响,在激励体制上重视权变奖励与权变惩罚,受创始人威权激励比较大(Ma & Jiang,

2018)。但是,随着组织规模的壮大、集权化的加剧(王炜琼,2011)、非规范化进一步凸显(杨轶清、叶燕华、金杨华,2016),民营企业初创期高度依赖的绩效工资制激励模式会受到一定的影响。比如,伴随着民营企业集权化的进一步加剧,为防止基层甚至中层管理者滥用和滥用新的职责,而不再"严格遵守规则和上级的命令",绩效工资制可能会被岗位工资制所替代(Kane & Patapan, 2006, p. 711)。随着民企的进一步发展,在效率至上、规模急速扩展、非规范化上升的情境下,绩效工资制的实施开始出现挑战。一方面,绩效评价标准变得模糊,绩效评价难以实施;另一方面,规模化的绩效评价一定程度也阻碍了民企效率,详见图 9-1。

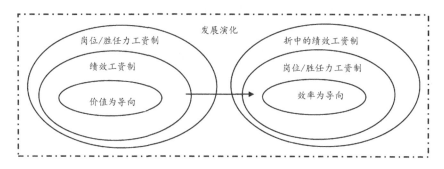

图 9-1　民企激励模式演化示意图

同时,有学者意识到,民企在规模较小,尤其在初创时因为"船小好调头"、剔除了繁文缛节的掣肘等,使得其创新一度快速发展(马喜芳,2020);但随着组织规模的扩大、集权化趋势的加剧等,制度合法性、资源稀缺等问题都成为挑战(朱斌、吕鹏,2020),而这些使得民企的创新水平趋复杂化。而这些,也使得民营企业开发新产品、新工艺、新服务的过程与结果也将受到组织集权化、规范化以及组织规模的复杂影响。上述观点整理详见表 9-1。

表 9-1　初创期民营企业组织模式、激励与组织创新关系

发展阶段	组织模式特点	主要激励模式	与组织创新关系
创业初期	(1)组织规模较小 (2)非规范化 (3)分权化管理	(1)基于绩效的工资体系 (2)价值创造导向 (3)底薪＋奖金制,弹性大	(1)"船小好调头",促进了创新 (2)非规范化发展,无繁文缛节束缚,促进创新 (3)资源不足限制创新

（续表）

发展阶段	组织模式特点	主要激励模式	与组织创新关系
快速扩张期	(1)组织规模变大 (2)非规范化加剧 (3)集权化趋势	(1)绩效工资制实施减少 (2)探索岗位/胜任力工资制	对创新水平的关系趋复杂化

比较遗憾的是,对于民企的创新成败的分析,现在的文献主要将眼光投向了所有权与治理结构(江诗松、龚丽敏、魏江,2011)、权力配置(杨轶清、叶燕华、金杨华,2016)、政治关联(刘姗姗、乐菲菲、崔丽华,2020)、创业者特征(朱斌、吕鹏,2020)等方面,而从组织结构变迁、组织激励模式视角进行相关研究却明显偏少。因此,组织结构的变迁是如何影响民企激励模式与组织创新的,还有待于进一步研究。

基于上述考虑,本章将组织结构与激励模式纳入考察民企创造力前因变量的研究体系,运用实证研究方法,来系统考察其对民企组织绩效的相关影响机制。本章拟作出如下理论贡献。

首先,我们将快速成长中的民企作为特定变量予以探索,探索民企独特的激励模式对组织创新的影响机制。尽管有大量文献已意识到绩效工资制对于组织绩效的正向影响,然而,鲜有文献研究民企深为依赖的绩效工资制对组织创新的影响机制。作者曾经通过数百家企业的大规模实证研究得出:在组织层面,单纯的组织激励与组织创造力既有可能是负相关的,也有可能根本就不存在显著性相关关系(马喜芳等,2018,2019)。作者认为,解决这种不一致可能是需要更具体的情境设置。因此,对研究对象进行严格的、本土化的情境设置,有助于解决中国实际问题。

其次,本章从组织结构的三个维度,即规范化、集权化与规模化来探索其对民企绩效工资制的影响机制。较之以前的个体层面的激励影响机制,这种探索一方面实现了研究层次的提升;同时,本章将民企快速发展过程中无法避免的组织结构变化作为前因变量来探索其对民企激励模式的影响,具有较强的实践价值,有助于揭开中国本土企业激励模式的有效性黑箱。

最后,本章将组织结构纳入理论模型来探索其对绩效工资制的调节作用,将组织结构变化作为调解变量来探索民企激励模式的外在情境,从而从组织层面的高度,拓展了民企独特的组织结构情境对民企激励与组织创造力的影响机制研究,弥补了民企激励模式的受制条件与影响边界的薄弱环节,为推动民企激励有效性提供了理论指导。

本章研究的理论模型详见图 9 - 2。

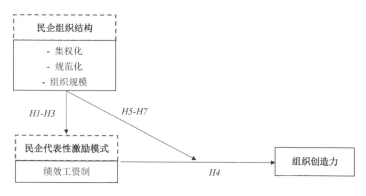

图 9 - 2　混改外生变量对原民企影响机制理论模型

9.2　理论背景与假设：激励模式、组织结构与组织创新

9.2.1　组织结构与绩效工资制激励模式

组织结构（organization structure）被定义为组织"将工作划分为不同任务，实现协调的所有方式的集合"（Mintzberg，1983）。学者们对组织结构的维度划分展开了诸多研究与争论，最早可以追索到 Parsons 与 Weber（1947）的官僚正式结构的单维度论（等级制度），还有 Hall（1963）的六维度论（等级制度、劳动分工、规章职责、工作程序、人际关系和选拔晋升），Pugh（1968）的四维度论（结构化活动、集权化、工作流直线控制、辅助部门的规模），以及 Reimann（1974）的十一维度论（专业化、正规化、权力委派、集权化等）。在众多的维度探讨中，Hage 和 Aiken（1969）、Matsuno（2002）提出的规范化、集权化与规模化的三维度论点在受到了认可，占据了主流地位。研究参考的就是三维度论。

绩效工资制（performance-based pay），又叫基于绩效的工资制，是一种将员工薪酬与其绩效直接挂钩的薪酬激励体制（Barnes，Reb & Ang，2012）。尽管绩效工资制的有效性存在争议，比如 Ambile（1988），Ryan 与 Deci（2000）等就认为绩效工资制会损伤内在动机，损害团队工作，降低个体创造力等。然而，更多的学者们对其解读总体上是积极的。从理论基础看，它符合经典的科学管理原则、经济学的委托代理理论以及激励理论中的期望理论；从实践看，全球大多数组织，包括公共政府部门、非营利组织等，或多或少采用了绩效工资制的全部或部分的某种形式（Rynes，Gerhart & Parks，2005）。基于西方早期的一项调研，大多数美国雇员说他们希望根据绩效获得报酬（LeBlanc & Mulvey，1998，U.S. Bureau of National Affairs，1988）。并且，有数据显示，实施绩效工资制企业的数量还在增长（Heneman，Ledford & Gresham，2000）。

1）集权化与绩效工资制

组织激励模式会受到组织环境影响，比如组织结构（Fu，Subramanian & Venkateswaranl，2007）。同样，有研究得出激励的结构优先性分配不是普通意义的公平概念（Bakhshi et al.，2009），它很大程度上也受组织文化影响，不同文化会引导不同的组织激励制度（Mueller et al.，2013；Yang，2020）。比如，作为组织文化的维度之一，高权力距离情境下，有学者认为会使得组织会更多地依赖物质激励而不是非物质激励；更依赖结果为导向的激励而不是过程为导向的激励，这是因为高权力距离下员工会更多地选择通过个体间私下的物质利益交换来建立关系。同理，作为组织文化另一维度，集体主义倾向也被认为会影响组织的激励策略。

组织结构集权化（centralization）反映的是组织运行过程中的权力分配情况（Carter & Cullen，1984；Martin & Glisson，1989）。通常，它通过"权力阶层性"和"参与决策的程度"来衡量权力的集中化程度（Martin & Glisson，1989）。权力阶层性反映的是高层行使决策权的程度，而参与决策反映的则是指员工参与组织决策制定的程度。

尽管直接研究不多，不过在有限的文献观点中，可以推断得出，绩效工资制的实施不利于组织权力阶层性的体现。这是因为，当只有一个或几个人做决策，尤其是关于人事薪酬方面的决策，一个组织结构才可以被定义为权力高度集中（Carter & Cullen，1984；Martin & Glisson，1989）。民营企业由集权化向分权化演化时，权力的下放会带来一个新的挑战，即"拆除官僚机构的逻辑结构的过程，会给予各级管理者更大的自由裁量权"（Kane & Patapan，2006，p. 711）。高度集权化的组织，因为担心中层与基层管理者不再"严格遵守规则和上级的命令"（Kane & Patapan，2006，p.715），会在一些关键的管理体制上防止管理者滥用和滥用新的职责。然而，绩效工资制的实施，包括绩效计划的制定、绩效业绩的收集、绩效评估的面谈等，高度依赖于大量的员工主管，包括基础管理者与中层管理者，而不仅仅是少数的组织高层（Beer & Cannon，2004）。这就意味着，绩效工资制的实施，会分散权力。

反过来说，组织的高集权化也不利于绩效工资制的实施。组织高集权化情境下，组织中的层级权力高；同时，它通常不允许较低的层级权力参与决策，即非中低层政策和资源的决策参与机会少（Martin & Glisson，1989）。为维持较高水平的集权化水平，企业不会允许过多的中层与基层大规模地决定员工的工资。在实践中，它们会更多地采用岗位工资制、技能工资制或者以岗位工资制为主导的被弱化的绩效工资制。

因此，随着我国民营企业的壮大发展，在创业初期充分授权、完全根据绩效实施报酬体系的状态会改变，而逐渐演化为岗位工资制、胜任力/技能工资制，以及一定比例的、折中后的绩效工资制。这是因为，从经济学委托代理理论的观点看，绩效工资与决策权分散之间存在互补性，因为绩效工资的采用确实会导致决策权从委托人分散到代理人（Hong，Kueng & Yang，2019）。可见，民企集权化情境下，为维护高层的权威，保障落实高层的战略决策被最大限度地推进，民营企业会限制中低层过多地参与激励决策，包括绩效衡量参与，以及基于绩效的薪酬发放参与。因此，民企集权化导向下，绩效工资制是可能被逐步弱化的。根据上述分析，本章提出：

H1：混改后的组织集权化负向影响民企绩效工资制的实施。

2）规范化与绩效工资制

规范化（formalization）是指"系列被书面化的规章、流程以及操作指南的程度"（Weber，2009）。与集权化一样，规范化也是作为组织理论和工作设计的根基（Podsakoff & Todor，1986）。

关于规范化的影响机制中，有一部分认为它对组织效率与员工行为有负面影响。有学者指出，高水平的规范化水平会降低组织灵活性，助长组织惯性与组织僵化（Organ & Greene，1981）。同时，当规范化程度过高时，员工可能会遭遇更多的工作边界，并会抑制其对领导的信任（Juillerat，2010）。

不过，更多的学者尤其是早期学者提出，规范化水平是组织有效运作的一种理性化的理想状态（Weber，1947），对组织具有积极正面的影响。Organ 和 Greene（1981）指出，规范化的组织结构设置"如果能改善协调和沟通，可能很好地促进专业人士的工作"。Howell，Dorfman 和 Kerr（1986）认为，因为规范化可以提供书面的规则、程序和条例，因此，在某种程度上，可以替代领导行为与管理，促进组织运营与效率。

在绩效工作制实施的过程中，非常需要通过一种稳定的描述、规定，来促进业绩的"可被衡量"(Beer & Cannon，2004)。由于规范化本身适用于需要明确程序和行动准则的情境，因此，正如 Sine 等(2006)所指出的，规范化有助于明确谁应该在一个团队中执行什么任务。明确界定员工可以或不能决定什么，并授权个人"代表其组织作出决定"。因此，规范化情境下，无论是员工还是实施绩效评估的领导，都非常清晰地理解：组织期望得到什么，什么样的行动是适当的是被组织认可的，以及如何处理相互矛盾的要求等(Walter & Bruch，2010)。

更重要的是，高水平规范化的存在，能为各种岗位提供比较清晰的可衡量化绩效标准，如岗位规范化(Michaels et al.，1998)，减少岗位绩效标准偏差；同时，规范化本身也可以让领导者从繁忙的日常工作约束与负担中解放出来(Walter & Bruch，2010)，提高组织使命感(Michaels et al.，1998)，从而有时间更好地关注与衡量下属绩效，从而促进组织更便捷地实施绩效工资制。根据上述分析，本章提出：

H2：混改后的组织规范化正向影响原民企绩效工资制的实施。

3) 组织规模化与绩效工资制

在文献上，组织规模一般通过组织的实际能力、可用人员、投入或产出量、可自由支配的资源等来衡量(Kimberly，1976)。由于我们研究的是组织规模对员工行为与组织创新的影响机制，因此，本书借鉴 Kimberiy(1976)等学者的做法，采用了组织行为学中常用的企业全职员工的人数(对数)来衡量。

民营企业的发展，开始时有着规模小、产品单一、人员少的初创期特点；随着市场的拓展，销售业绩的增大，企业会进入快速扩张期，呈规模化发展(李东红，2010)。具体体现在：随着企业规模的扩大，民营企业的组织结构会变得复杂化；通常会采纳事业部制、矩阵制等多位立体的组织结构(李东红，2010)；组织规模的扩大，往往也伴随着官僚体制的相伴而生(Schminke，Marshall & Ambrose，2000)，比如组织政治(Cropanzano，Kacmar & Bozeman，1995)，它们给绩效工资制带来了一些毁灭性的破坏。

一方面，组织规模化会损害组织的互动公平，阻碍员工的互动、协作与沟通(Schminke et al.，2000)。由于绩效工资制比较适合那些"独立性较强的岗位"，而不适应那些需要"依赖其他岗位才能完成""跨部门合作"的情境(Beer & Cannon，2004)；更主要的是，绩效工资制本身对岗位边界是十分不利的，这是因为绩效工资制的导向会让员工只关注自己岗位职责本身，而不会关注岗位与岗位、部门与部门间的那些空白(Beer & Cannon，2004)，因此，组织规模的扩大，在主观上会让组织高层对绩效工资制的实施望而却步。

另外,相比较岗位工资制或者技能工资制,绩效工资制在较大规模的情境下实施更加复杂与繁琐(盛宇华、潘勤,2000):由于组织大规模开展绩效计划、绩效衡量等客观上的困难与鸿沟,它对绩效评估者(通常是主管和经理)提出了较高的挑战。考虑到组织选择何种薪酬激励模式通常会取决于它们的评估成本和收益(Beer & Cannon,2004),显然,在较大的组织规模下,为避免困难,节省评估成本,民营企业会减少对绩效工资制的实施。根据上述分析,本章提出:

H3:混改后的组织规模化负向影响民企绩效工资制的实施。

9.2.2 绩效工资制—组织创造力关系及组织结构的调节作用

当前,学术界对绩效工资制的有效性依然具有一定争议(Beer & Cannon,2004)。这种争议也说明,对绩效工资制的相关研究,需要置于一个更加具体的情境,以有效地揭开其影响边界与不同情境下的有效性。

不可否认,作为一种有效的激励模式,绩效工资制能够对组织创新起到一定的促进作用,是因为它可以成功地与组织目标挂钩并引导员工将其行为纳入组织偏好的轨道(马喜芳等,2018)。组织结构的集权化、规范化与规模化特点,反映了组织为发展其职能并实现其目标,关系、沟通、决策过程、程序和系统的正式方案(Mintzberg,1983)。民营企业在成长发展过程中,其固有的集权化、规范化与组织规模水平作为一种组织激励模式的情境压力,会对嵌于这种外界情境企业绩效工资制与组织创新的有效性产生牵引和控制效应。

1) 绩效工资制与组织创造力

绩效工资制与组织有效性之间的相关研究浩如烟海。有元分析显示,增加绩效与薪酬之间的联系,可以显著地改进绩效(Rynes,Gerhart & Parks,2005)。Murphy(1985)基于 72 家公司的 501 位管理者开展实证研究并得出,对企业管理层开展绩效工资制,其薪酬总额与股东回报、公司销售总额增长呈现正相关。

在实证研究中,绩效工资制与组织创新、组织创造力相关的研究还比较少,那是因为原先民营企业将生存、业绩最大化看成是首要任务。绩效是个多维度构念,在创新成为我国时代发展主旋律的今天,我国的很多民营企业把追求产品、流程、服务的创新视为它们能立足市场的最根本目标,因为没有创新就无以立足(Ma & Jiang,2018)。在经济新常态下,绩效工资制是员工积极态度和行为的重要驱动因素。组织创造力(organizational creativity)涵盖了复杂的社会系统下组织的个体、团队和组织共同创造的新颖的、有用关于产品、服务、程序或流程的想法或问题解决方案(马喜芳等,2018)。在理论中,大量文献指出,绩效工资在成功地与组织目标挂钩方面是非常有效的(Jensen & Murphy,1990)。因此,不容置疑,绩效工资制的实施应该可以直接提高组织目标(Shaw & Gupta,2015),如组织创新。

同时,战略相关文献总把基于绩效的薪酬或奖金视为刺激管理者有效行为、引导取得组织战略目标的关键战略工具(Chng et al.,2012)。绩效工资制的假设前提是经济利益对人具有激励作用。Locke 等(1980,p.379)指出:"……就金钱的工具价值而言,没有其他任何激励手段能与金钱相提并论""绩效工资制让员工更像企业家"。激励包含着将员工行为纳入组织偏好轨道的控制属性(Ryan & Deci,2000;马喜芳等,2018)。从委托代理理论角度看,基于绩效的薪酬体系是将个体效益与组织创新目标紧密联系最有效的契约机制(Jensen & Murphy,1990)。当组织通过绩效工资制激励模式并将激励与创新紧密挂钩时,组织的行为会尽可能地以组织创新为导向,即绩效工资制将引导员工极大地提升企业创新。根据上述分析,本章提出:

H4:民营企业实施绩效工资制,将正向影响组织创造力。

2) 集权化、绩效工资制与组织创新

缺乏信任和沟通不畅被认为是绩效工资制实施失败的原因(Pearce,Stevenson & Perry,1985)。正如前面所提出的,高集权化下,权力严格地向高层级分配,官僚组织机构相对稳定。这种情形会抑制个人差异、动机和态度的表达,限制员工对工作决策的控制,降低员工的自主性(Sarros et al.,2002),使员工与工作疏远(Aiken & Hage,1969),并降低员工的工作满意度和公平感(Schminke et al.,2000,2002)。在这样的情境下,基层与中层的自由裁量权被大大压缩,而员工会加大对组织体制机制的依赖,员工与领导、员工与团队之间的沟通需求被抑制。在这种消极的工作态度下(Schminke et al.,2000,2002),员工对主管实施的绩效计划、绩效实施、绩效衡量与面谈失望,甚至不愿参与,因为集权化将基层与中层管理人员排除在重要决策之外,决策集中在高层(Martin & Glisson,1989)。员工的参与是产生新想法的关键先决条件。如此,绩效工资制的削弱,进一步引发因绩效工资制引致的组织创新实施打折。因此,集权化会削弱由绩效工资制引导的组织创新的能力。

另外,有学者认为,组织适用绩效工资制的一个最重要前提就是组织确认其能进行有效的绩效评估(Beer & Cannon,2004)。而绩效工资制有效的有效实施,除了有效的绩效衡量,还在于其绩效奖励的有效落实;甚至,绩效衡量与绩效奖励之间往往是互为影响、互相促进或制约的(Wright & Pandey, 2010)。如果绩效不容易衡量,就很难建立明确的奖励或有事项;如果绩效衡量后不落实奖励,那么绩效衡量也只是走过场。高集权化情境下,员工对主管、对同事的基本信任会受阻,优秀的领导风格(如变革型领导风格)的优势发挥会削弱(Walter & Bruch, 2010),因此,绩效工资制难以有效发挥其效用,也难以将员工行为纳入组织偏好的创新轨道。即当集权化水平高时,绩效工资制对组织创新的正向作用会被弱化,甚至会阻碍组织创新。

相反,低集权化情境下,员工与主管都有更大的自主权和自由裁量权(Payne & Mansfield, 1973)。沟通与领导风格得以正常发挥,绩效衡量有效运行,员工会高度信赖绩效的科学衡量以及基于绩效的薪酬激励,员工会对绩效工资制作出更积极的反应,也会更好地配合主管做好绩效计划与绩效衡量。因此,毫无疑问,低集权化情境下,绩效工资制的积极作用会更好地发挥出来,它引导员工探索新想法、推进组织创新的正向促进作用会得以强化。根据上述分析,本章提出:

H5:混改后集权化负向调节绩效工资制与组织创造力之间的正向关系,即当集权化水平高时,绩效工资制与组织创造力的正向影响较弱。

3) 规范化、绩效工资制与组织创新

规范化有助于绩效工资制和组织创新之间的正向关系。拥有员工岗位责任的书面规定(Michaels et al., 1988,员工可以更好地理解组织目标与日常工作的关系;在绩效合同的引导下,员工更容易将组织愿景、组织目标与他们自己的工作任务联系起来,并将这些愿望融入他们的思维中。同样,鉴于规范化结构澄清了组织流程(Sine et al., 2006),员工能够开发出更可行的解决方案。因此,规范化可以使绩效工资制更有效地引导员工进行创新工作。

同时,高规范化情境下,"清晰的规则、政策和流程"(Pugh et al., 1968)可以加强员工的组织公平感,提升对组织的承诺和认同(Michael et al., 1988; Podsakoff et al., 1986)。因此,通过规范化的业绩计划制定、衡量、绩效业绩的正式化反馈,奖勤罚懒,奖优罚劣,进一步使得员工确信绩效工资制的正规性、有效性,这种确信会对绩效工资制与组织创新之间的正向关系予以强化。也就是说,高水平的规范化情境下,绩效工资制的实施会让员工更加努力地将自己的行为、过程与绩效纳入组织创新偏好轨道,提高组织的竞争力、专注性、适应性和协作性(Douglas & Baker, 1993),从而促进绩效工资制与组织创新的正向作用。因此,民营企业高正规化水平会强化绩效工资制对组织创造力的正向促进作用。

最后,如前所述,在更规范化的环境中,员工对组织的承诺和认同感

（Organ & Greene，1981；Podsakoff et al.，1986）、对工作的满意度以及个人正义感（Schminke et al.，2000，2002）会得以提升。员工的这些积极认知与情感，会进一步强化绩效工资制的引导作用，从而强化促进对组织创新的关系。相反，较低的规范化水平可能会削弱员工的工作态度，降低他们将组织期望与日常工作联系起来的动力，降低绩效工资制的合法性与被接受性。因此，绩效工资制与组织创新之间的正相关可能被弱化。根据上述分析，本章提出：

H6：混改后规范化正向调节绩效工资制与组织创造力之间的关系，即当规范化水平高时，绩效工资制对组织创造力的正向促进关系较强。

4）规模化、绩效工资制与组织创新

正如前文阐述，组织规模的扩大，一般来说，会同时伴随着管理层级的加大、事业部制的产生、横向协调依赖度加大等组织运行特点（李东红，2000）。因此，组织规模化一般会伴随官僚组织体制的一些缺点（Schminke et al.，2000）。

首先，一个大型组织的规模可能会削弱绩效工资制氛围，因为它剥夺了主管有效地根据员工绩效予以报酬的权力。绩效工资制作为一种薪酬战略，比较适合在小一点的组织中运行。大型组织通常比小型组织具有更大的复杂性，因为它们拥有更多的员工和专门的工作单位，并且与环境的接触更为多样化（Tushman，Virany & Romanelli，1985）。在这样的环境下，绩效的衡量以及根据绩效给员工合理付薪变得更为困难。

其次，与组织规模不断扩大相关的不断增长的协调要求可能会促进对传统性和效率的重视，而不是对创新的重视（Payne & Mansfield，1973）。因此，我们认为，规模过大将进一步削弱一个组织的绩效工资制实施，降低员工、团队与组织创新型行动；相反，它可能会唤起消极的态度，抑制员工为组织投资的动机（Bommer，Rubin & Baldwin，2004）。研究表明，大型组织的成员往往会因为他们的匿名性而产生疏离感，组织规模与员工的工作满意度、组织承诺和公平感呈现负相关（Schminke et al.，2002）。

最后，规模化的组织环境中，往往会滋生组织政治，会伴随着各种政治利益与小团体（Cropanzano，Kacmar & Bozeman，1995），伴随非规则化的管理模式、政治手段与权力运作（Schminke et al.，2000）。这对于崇尚公平、公正的绩效工资制的实施与发展来说，是十分不利的。同时，它阻碍了原本由绩效工资制引导而来的创造思想突破、独创的想法、流程、服务与产品方面，弱化了绩效工资制与组织创新的关系。根据上述分析，本章提出：

H7：混改后规模化负向调节绩效工资制与组织创造力之间的正向关系，即当规模化水平高时,绩效工资制与组织创造力的正向影响较弱。

9.3　研究设计:基于上百家民企样本的配对调研

9.3.1　数据收集和样本描述:以长三角上百家民企为例

本次研究调研采集于 2019 年 11 月至 2020 年 10 月,历时一年左右。利用在咨询管理与培训管理领域多年服务的资源,我们对长三角的上百家民营企业进行了意向征集与数据采集。具体步骤如下。

首先,我们运用电话、短信等方式向长三角的 152 家民营企业逐一进行了调研意向咨询,其中 137 家给予了肯定回复;15 家企业因为各种原因决定不予参加;企业层面的回复率为 90%。在选择样本时,我们尽可能多地对民企样本的行业与规模开展多样化选择与覆盖。正如学者 Schminke(2000,2002)提出的,被调研样本行业与规模的多样性,本身就代表了样本在组织结构其他维度,如集权化与规范化的多样性。因此,本次调研在民营企业的集权化、规范化与规模化方面,具有一定的覆盖面与代表性。

其次,对每一家接受调研的企业,在正式开展多元数据采集前,我们从 HR 经理或者高级管理者那里提前获取了民营企业组织层面的一些关键信息,包括所属行业、组织的规模、成立年限等信息。

我们将所有 137 个样本组织纳入我们的假设检验。据统计,参加的有效样本中,52% 为制造业,28% 为服务业,10% 为金融与保险业,7% 为贸易业,3% 为物流与建筑业;企业规模从 18 人到 3 250 人不等(中位数=189)。在成立年限方面,不足 5 年的占 13%,6～10 年的占 23%,11～20 年的占 43%,20 年以上的占 21%。

最后,我们通过分样本设计,开展了以下标准化问卷抽样程序:①为避免同源误差,我们设计了 A、B 不同两套问卷。其中问卷 A 测量集权化、规范化和组织创造力,问卷 B 测量绩效工资制。②为确保问卷真实性与有效性,被调研者被保证完全匿名。A 问卷一般要求 2 位员工填写;B 问卷一般要求 2 位管理者填写。③根据被调研者便捷性,问卷通过以下三种途径发放:一是给予问卷星链接予以线上填写;二是实地调研,发放纸质版问卷并现场回收;三是通过其 HR 部门或高级管理人员的 Email 地址向被调研者发送标准化的电子邮件,描述研究的目的,并提供问卷星链接。

9.3.2 变量测量：组织结构、绩效工资制与组织创造力

本章量表来自国外主流文献，所有测量采用 5 点 Likert 量表。为适应本土研究，我们采用双向互译，并反复斟酌，以确保题项具有一定的严谨性和合适性。

1）集权化

测量参考了 Hage 与 Aiken(1969)开发的量表，包括决策制度的参与程度及权力的阶层性 2 个维度，共计 10 个题项。2 个维度的代表性题项分别为"您通常多久参加一次关于采用新方案的决定？""我做的任何决定都必须得到我主管/老板的批准"；*Cronbach α* 系数为 0.873。对于维度一，1 代表经常，5 代表从来不；对于维度二，1 代表完全不认同，5 代表完全认可。

2）规范化

测量参考了 Pugh 等人(1968)开发的量表，共计 5 个题项，其代表性题项为"在我们公司，大多数工作都有完整的、书面的岗位描述"。1 代表完全不认同，5 代表完全认可。*Cronbach α* 系数为 0.931。

3）组织规模

测量参考了 Kimberly(1976)研究，以组织中的员工数量予以衡量，这也是当前研究中最常用的组织规模代表性指标。研究发现，该指标测量也可以与其他指标互换，如总资产。根据建议，为降低数字偏斜度，我们将全职员工的人数进行了对数转化处理(Schminke et al.，2000，2002)。

4）绩效工资制

测量参考了 John 等(1999)发表在 AMJ 期刊上的研究，共计 3 个题项，其代表性题项为"在我们单位，员工工作绩效的提高意味着他/她可以得到更高的收入"。1 代表完全不认同，5 代表完全认可。*Cronbach α* 系数为 0.932。

5）组织创造力

测量参考了 Lee 和 Choi (2003)开发的量表，共计 5 个题项，其代表性题项为"公司产生了许多有关产品/服务的有用的新想法"。1 代表完全不认同，5 代表完全认可。*Cronbach α* 系数为 0.896。

9.3.3 控制变量：行业类别

为了控制行业差异，本研究将参与调研的公司的五大行业类别(制造业、服务业、金融和保险业、贸易、物流和建筑业)作为控制变量(Dickson et al.，2006；Sine et al.，2006)。因为以往研究发现该企业特征变量可能会影响组织结构及

组织创造力的影响机制。

同时,组织层面研究通常将组织规模作为控制变量(马喜芳等)。在本研究中,由于组织规模是一个重要的研究变量,因此,它被包含在所有的假设验证中,以有效地控制潜在的偏差效应。每个组织根据所属的行业类别归类被分配 1 个虚拟变量,表示它们与上述每个行业的关系(1=属于该行业;0=不属于该行业)。

9.3.4　数据分析:效度分析与回归分析

1) 聚合效度与区分效度检验

在开展描述性统计及假设检验之前,为检验构念之间的区分效度,本研究进行了验证性因子分析(CFA),具体步骤如下:①将构建的五因子理论模型作为基准模型;②其次,根据变量的潜在相关性,对相关潜变量进行合并,生成 4 种不同的候选因子模型;③将候选模型与基准模型进行拟合度指标比较。

本研究的 4 个潜在模型如下:①四因子模型(将集权化与规范化合并为一个因子);②三因子模型(将集权化、规范化、规模化合为一个因子);③二因子模型(将集权化、规范化、规模化合为一个因子的同时,将剩余 2 个变量也合并为一个因子);④一因子模型(所有变量合并)。

表 8－2 为 CFA 验证性因子比较结果。由表 9－2 结果所示,基准模型拟合优度要明显胜出($\chi^2/df=1.46$,$RMSEA=0.07$,$TLI=0.92$,$CFI=0.93$),说明本章提出的五因子模型具有较好的信度与区分效度。

表 9－2　测量模型比较结果

模型	因子结构	χ^2	df	χ^2/df	$RMSEA$	TLI	CFI
基准模型	五因子模型	353.46	242	1.46	0.07	0.92	0.93
模型 1	1 与 2 合并	475.74	246	1.93	0.09	0.90	0.91
模型 2	1、2、3 合并	562.43	249	2.26	0.11	0.82	0.83
模型 3	1、2、3 合并;4、5 合并	743.83	251	2.96	0.14	0.71	0.69
模型 4	所有因子合并	1143.27	252	4.54	0.18	0.62	0.58

注:因子结构中 1、2、3、4、5 分别代表集权化、规范化、规模化、绩效工资制和组织创造力

随后,我们根据验证性因子载荷计算了每个变量的组合信度,得到构念的组合信度均高于 0.70。同时,计算得出集权化、规范化、绩效工资制与组织创造力

的 AVE 水平（平均方差提取量）分别为 0.79、0.77、0.82 和 0.83，均大于 0.5，说明各个变量有较好的收敛效度。上述这些指标说明，本章提出的五构念理论模型同时具有较好的聚合效度与区分效度。

2）共同方法偏差

本研究数据采集自三个方面（详见前面数据收集），其方式一定程度会削弱了同源方差误差。考虑到大部分数据来自问卷调研，可能存在共同方法偏差，本研究根据 Harman（1960）的建议进行了单因子方法分析。结果显示，共同方法单一因子的最大方差解释率为 13.27%，远低于临界值 40%。因此，研究不存在显著的共同方法偏差问题。

3）数据聚合分析

由于本章研究的是组织层面，涉及不同员工/管理者评价同一变量得分，因此需要将评价得分聚合以获得组织层数据，并对其进行一致性检验。结果如表 9-3 所示，集权化（$F(137, 274) = 2.37$，$p < 0.01$）、规范化（$F(137, 274) = 3.11$，$p < 0.01$）、绩效工资制（$F(137, 274) = 2.09$，$p < 0.01$）、组织创造力（$F(137, 274) = 2.25$，$p < 0.01$），单因素方差分析 F 值均达 0.01 显著水平。上述变量的 $ICC(1)$ 分别为 0.41，0.44，0.42，0.39，$ICC(2)$ 分别为 0.78、0.75、0.79、0.82。$ICC(1)$ 和 $ICC(2)$ 符合 Glick（1985）的标准，组间差异足够大，同时组内一致性良好。同时各变量 Rwg 均值均高于 0.9，表明评价者对同一问题的评价具有高度一致性。

表 9-3　数据聚合结果

变量	Rwg 中位值	Rwg 均值	单因素方差分析 F 值	$ICC(1)$	$ICC(2)$
集权化	0.93	0.92	2.37 **	0.41	0.78
规范化	0.94	0.93	3.11 **	0.44	0.75
绩效工资制	0.93	0.92	2.09 **	0.42	0.79
组织创造力	0.95	0.94	2.25 **	0.39	0.82

注：** $p < 0.01$

4）回归分析

接下来，我们运用 SPSS 软件，通过两个独立的层次回归分析对提出的假设在组织层面进行了检验。为了检验假设 H1～H3（绩效工资制前因变量研究），我们首先在回归模型中加入了绩效工资制的控制变量(步骤 1);然后继续加入了前因变量集权化、规范化和组织规模(步骤 2)。为了检验假设 H4～H7(关于绩效工资制—组织创造力关系及其调节因素),我们首先对控制变量和集权化、规范化和组织规模进行了组织创造力回归(步骤 1)。然后,我们插入了绩效工资制(步骤 2),最后我们添加了绩效工资制与集权化、规范化和组织规模的交互项以检验其调节作用(步骤 3)。

9.4　数据分析结果:描述性统计与回归分析结果

9.4.1　描述统计分析结果

本研究变量的描述性统计如表 9 - 4 所示。研究显示,集权化与绩效工资制、组织创造力之间存在负向相关性($r=-0.42$,$p<0.001$;$r=-0.49$,$p<0.001$);而规范化与绩效工资制、组织创造力之间存在显著正相关性($r=0.22$,$p<0.01$;$r=0.14$,$p<0.01$);同时,绩效工资制与组织创造力显著相关($r=0.47$,$p<0.001$);另外,组织规模与绩效工资制呈负相关($r=-0.27$,$p<0.01$),与组织创造力之间不呈现显著相关性。

关于民营企业不同行业的影响机制,从表 9 - 4 可以看出,来自制造业、贸易业、物流和建筑业的企业,在影响绩效工资制或者组织创造力方面没有显著差异;而服务业与金融/保险业与本章主要研究变量有显著相关。有研究者指出,纳入无效控制变量会降低统计能力并产生有偏差的参数估计(Becker,2005)。因此,在接下去的假设检验中,我们参考了之前学者的做法,不再将所有行业作为控制变量;而只是对有显著影响理论模型的相关因变量的行业,如服务业与金融/保险业,进行了相关控制。进一步的,我们在没有控制变量的情况下重复了描述性统计分析,分析结果基本相似。这表明所考虑的协变量并不能为我们的发现提供一个可行的替代解释。

表 9 - 4　变量描述性统计分析

No.	变量	均值	标准差	1	2	3	4	5	6	7	8	9
1	集权化	2.41	0.43	(0.79)								
2	规范化	3.31	0.45	0.04	(0.77)							
3	规模化(对数)	2.29	0.50	0.07	0.19 *	/						

（续表）

No.	变量	均值	标准差	1	2	3	4	5	6	7	8	9
4	绩效工资制	4.95	0.40	−0.42 ***	0.22 **	−0.27 **	(0.82)					
5	组织创造力	3.70	0.24	−0.49 ***	0.14 *	−0.09	0.47 ***	(0.83)				
6	制造业	0.52	0.45	−0.01	0.02	0.08	−0.11	−0.07				
7	服务业	0.28	0.43	−0.08	0.01	−0.15	0.25 **	0.21 **	−0.58 ***			
8	金融/保险业	0.10.	0.35	0.03	0.08	0.18 *	−0.16 *	−0.10	−0.09	−0.12		
9	贸易业	0.07	0.25	0.01	−0.10	−0.01	−0.04	−0.29 **	−0.32 **	−0.21 **	−0.13	
10	物流/建筑业	0.03	0.30	0.12	−0.03	−0.06	−0.05	−0.05	−0.18 *	−0.16 *	−0.07	−0.04

注：* $p < 0.05$，** $p < 0.01$；括号内为 AVE 的方根

9.4.2 层次回归分析结果

为开展理论假设验证，我们分两次进行了阶层回归分析，分别研究了组织结构对绩效工资制与对组织创造力（表9-6）的影响机制。首先，我们在表9-5加入了控制变量，结果发现，服务业负向影响绩效工资制（$\beta = -0.23$，$p < 0.01$）。步骤2所示，组织集权化与组织规模化对绩效工资制分别呈现负向影响（$\beta = -0.34$，$p < 0.001$；$\beta = -0.20$，$p < 0.01$），而组织规范化对绩效工资制制呈现了显著的正向影响（$\beta = 0.27$，$p < 0.001$）。此时模型方差解释率 $\triangle R^2$ 达到 0.33（$p < 0.001$）。因此 H1、H2、H3 得证。

表9-5 绩效工资制的层次回归分析

	绩效工资制	
变量	步骤1	步骤2
服务业	−0.23 **	−0.15 *
金融/保险业	0.08	0.07
集权化		−0.34 ***
规范化		0.27 ***
组织规模（对数）		−0.20 **
R^2		0.33 ***
$\triangle R^2$	0.12 ** (0.09)	0.41 *** (0.37)

注：* $p < 0.05$，** $p < 0.01$，*** $p < 0.001$

接下来验证对组织创造力的相关关系与调节作用。表 9 - 5 步骤 1 我们先加入了控制变量与组织结构的三个维度,发现集权化与组织规模化对组织创造力呈现负向影响($\beta = -0.41$,$p < 0.001$;$\beta = -0.16$,$p < 0.05$);而规范化显著促进组织创造力($\beta = 0.20$,$p < 0.01$)。在此基础上,步骤 2 进一步加入了中介变量,显示绩效工资制对组织创造力能产生显著的正向影响($\beta = 0.34$,$p < 0.001$)。接下来,我们在步骤 3 加入了三个交互项来检验调节作用。此时,交互项绩效工资制×集权化对组织创造力产生显著负向影响($\beta = -0.19$,$p < 0.01$);交互项绩效工资制×规范化对组织创造力产生显著正向影响($\beta = 0.15$,$p < 0.01$);而组织规模与绩效工资制的交互项与组织创造力无统计上显著效应。同时,加入交互项后,绩效工资制依然显示显著相关($p < 0.001$)。此时,方差解释率 R^2 由步骤 1 的 0.43 上升到 0.51($p < 0.001$)。因此,H4,H5,H6 得证。调节效果如图 9 - 3 与图 9 - 4 所示。

表 9 - 6　组织创造力的层次回归分析

变量	组织创造力		
检验步骤	步骤 1	步骤 2	步骤 3
服务业	0.13	0.09	0.02
金融/保险业	−0.18 *	−0.15 *	−0.04
集权化	−0.41 ***	−0.23 **	−0.17 *
规范化	0.20 **	0.11	0.06
组织规模(对数)	−0.16 *	−0.08	−0.03
绩效工资制		0.34 ***	0.28 ***
绩效工资制 * 集权化			−0.19 **
绩效工资制 * 规范化			0.15 *
绩效工资制 * 规模化		0.219 *	−0.09
$\triangle R^2$		0.06 ***	0.05 ***
R^2	0.43 *** (0.41)	0.49 *** (0.46)	0.51 *** (0.47)

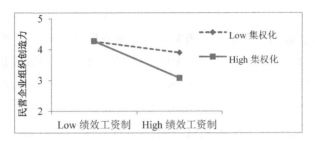

图 9－3　集权化的调节作用

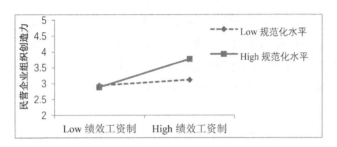

图 9－4　规范化的调节作用

9.5　结论与启示：混改情境冲击与原民企激励模式之影响机制

9.5.1　研究结论：组织结构变迁与组织创新关系

本章借鉴战略决策理论与组织理论，以长三角 137 家民营企业为样本开展了实证研究，旨在为民营企业组织结构如何影响绩效工资制与组织创新的关系提供理论指引。大部分假设基本得到了验证和支持，研究结论如下：

民企实施绩效工资制会显著促进民营企业的组织创造力；组织规范化会促进民企更多地实施绩效工资制，而组织集权化与组织规模会制约民企运用绩效工资。作为情境因素，组织规范化正向调节绩效工资制与组织创造力之间的关系；组织集权化负向调节上述关系，而组织规模化对上述关系不呈现统计学的显著性影响。

9.5.2　研究贡献：揭开民企参与混改后创新受阻谜团

本研究有助于我们了解民营企业的组织结构与绩效工资制、组织创新之间的关系。研究不仅为先前的绩效工资制与组织有效性之间存在的研究悖论提供了新的论据,更重要的是,它从组织理论的视角,为民营企业发展壮大后不再普遍地使用绩效工资制激励模式、民企创新受阻等现象提供了一些理论解释与实践预测。

首先,研究结果显示,民营企业实施绩效工资制能显著促进民营企业创新。尽管激励人本主义学派、认知学派(如 Ryan & Deci,2000)对绩效工资制的有效性存在明显质疑;然而,我们的研究结论进一步支持了元分析得出的"绩效工资制是人力资源管理实践中最常见的、最能显著提升企业绩效的激励模式"(Combs et al.,2006)的研究结论。该结论也与之前习得性勤奋理论(Eisenberger,Pierce & Cameron,1999)、激励行为学派(Malik,Butt & Choi,2015)以及最新实证研究中开展的关于物质激励、创新的相关发现(马喜芳等,2018)呈现了一致性。这一看似矛盾的发现可能的一个解释是,绩效作为一个宽泛的概念,绩效工资制作为一种物质激励模式,其有效性不能被轻易否认;它的矛盾性可能是因为受制于情境。当创新成为时代主旋律的今天,当民营企业比以往任何时候都更清晰地将产品创新、服务创新认定为自己的组织使命与组织绩效时(马喜芳,2020),绩效工资制作为组织最常用的一种将员工行为予以规范化的激励制度,有助于引导民企走上创新之路。研究进一步印证了"要机智地设计绩效工资制""避免陷入绩效工资制的陷阱"(Beer & Cannon,2004,p.4)。

其次,研究从组织理论的视角,首次探索了民营企业的组织结构(集权化、规范化、规模化)对组织创造力的作用机制。以价值创造为导向的绩效工资制激励模式是民营企业创新发展的法宝;同时,成长中的民营企业面临着组织规范化、集权化与组织规模的快速变化。然而,鲜有文献研究民企的激励模式会否被其变化的组织结构改变。研究运用上百家民企实证检验得出,尽管集权化与规模化一定程度阻碍了民营企业绩效工资制的实施,然而规范化发展显著地促进了民企实施绩效工资制的可能。该发现与之前的学者在官僚组织结构中(集权化、规范化、规模化)对规范化(Wright & Pandey,2010)的比较认同的观点是一致的;同时,研究结论也部分地支持了绩效工资制对于授权与制度化建设的需求(Kane & Patapan,2006)。还有,研究为实践中民营企业在发展后开始摈弃单纯的绩效工资制而采用混合型激励模式(如一定比例的绩效工资制、岗位工资制组成)提供了理论解释与实践预测。

最后,作为一个漏洞的弥补,我们的研究显示,民营企业的组织官僚特征对绩效工资制与组织创新的相关关系的影响是多元性的。一方面,高水平的集权化水平由于更多地依赖层级权威,而弱化了沟通、协作以及对主管的信任

(Walter & Bruch, 2010)，因此，高水平集权化情境下，绩效工资制对于组织创新的正向影响会因此减弱。另一方面，规范化水平的提高，通过清晰的规则、条例与严格流程，明晰岗位的绩效要求(Michaels et al., 1998)，会进一步促进绩效工资制对组织创新的这种正向关系。另外，研究发现绩效工资制不受组织规模化的不利影响可能是幸运的，因为随着民企的发展，组织规模化发展是无法避免的，可以说是一种外生变量；相比集权化与规范化，组织规模化特征并不能轻易改变管理实践的有效性。我们的研究结论对官僚制组织结构的强烈和悲观的先验预期给予了否定。该研究也增加了管理学术界日益增长的共识，即"管理很重要"(Wright & Pandey, 2010)，绩效工资制作为一项有效的管理激励实践，不是官僚组织结构可以轻易扭转其积极作用的。

9.5.3 管理启示：民企如何驾驭"小而美""大且规范"

本研究结论具有以下管理启示。

首先，尽管民营企业"应选择何种工资制度来向员工支付报酬"，这一问题很难有统一的标准答案。不过研究结果发现，民营企业在发展过程中，持续地坚持使用绩效工资制是一个不错的选择。组织公司上下开展科学的绩效计划的制定、绩效的测量、绩效面谈并落实与绩效匹配的工资，尤其是在绩效计划制定时加强对创新的引导，是能够促进民企走上持续创新发展之路的。

其次，我们的研究结论也给如何运用组织结构的情境作用促进民企开展绩效工资制激励模式提供了理论指导。Chandler曾经一针见血地指出，组织结构必须服从组织战略，组织结构是保证战略实施的手段。在民企逐渐壮大的发展阶段或者成熟阶段，如果要推进绩效工资制，那么权力下放和绩效考核需要同步推进；民企保持一定的授权与规范化水平，可能更符合民营企业绩效工资制的实施，也将更有利于组织创新。相反，过高的决策集权水平，或者不注重制度化、规范化建设，对民企实施绩效工资制是不利的。

最后，研究为民营企业参与混合所有制改革、组织结构面临巨大变迁的情境下，如何保持民企激励与创新优势提供了一些启示。民企参与混改会直接面临组织规模扩大、集权化与规范化水平改变的现实问题，因此，民企高管应充分预测到组织结构变迁对激励机制与组织创新的影响力。考虑到国企的规范化水平相对高(张光磊、刘善仕，2012)，而大部分民营企业在快速发展期被诟病"柔性有余而规范不够"，因此，两者的合并有助于进一步提升组织规范化，有助于民企保持原有的绩效工资制带来的优势。而民企参与混改、组织合并后可能集权化的组织结构,可能会阻碍横向沟通、交流,会给绩效评估甚至组织创新带来不利。最后,通俗意义上提到的民企"一大就乱"在理论上不一定正确,民营企业有能力平衡并且驾驭"小而美""大而全""大且规范"之间的关系。

9.5.4　研究局限与展望:组织规模影响机制与研究方法等

当然,本研究还存在一些有待提升之处。首先,研究揭示,H7 没有得到支持,即组织规模未能调节民企绩效工资制与组织创新之间的积极关系;然而与之相对的是,H4 得到了证实,即组织规模对绩效工资制的实施是不利的。这样的结果表明,组织规模作为一把双刃剑,对管理实践的影响是复杂的,其作用力是具有一定边界的。有研究提出,集权化、规范化与规模化之间本身也存在着交互影响。比如,高规范化水平可能有助于创新发展;但是同时具备高集权化后,其综合影响可能是负向的(Auh & Menguc,2007)。因此,组织结构有效性,可能取决于它们的共同作用,而非某一维度的单独作用。可见,以后的理论模型构建,需要借鉴组织结构的互补理论,开展本土民营企业组织结构维度之间的协同研究,如构建被调节的调节变量模型。如此,可能会更真实地反映组织结构对激励模式、组织创新的影响机制。

另外,在研究方法上,本章也存在着横截面数据收集进行实证研究的缺陷。正如管理学学者一直在反省的,在同一时段既收集自变量又收集结果变量数据,一定程度上很难回答因果关系(马喜芳、颜世富,2014)。因此,未来研究可以对民营企业进行深入追踪研究,比如,民企在未参与混合所有制改革前的激励模式、组织创新情况,以及参与混合所有制改革后,面临大幅度的组织结构变迁后其激励模式有效性情况,以及组织创新变迁。这样纵向研究设计可以进一步加深对因果关系的认识。

第 10 章 混合所有制企业协同式激励模式结论 与政策建议①

　　新时代创新驱动下的国有企业混合所有制激励模式探索,不仅对我国来说是个难题,在世界范围内也没有可资借鉴的先例。在当前混合所有制已明确为国企改革最重要的突破口的关键时刻,在国企混合所有制改革"务实重效"的攻坚阶段,亟待构建有效的激励模式来激发活力、凝聚合力。

　　本章的内容,就是基于前面第 3 章的案例研究以及第 4～9 章针对不同胜任力水平、不同层级、不同影响情境开展的协同式激励模式探索,对混合所有制企业有效的激励模式进行梳理与总结。在此基础上,本章提炼了相关理论创新与管理启示,包括研究对象从单一所有制到混合所有制;研究方法从单一学科到多学科多方法融合;研究层面从个体上升到组织层面;研究情境从一般泛情境到本土情境聚焦等。

　　最后,本章提出了激发起混合所有制发展新动力、构建协同式激励模式的政策建议:①建立有助于民企的保护型激励模式,打消民企参与混改顾虑;②建立有助于国企的包容型激励机制,鼓励国企冒险创新;③建立能力、层级、情境等协同式激励模式,实现事半功倍;④建立分类考核下的分类激励,以差别化激励助力提质增效。

---

① 本章部分内容选自:马喜芳.国企深改须以科学与协同思维破解激励难题[N].经济参考报,2020 - 10 - 19(007),国企周刊(智库). 马喜芳."分类考核"为国企提质增效提供新路径[N].经济参考报,2021 - 08 - 09,007,国企周刊(智库). 文章后为国务院国资委官网、国资数据中心、今日头条等转载. Ma X, Rui Z, Zhong G. How large entrepreneurial-oriented companies breed innovation: the roles of interdepartmental collaboration and organizational culture[J]. Chinese Management Studies, 2022, DOI 10.1108/CMS - 06 - 2021 - 0247.

10.1　混合所有制企业协同式激励模式研究结论

10.1.1　结论一:胜任力薪酬设计当与企业效益协同

基于胜任力的薪酬福利激励体系是混合所有制企业改革过程中值得尝试的激励模式。可是,国企混改过程中经常存在着严重的信息不对称与逆向选择风险,因此传统的基于胜任力的薪酬激励既无法有效地甄别不同胜任力的员工,也不能激励他们努力工作。甚至,在激励失灵的情况下,员工即使有能力也会装成能力一般,以实现搭便车。

与以往依赖于事后识别法或事前面试判断法不同,为消除这种逆向选择缺陷,本书基于委托代理理论,构建了胜任力薪酬与企业效益协同的新型激励模型,并采用分离均衡式契约安排,在不同胜任力的员工之间预设了唯一的分离均衡。即通过混合所有制企业高管事先设计好薪酬激励套餐,提前设计多种能力、绩效与业绩匹配的契约套餐(如:A 能力+A 承诺绩效+A 薪酬;B 能力+B 承诺绩效+B 薪酬;C 能力+C 承诺绩效+C 薪酬)。

这种将胜任力、薪酬与绩效契约绑定的激励模式可以使得混合所有制企业能够精确实现能力与薪酬匹配,组织所花的每一分钱都能产生回报;员工所付出的每份努力都能获得认可;有助于混合所有制企业在信息不对称情境下,诱使员工主动选择对其自身最有利的绩效产出和薪酬契约,即在员工效益最大化的时候组织也达到了效益最大化,从而实现激励协同。研究指出,这种创新型的能力协同式激励模式,好像一块试金石,值得混合所有制企业在相对"混乱"、高速发展的情境下尝试与推广。

10.1.2　结论二:层级奖惩设计当与企业效益协同

层级协同激励模式的提出源于国企民企有着截然不同的层级激励特点。多年来浓重的行政色彩、等级制度文化导向,使得原有的国有企业对高层实施固定年薪制,并有"限薪令"封顶;对中层或基层主要实施机械僵化、缺乏柔性的岗位工资制、非绩效工资制,同时晋升机会相对有限。与之相对的是,民企对高层实施股权激励,对中层与基层激励主要以价值创造为激励导向,如绩效工资制,外加相对充沛的晋升机会。同时,民企的激励经常伴随着比较浓郁的非规则化激励色彩,比如特色鲜明的家长制领导风格、重视即时奖惩的交易型领导风格等。

为解决上述的层级激励混合难题,本书运用系统视角下的博弈演绎并提出,混合所有制企业的激励机制设计,应当系统考虑层级激励协同,即在基层与中层效益最大化的同时,代表组织的高层也达到了效益最大化。

1) 从微观层面分析

研究得出,来自委托人的顶层设计是实现混合所有制企业不同层级互动博弈走出困境的前提。为达到混合所有制企业效益最大化,混合所有制企业应当针对不同层级设计不同的激励策略并实现层级激励协同效应。短期内,混合所有制企业对经理层级的绩效与薪酬直接挂钩有助于避免员工摸鱼怠工;而混合所有制企业越过经理层对员工加大惩罚对监管有效性是不利的;长期看,无论对经理层还是基层员工,混合所有制企业还是要采用一定程度的惩罚条款,因为负激励是更为有效和持久的激励。

2) 从宏观层面分析

研究得出,国有企业境外子公司资产流失问题涉及复杂的多方博弈与监管问题。因此,需要从层级协同的角度考虑国资委—集团母公司—海外子公司之间的战略选择空间与预期收益。据于此,本书运用博弈建模与分析,从宏观层面设计了国资委视角下的国企集团母子公司层级互动的激励机制,并得出:将国资委纳入激励系统,并予以顶层设计是实现国企集团母子公司的委托代理走出资产流失困境的前提。在国资委提供顶层设计即防范型激励机制的前提下,短期内,国资委加大对母公司的绩效奖惩可以规避国企境外资产流失;而国资委在政策上直接加大对境外子公司惩罚的政策则未必能有效防范境外资产的流失;从长期看,无论对母公司还是对其境外子公司,国资委配有一定程度的威慑惩罚措施还是有必要的。

10.1.3　结论三:组织情境应用当与规则/非规则激励协同

本书提出,混合所有制企业激励机制的设计,应充分考虑到混改前的外生变量以及混改后的组织情境变化与冲击。只有在充分考虑特定情境的基础上,设计出的适应情境的激励机制、激励模式才能实现"1+1>2"的协同效应。

1) 领导非规则激励与工作正式化、权力距离间存在激励情境协同效应

为揭示混合所有制企业中非规则激励与员工创新关系,本身以"过犹不及"效应(TMGT)与领导替代效应为理论基础,运用232名员工与其直接主管填写的多源配对数据,提出并检验了混合所有制企业非规则激励与员工创造力之间的非线性关系。此外,混合所有制企业中的工作因素(即工作正式化)和个体差

异(即权力距离)对上述关系起到了缓冲或者加剧的作用。

　　研究得出:变革型领导风格与员工创造力之间呈现倒 U 型曲线关系;同时,基于领导替代论视角,中国本土文化背景下,如果混合所有制企业的权力距离水平较高、工作正式化水平较低时,这种倒 U 型曲线关系将更为显著。这表明,在混合所有制企业中,工作正式化和权力距离可以作为影响变革型领导对员工创造力影响的增强剂或缓冲剂。研究建议,混合所有制企业变革应当客观认识并有效处理本土文化在推动员工创新方面的"双刃剑"作用。

　　2)混改组织结构变迁与原民企的激励模式间存在协同效应

　　宋志平(2019)曾经提出,混合所有制改革的关键就是要用好"国企的实力加民企的活力"。为揭开混合所有制组织情境变化对民企活力的影响机制,考察混合所有制企业的集权化水平、权力距离导向,以及工作正式化水平对原民营企业的绩效工资制激励有效性的促进或削弱作用,本书开展了相关研究。

　　借鉴战略决策理论与组织理论,运用中国 137 家民营企业的组织层面问卷调研并予以实证分析后发现:民企实施绩效工资制会促进组织创造力;组织规范化会促进民企更多地实施绩效工资制,而组织集权化与组织规模会制约民企运用绩效工资;组织规范化正向调节绩效工资制与组织创造力之间的关系;组织集权化负向调节绩效工资体系与组织创造力之间的关系,组织规模化对上述关系不呈现统计学的显著性影响。

10.1.4　结论四:领导柔性激励与组织制度激励协同

　　基于领导替代论和有机整合理论,实证得出领导柔性激励与组织制度激励间存在协同效应。研究提出:交易型领导风格具有的即时奖励和权变交易等优点;变革型领导风格中具有激励士气、感召力等激励;然而在混合所有制情境下,前者在激发员工创造力方面可能更为有效。进一步地,研究提出,组织非物质激励由于能较好地促进员工自发地学习和提升技能,增加心理安全感;而组织物质激励可以为员工提供敢于冒险创新所需的基本安全保障,是员工外在动机转化为内在动机的条件与基础。因此,两者的加入,能够分别弥补、替代和增强交易型领导风格与变革型领导风格的缺憾,从而产生很好的合力即协同,满足员工胜任、自主和归属的需求,为外在动机内在化的转变、创造力的提升提供了动力。

　　总之,本书得出,要充分尊重混合所有制企业里,员工能力的差异性、组织层级特质、动机、反应的差异性,以及组织结构、制度激励等情境差异性。它们会对激励模式的选择、偏好以及激励有效性产生重要影响。也就是说,从领导替代论的角度讲,混合所有制企业所处的情境以及本身的激励模式之间存在或竞争、或促进的复杂关系。规则激励、非规则激励及组织情境直接的关系若处理不当,会互相冲突互相掣肘,完全抵消激励的初衷;如若处理得妥当,则能互相促进互相帮衬,起"事半功倍"之效。

10.2　混合所有制协同式激励模式理论创新

10.2.1　创新一:研究对象从单一所有制聚焦到混合所有制

在当前全面实施创新驱动发展战略的新时代背景下,在混合所有制已明确为国企改革最重要的突破口的关键时刻(张文魁,2017),亟待构建有效的针对混合所有制激励模式来激发活力、凝聚合力。比较遗憾的是,以往的关于激励模式与组织创新相关研究主要是针对单一所有制企业(如国企或民企)、单一的激励群体(如高层或中低层)而展开的,而对混合所有制企业鲜有探索。

但是,根据 Gummings(1965)指出的:"不同的组织形式会直接影响组织创造力。"因此,在混合所有制企业的激励模式实证与案例研究还是相对缺乏的背景下,研究首次尝试多维度(高层—基层＋国企—民企)的复合型研究思路,聚焦于系统视角与协同思维,探索通过改变以往单一所有制企业激励机制的局限性。研究结果将为我国混合所有制企业的激励模式创新与激励政策创新提供理论依据。

比如,通过研究民营企业组织结构变迁与绩效工资制、组织创新之间的关系,有助于我们了解参与混合所有制改革对民企带来的一些冲击与正向影响。这些发现不仅为先前的绩效工资制与组织有效性之间存在的研究悖论提供了新的论据;更重要的是,它从组织理论的视角,为民营企业参与混合所有制改革后不再普遍地使用绩效工资制激励模式、民企创新受阻等现象提供了一些理论解释与实践预测。

10.2.2　创新二:研究方法从单一学科到多学科交叉融合

现代激励理论存在学科分散、理论基础差异大,比较典型的有以期望理论、强化理论等心理学为理论基础发展,以及以社会交换理论、委托代理理论、系统论等经济学为基础。相关观点存在不一致,难以实现相互交叉并渗透结合。为推动激励创新,本书融合管理学、经济学学科,综合运用案例研究、实证分析、博弈论、最优效用分析等多学科方法,挖掘激励模式,论证组织激励热点难点问题,以更深入精确地解释、预测激励与有效性之间的关系,推动激励理论创新。

具体来说,为探索适合中国新时代背景下的混合所有制企业激励模式,研究借鉴经济学、管理学等学科知识,对不同胜任力水平、不同层级、不同影响情境(组织的正式化、规范化、组织规模)构建有效的激励模式,探索激励对象互动反应与协同模式,为推进混合所有制发展与创新提供科学的激励对策。通过多种学科的交融,为国有企业混合所有制的协同式激励模式提供了启示:激励模式的设计,最好能实现不同激励子系统之间的同频共振之效,而不能仅仅考虑单一维度、单一对象、单一层级的有效性。

比如,研究运用博弈分析,研发了混合所有制企业不同层级群体之间的激励协同模式;又比如,运用最优数学建模,对不同胜任力的员工采用分离均衡式契约安排,设计薪酬与业绩对应的契约合同,为混合所有制企业贡献了潜在的能力与企业效益协同激励模式等。这些多学科、多学派、多种研究方法下探索出协同式激励模式的探索,为混合所有制激励模式的推进提供了较为全面的蓝图。

10.2.3　创新三:研究层面从个体与团体层面提升到组织层面

之前关于激励模式与创造力的研究主要集中在个体层面及团体层面,较少上升到组织层面。事实上,由于组织创造力并非是个体与群体创造力的简单加总(马喜芳等,2018),因此,激励模式对组织层面创造力影响的研究就需要有团队与组织层面的机理与理论模型。正如以前的研究已得出,影响组织创造力的重要因素还有部门联动、知识整合等,因此混合所有制企业激励模式的研究,迫切需要在组织层面建立一种更为有效的激励模式;具体来说,需要更多地关注系统、协同、情境因素。

为了使得研究从个体层面上升到组织层面,研究运用了多种方法以实现创新:比如从样本研究对象看,本书以国企、民企或者混合所有制国有企业为研究对象,并对个体问卷进行了聚合加总平均处理;从理论基础看,课题充分运用了系统视角、协同理论、经济学的信息不对称理论等基于团队与组织层面的理论基础。比如本书提出,混合所有制企业作为一个复杂的开放系统,其大系统中的许多子系统相互作用、互相联系,混合所有制改革前后,若干子系统组成的新系统进行了时间、空间、功能和结构上的重组,产生一种具有"竞争—合作—协调"的新生能力。较之系统,协同的范畴更小。因为一个组织系统可能会包含并非互相强化的核心要素,而协同意味着各要素之间的互相强化。基于这些理论,本书在察觉了组织中各种互相交互、互相竞争的激励要素基础上,重点探索了那些互相包容、匹配和促进的激励协同关系。

本书实证研究了混合所有制企业激励与情境交互影响后在组织层面的影响边界与有效性影响结果。这些基于组织层面的激励协同的研究结论,弥补了组织层面激励与创新相关研究比较薄弱的缺憾,丰富了激励理论,尤其为中国情境下的集团层面、企业层面激励提供了理论指引。

10.2.4　创新四:研究情境从泛化到具体的中国本土情境设置

激励本身不是一种简单的技术或者口号,而是一种复杂管理过程(Merchant,Van der Stede & Zheng,2003)。认知心理学派代表 Deci 通过"德西实验"认为金钱激励会对内在动机产生侵蚀效应;而行为心理学派 Eisenberger 则坚持物质激励是对工作的正面反馈和强化机制,能增强内在动机,提升创造力。同样,研究者曾经通过数百家企业的大规模实证研究得出:在组织层面,单纯的物质激励与组织创造力既有可能是负相关的,也有可能根本就不存在显著性相关关系。研究认为,解决这种不一致可能是需要更具体的情境设置及协同式视角(马喜芳等,2018,2019)。正是这种本土化的情境设置以及多种情境下的协同式探究,我们对有争议的激励与创造力影响机制予以深化。

针对国有企业参与混合所有制改革面临的问题,研究运用多种方法予以探索,提出协同式激励模式将能有效解决当前混合所有制企业所面临的发展制约问题,能消除以往单一所有制企业激励机制的不适应性而引发的发展制约。具体来说,研究对混合所有制情境下不同能力、不同层级、不同情境激励协同模式予以了多种探索,并对其有效性进行了验证。通过中国本土情境设置,对混合所有制企业目前面临的久困未解的一系列实务难题提供解决思路,并形成政策支持,从而丰富中国本土化激励理论的情境研究和应用成果。

10.3　混合所有制协同式激励模式管理启示

混改过程不仅仅是引"资",更是引"智"与"制"。研究结论启发我们,在新的情境下,混合所有制企业的创新型激励机制,既不是两种所有制激励的简单加成,更不是粗暴地"二选一",而是一种接地气、入人心的管理智慧的实践探索。

10.3.1　启示一：能力协同是混合所有制横向激励协同的表现方式

首先，混合所有制企业要意识到，组织里的员工因为其价值观、动机、知识技能等不同，其能力是参差不齐的，所以其边际产出是不同的。不同胜任力的员工需要采用不同的激励方式，应该采用不同的薪酬激励水平，切勿一刀切。因为统一的胜任力薪酬水平，定得过高（如高于市场水平），则会加重组织成本；定得过低，则难以吸引高胜任力的候选人。因此都不能起到激励的作用。所以基于胜任力的薪酬水平设计要多元化。

其次，混合所有制企业应该认识到，由于信息不对称，组织很难完全控制员工的行为。所以组织对员工的激励应该考虑到员工的动机，并以此激发他的行为。组织在设计激励机制时，不能勉强员工一定要选择哪种方案，而是根据人性的弱点，确信员工会追求个人利润最大化。因此组织需要预先设计激励机制，使其满足分离均衡条件。

最后，激励协同才是组织激励的最高境界。组织在设计激励机制时，要考虑多方面的因素和作用。只有当组织目标和员工个人目标协同一致时，组织才能抵消非协同带来的损耗，达到组织和员工都比较满意，实现"1＋1＞2"的激励协同效应，最后达到组织和个人效益最大化。

10.3.2　启示二：层级协同是混合所有制纵向激励协同的表现方式

为实现最佳激励效应，混合所有制企业对于高层、中层与基层如何激励，可以实现效益最大化？比如：应优先激励哪个层面，以实现激励协同？若有怠工，应首要惩罚哪个层面，以起到引导与威慑效果？本书给了我们诸多启示。

1）微观层面层级协同启示

首先，混合所有制企业应该对高管采用鲜明的奖惩激励政策，赏罚分明，对监管有力的高管实施高额奖金、股票期权，而对监管不力的高管予以减薪甚至降级。其次，在总奖额有限的情况下，优先奖励管理层，因为奖励管理层比奖励员工有效。同理，在业绩不好的情况下，也应该首先惩罚高管。再次，混合所有制企业需要合理运用负激励并把握程度。对员工来说，宜采用象征性的负激励，尤其不能越级重罚；而对高管来说，绩效不佳可以重罚，其处罚程度必须大于监管本身需要付出的代价，即实现激励相容。最后，总经理对中层要严格，不可过于宽容而对员工可以宽容甚至不管不问，因为总经理的"宽容"和"懒惰"会激发中层的"严格"和"敬业"。

2) 宏观层面层级协同启示

另外,这种层级协同激励机制设计,不仅可以用在混合所有制企业内部,还可进一步应用推广至国企集团公司。包括为实现激励协同,国资委有必要针对国企集团建立一套科学的绩效和薪酬管理体系。在总奖额有限的情况下,优先奖励母公司;在绩效下滑的情况下,也应该优先惩罚母公司。在管理母公司方面,国资委需要将母公司的绩效与境外资产流失防范紧密挂钩,并根据绩效评定结果实施重奖严罚机制,诸如对监控得力的母公司发放高额奖金、股票期权等;而对于其监控不力甚至联合子公司进行资产操纵的行为则必须给予重罚。在管理国企子公司方面,国资委不宜对查处出资产操纵的境外子公司予以重罚。国资委对境外子公司要"宽容"与"懒惰"。因为国资委对境外子公司的"宽容"和"懒惰"会激发母公司的"严格"和"敬业"。还有国资委需要合理运用负激励并要精准把握力度等等。

总之,混合所有制企业不同层级群体之间的激励协同,能有效降低机会主义和搭便车概率,从而为协同推进组织监管有效性、推进组织创新提供科学的应对对策。

10.3.3　启示三:情境协同是混合所有制激励协同的动态表现方式

本书提出,国有资本与民营资本交叉持股、互相融合,会受到情境的冲击。比如组织规模会变大,组织集权化、规范化会改变,更直接的冲击是,无论是"国企改革式"还是"民企发展式"的混改,新组织的中高层领导人、领导风格等都会发生较大的变迁。

研究认为,混合所有制企业之"难",难在"合",更难在"和"。组织在面临混改情境变迁的时候,激励机制、激励模式需要及时地调整,以实现"混且合和",以实现"1+1>2"。因此,基于协同考虑,国资委在将改革重心下沉之时,亟须洞察国企混合所有特有的情境要素。要使得构建的创新型激励模式能够针对、适用、适应混改复杂的情境。在此基础上的激励模式才能激发和调动混改双方的奋斗激情与活力:促进政府职能转变,完善委托代理制度;通过激励制度革新,促进国企民企的合作意愿,抛弃顾虑通过"化难增效",为做强做优混合所有制企业提供制度保障。

考虑到民企本身具有较强的创新创业激情、市场化程度高、经营管理灵活的特点,因此,国有企业在选择民企开展合作时,要选择在创业导向与高层领导风格方面有绝对胜出的民企,并且在引进后要用好而不是制约民企的这些优势。

又比如,在混合所有制创立初期,如果其规则、制度、程序还未充分地建立,混合所有制企业最好不要推行"独裁式领导",那样会打击组织创新;同时,在"以成就为导向的文化"的混合所有制企业,要避免高权力距离。员工为保证职业安全甚至为了追求职业成功,会屈服于组织中的等级制度,而这些,会给组织创新带来毁灭。

最后,本书指出,科学地认识、构建并适时调整、切换规则激励与非规则激励间的匹配,如以非规则激励的柔性、速动性去弥补规则激励的刚性、短时性;以威权激励的柔性、短时性去弥补制度晋升激励的刚性、缓动化,通过最佳匹配、资源整合,去提升混合所有制企业在不同的发展阶段的运营效率最大化。这些发现揭开了"激励失灵"黑箱,为指引混合所有制企业开展有效的激励变革提供政策参考。

10.3.4　启示四:分类考核是混合所有制宏观层面激励协同的精细化设计

首先,要尊重多元化价值主张。绩效本身是一个宽泛且复杂的构念,本质上是对被评估对象价值认知与价值判断的过程。科学衡量国企的业绩,是设计合理的激励体系的前提。解决当前激励难题的根本是要正视国企的特殊性。当前对国企的绩效考核,除了销售收入、企业利润、运营效率等经济指标,还有国家综合指标与社会民生价值指标。可以推断的是,国企目前的这种复合型价值主张与绩效导向,在未来较长一段时间内,还会长期存在。正因为认可这种多元化价值主张,因此,我们在设计混合所有制企业激励的时候,不能偏激,在认可国企经济效益指标与社会效益指标并存、竞争性指标与公益性指标同行的基础上,要精准分析问题并进行精细化激励模式设计,而不是简单地折中、中庸与平衡。

其次,根据分离均衡可实现组织效益最大化的研究结论,要继续推进分类考核。研究可以推出,分类考核有利于明确并有序规划国有企业的战略定位与发展方向,可以实现监控更精准、考核更精确的目标,因此,是一条值得继续探索的道路。对混合所有制企业来说,分类改革有利于差异化发展路径的形成,能够避开功能定位错位、发展模式粗放、竞争呈现同质化等问题,从而为国有企业进一步提质增效提供广泛的发展空间;对混合所有制高管与员工来说,分类改革为分类分层评价与分类激励机制的优化提供了可能,有利于充分调动国企各类人才创新创业的积极性和主动性,从而最大可能地增强国企活力与竞争力。

最后,加强分类激励。作为引领混合所有制企业开展分类改革最有力的指挥棒,分类考核将通过多元价值分配,倒逼国有企业经营理念的根本转变。它将深化价值管理实现价值获取,从而为混合所有制企业提质增效奠定基础。

本书建议,分类考核对于激发不同类别的国有企业的创新活力与增长潜力,具有较好的理论意义与实践价值。因此,未来可进一步加强国企分类改革,细化市场竞争类、过渡类、功能服务类别企业的激励模式与激励细则。对于市场竞争类企业,其激励模式走纯市场导向之路,如结合混合所有制改革的实际情况,打破旧有的国有企业管理体制并改善公司治理,从制度创新和机制创新入手建立一套符合市场化改革的职业经理人激励机制。对于功能服务类企业,需要解决一定的方法,将指标系统中需要承担的服务国家、服务社会的指标巧妙转化并合理折算成经济效益量化得分,并在此基础上与市场竞争类国企的薪酬体系做一定对比、调整与优化。如此构建出的分类考核机制才更接地气,如此设计出的分类激励才能直入人心。

10.4   混合所有制企业协同式激励模式的政策建议

10.4.1   政策一:建立保护型激励模式,打消民企混改顾虑

在国企混合所有制改革过程中,问题很多,良方也不少。其中一剂好药就是从人性角度洞察民企顾虑、理解民企顾虑,想清楚民企参与混改是"混什么""要什么",并针对性建立行之有效的激励措施,给民企吃定心丸,用实际行动为民企参与国企混合所有制改革扫除路障。

1) 倾听民企心声,加强政策引导,民营企业家思想负担

首先,需要俯下身子倾听民营企业家的意见建议,站在他们的角度察觉民营企业家瞻前顾后的真实原因;要从洞察人性的角度思考民营企业家的激励缺位,并进一步扩大舆论宣传,引导广大民营企业家充分认识到国家高度重视民企的主导地位与合法权益,让他们明白混合所有制改革不是"强改强混""国进民退",而是优势互补、合作自愿;民企与国企的关系绝不是零和博弈,而是相辅相成、相得益彰,从而实现"1+1>2"的双赢局面。

2) 加强产权保护,建立激励保障底线,恢复民企信心

民营资本的产权问题是民营企业家关注的焦点,也是激励保障底线的最重要组成部分。在推进混合所有制改革过程中,要科学评估民营资产价值,完善市场定价机制,加强交易主体和交易过程监管,防止民营资产流失,建立健全的现代产权制度,使民营资本能依法自由流动、有效运营。同时,保护民营企业的合

法权益,实行同股、同权、同责、同利,保证民营资本与国有资本平等享受基本的投票权、决策权、分红权,同等受到法律保护。

3) 重视制定激励细则,助燃民企奋斗激情

相比国企,民企最大的优势是市场。因此,可以考虑出台激励细则,将激励力度与新客户开发、新市场份额、做大市场蛋糕等紧密挂钩。比如在完善监督机制的前提下,设置"超额累进制"效益浮动奖金,允许对原民企高管实施更加灵活高效的工资总额,以充分发挥民企高管熟悉市场的"野性"与拼劲,重燃"草莽英雄气"激情。如笔者根据多年研究得出,建议在吸引民营资本上面,在大的激励框架下,考核指标倾向于鼓励市场占有,公司的成长,在基本年薪和绩效年薪上给予更高的灵活度。

4) 将激励与价值创造更紧密地挂钩,设置"超额累进制"效益浮动奖金

考虑到集团开展变革难度更大的现实情况,激励变革可从国企二三级子公司开始。鼓励二三级子公司建立以价值创造为基础、反映劳动力市场价值的激励机制,设计"超额累进制"激励:指标超额量越多,提成比例越高。实现企业经济效益和个人绩效紧密挂钩的薪酬制度和增长机制,以改变当前激励机制呈现刚性僵化、缺少柔性、灵活性的问题。根据公司发展战略、管理层级、岗位特质等,有区别地加大绩效考核比例,尤其加大管理层、市场营销类、项目类部门/岗位的绩效工资比重。

5) 运用"激励相容"机制激发创新创业激情

设置一种员工越"自私"、企业越赚钱的激励模式,从而实现国企与员工双赢。在完善监督机制的前提下,允许对员工实施更加灵活高效的工资总额激励制。管理方式和激励强度可依据难度系数、销售收入、净利润、新市场/新客户增长率等设置市场导向的关键绩效指标(KPI)。尤其是,其激励机制要有明显的引导性:参与变革的预期收益比不参与变革多;积极参与变革比被动应付的预期收益强。这种"激励相容"激励机制将充分释放国企上下同心、协同作战的"野性"与拼劲,提振全员价值创造的动力与激情。

10.4.2　政策二:建立包容型激励机制,鼓励国企冒险创新

由于国有企业在这个混合所有制变革过程中本身具有制度优势与心理优势,因此,很难主动激发他们去冒险创新。面对实践难题,国资委或可从"价值分配环节"的变革入手,出台"包容型"激励制度及"激励相容"约束机制,来反向撬动和激励"价值创造环节"的高效产出;通过消解"内耗",实现"化难增效"。

1) 设计约束与补偿机制，激励国企高管主动推进混改

为鼓励国企高管主动请缨，带动更多的二三级子公司甚至母公司实施混改，拟可设计参与约束机制，即让参与混改的高管期望收益大于不参与混改能获得的最大期望收益。

作为过渡，可以考虑对国企高管实施"双轨制"激励模式，即老人老办法，新人新办法。对一些在乎"编制"的国企"老人"，可考虑继续保留其原有的组织任免制，并将其任期经营业绩与晋升挂钩。同时，对于一些愿意破釜沉舟、放弃编制的国企高管，薪酬可完全与市场接轨，且享有分红权，并同步实施严格的选聘退出机制与绩效考核机制。此即为"双轨制"激励模式。另外，不管哪个轨道，混改初期，考核指标权重可向新客户增长、市场份额等成长性指标倾斜。

建立容错机制与补偿机制。出台国企混合所有制改革工作容错免责细则，对推进混改过程中因缺乏经验、冒险创新而出现的失误和错误，与明目张胆或处心积虑的违法违纪、假公济私等问题区分开来；对容错金额、容错次数、影响范围、造成后果等做明确规定。同时，可探索试点补偿机制。对创新过程中导致个体利益受损的国企高管，经申报、评估后，可对其采取补贴、提高待遇、晋升等措施。其目的是为了保护"真才实干"的热情，激发"冒险创新"的精神。

2) 通过分级授权，创建非上市企业"红利蓄水池"

允许具备一定条件的、业绩超过预定目标的国有企业尝试更加灵活的分配方案，探索"红利蓄水池"分红激励模式。分红激励模式旨在从增量中实现再分配，具有易于理解、针对性强、操作性强、推行阻力较小等特点。具体步骤有：

（1）提出申请：在原有的"分红权"政策基础上，由国资委出台政策鼓励一些有明确的发展思路、主业突出、成长性好尤其是连续 2 年有利润的非上市企业，在第二年年末提出创建"红利蓄水池"申请。

（2）评定等级：国资委或者国企集团组建评委，对混企进行评定，并基于行业类型、市场竞争程度、资产比重等将"红利蓄水池"分成三类：财务管控型分红 I 类、战略管控型分红 II 类、运营管理型分红 III 类。如对贴近市场一线、充分竞争领域的混合所有制企业可以考虑 I 类分红；对重资产投资企业，可以考虑 III 类分红。

（3）分红比例：分红方案可由子公司提出申请，由母公司审批裁定。理论上，对 I 类企业可倾向放权，国资委或集团母公司对其具体经营管理不加干涉；对 III 类企业则倾向于相对集权。建议的分红比例为：I 类、II 类、III 类企业分别提取不高于当年运营净收益的 30％、20％、10％，以用于建立"分红蓄水池"。

如此,一方面激发了国企高管的自主性,另一方面激发了员工的工作热情。

3) 建立长效声誉机制,强化人才激励约束机制

(1) 人才库构建:国资委牵头组建专家委员会,联网构建国有混合所有制企业职业经理人人才库。以重点行业为抓手,确定入库对象与范围:如高级管理人才、专业技术人才等。

(2) 人才库维护:中长期跟踪并动态更新入库人才的学历、职称或技能等级、专业特长、工作经历、业绩成果(含特别贡献和问责事项)等,并授予同行/同事在线评价功能,如工作能力、社会声誉等。

(3) 人才库约束:分级、分权动态分享互联网人才库信息,以"声誉机制"约束优胜劣汰、优进拙退、解聘威胁等,从而建立人才的中长期约束机制。

10.4.3　政策三:建立能力、层级、情境协同式激励,实现事半功倍

从协同视角看,为形成创新创业合力,混合所有制企业在设计激励模式时,要尤其考虑不同激励子系统之间的和谐、互补和强化效应。基于研究,我们提出,可以从能力协同、层级协同、内容与情境协同等方面做好混合所有制的协同式激励模式的政策创新。

1) 构建胜任力薪酬与企业效益协同的激励模式

为消除信息不对称下的逆向选择缺陷,可构建胜任力薪酬与企业效益协同的新型激励模型。通过混合所有制企业高管事先设计好薪酬激励套餐,提前设计多种能力、绩效与业绩匹配的契约套餐(如:A 能力＋A 承诺绩效＋A 薪酬;B 能力＋B 承诺绩效＋B 薪酬;C 能力＋C 承诺绩效＋C 薪酬)。这种将胜任力、薪酬与绩效契约绑定的激励模式可以使得混合所有制企业能够精确实现能力与薪酬匹配,组织所花的每一分钱都能产生回报;员工所付出的每份努力都能获得认可,即在员工效益最大化的时候组织也达到了效益最大化,从而实现激励协同。研究指出,这种创新型的协同式激励模式,好像一块试金石,值得混合所有制企业在相对"混乱"、高速发展的情境下尝试与推广。

2) 构建层级奖惩与企业效益协同的激励模式

后工业化时代比较推崇组织结构扁平化、无边界、柔性决策。但因为混合所有制不可避免地带有国有企业部分属性,因此,混改后不可避免地会伴随相对复杂的组织结构包括多层级管理。在这样的背景下,混合所有制激励模式设计,须充分考虑不同层级间有着自己的诉求、动机、互相博弈,追求层级激励与企业效益协同,即在基层与中层效益最大化的时候组织高层也达到了效益最大化。

　　进一步地,本书提出,混合所有制企业要将高管绩效与奖惩紧密挂钩,而切勿越过高管对中层甚至基础自行惩罚。从长期发展看,无论对高管还是中层基层,适度的负激励即惩罚是必需的,这个惩罚力度应大于它们怠工作弊、浑水摸鱼搭便车可能带来的收益。

　　同时,应该主动应用研究相关成果,在国资委—国企集团—海外子公司间构建基于层级互动的防范型激励制度与政策。比如,为达到系统效益最大化,国资委要从系统视角做好顶层设计(防范型激励机制),针对国企集团建立一套科学的绩效和薪酬管理体系。在国有资产流失防范有功的情况下,优先奖励母公司;在国有资产流失监控不力情况下,也应该优先惩罚母公司。在管理母公司方面,国资委需要将母公司的绩效与境外资产流失防范紧密挂钩,并根据绩效评定结果实施重奖严罚机制;在管理国企子公司方面,国资委不宜对查处出资产操纵的境外子公司予以重罚。最后,"大棒"有助于企业产生忧患和危机意识;国资委需要合理运用负激励并要精准把握力度。

　　3) 构建规则与非规则激励协同的激励模式

　　从不同主体来源来看,规则激励和非规则激励之间就存在互相帮衬或互相掣肘的关系。因此,混合所有制企业改革过程中,要妥善地看待并科学地运用这两种激励,以形成很好的合力,起到事半功倍之效。

　　本书认为,国企具有较好的规则化激励制度的基础。这种制度激励具有长期性、稳定性的特点,会确保国企朝着组织期望的方向前行,而不用担心领导变更所带来的影响。然而另一方面,制度带来的刚性、缓动性会抵消甚至替代领导效用的发挥。

　　本书建议,一方面,处于混合所有制快速变革阶段,要充分重视并运用非规则激励带来的主观能动性、灵活性,以弥补刚性激励的僵化,提升规则与非规则激励的协同效应。民营企业中较有代表性的家长制领导风格、交易型领导风格等,因为其同时具有父亲般的威严与慈爱、德行领导以及赋予即时的指导、柔性的奖惩激励等,可以弥补刚性激励带来的弊端。另一方面,当企业处于发展稳定期,应以规范化的制度激励为主,此时非规则激励应当尊重、帮衬规则激励的发挥。科学地构建并适时地切换规则与非规则激励,就是最好地整合彼此资源,发挥各自优势,并帮助混合所有制企业在不同的发展阶段实现运营效率最大化。

10.4.4　政策四:建立分类考核下的分类激励,实现分类管理新突破

　　本书得出,推进国企分类改革有利于建立更有针对性的差别化激励,从而为

混合所有制企业提质增效找到新路径。如果说放权让利是国有企业改革的第一阶段,那么分类改革、分类激励应该是改革的第二阶段。因此,在当今国企混合所有制改革的深水区,要进一步加强绩效薪酬的精细化制度建设,从"混沌考核"走向"分类考核",从"混沌激励"走向"分类激励":

1) 统筹协调平稳推进,加大分类改革宣传力度,营造良好的改革氛围

考虑到被改革对象的复杂性,以及其在不同地区、不同行业、不同功能定位的差异性,对国有企业的分类改革要因地制宜,根据实际情况统筹协调,平稳推进。要把握好分类改革的步骤、方法,兼顾不同企业的功能定位、经营性质、发展阶段、市场属性、行业特点、管理短板和引领任务等。要把握好推进过程中的组织领导的规划、方式方法的选择、时间空间的柔性以及与改革力度配套的指导、敦促与协调,统筹兼顾。

另外,由于分类改革也是一个创举,一个新鲜事物,因此国务院与地方国资委、各级政府及相关部门应积极通过网络媒体、报纸杂志、论坛会议等,多渠道、多方式,积极宣传"分类改革""分类激励"的意义与规划,尤其让被改革对象明白改革的目标和方向,以及可能配套的考核举措、薪酬激励保障等,以尽可能地消除心理疑虑,化解改革阻力。

2) 以社会监督与社会评价引领国有企业分类标准

当前国资委定义的三类标准无疑是国有资源分类最基本的准线。当然,为提升国有企业分类边界的清晰度,及敦促国有企业加快分类改革,还需要在大的框架下继续优化分类标准。可以考虑对国资委提出的那些"关系国家安全和国民经济命脉的重要行业和关键领域"以及"保障民生、服务社会"的社会公共产品进一步开展科学细分,并由国资委将"行业/产品细分清单"与"国企功能定位清单"定期向社会公布。

"政声人去后,民意闲谈中"。社会评议是检验国有企业分类标准是否科学客观的重要维度之一,也是检验人民获得感的试金石。让国企的分类标准、功能定位等受到社会监督、社会评价与合理质疑,有助于进一步明晰商业一类、商业二类与公益类企业的分类依据,防止商业一类向商业二类靠;商业二类向公益类靠。更重要的,它有助于倒逼定位不同的国有企业,在党的领导下不断完善公司治理,探索差异化发展路径。

当然,国有企业分类改革还要警惕分类标准的刻板化。要充分意识到随着经济社会发展和国家战略的需要,一些国有企业的功能定位是可能发生变化的。因此,适时引入外部考核监督机构,根据不同发展阶段的战略定位、承担的使命、

发挥作用的不同,在保持相对稳定的基础上,对国有企业的功能定位和类别进行动态调整与公布。

3) 科学制定"分类考核"指标体系,创新与优化评价方法

当前,国务院国资委已经就三类企业的考核指标做了基本的定调与布局。比如,对商业一类国有企业,主要以提升资本回报、质量效益等为考核指标;对商业二类,主要以服务国家战略、完成重大专项任务等为指标;对公益类企业,主要以民生改善、服务社会等为考核指标。

在当前大的指导方针下,定位不同的国有企业根据自身特点,在二三级考核指标精细化方面还有很大的操作空间。比如,对商业一类国有企业(如家电制造业、通信设备等),可以进一步加入一些以实现经济功能为目标的考核要素,包括资本配置效率与效益、国有股权多元化和市场化表现、优胜劣汰竞争机制与退出机制等。

而对于公益类国有企业(如城市供水供气、公交地铁环保等公共性企业),行业市场特点迥异,企业治理结构复杂,因此其考核体系除整体考虑成本有效控制、群众满意度及社会评价等外,可以探索"一企一法"的改革思路。

同时,鼓励在国资委纲领引领下,优化考核方法。可以创新性地将西方先进绩效评估思想与工具,如 BSC(平衡记分卡)引入国企"分类考核"并进行"本土化"处理。BSC 思想内涵与政绩观十分吻合:它兼顾短期目标与长期目标平衡、经济效益与社会效益平衡、内在运行与外在客户平衡等。因此,参照 BSC 四个维度,根据不同的功能定位选择或舍弃常规意义的指标,如企业战略规划、社会服务、经济效益、科技实力培育、供应链产业链修复、产学研协同创新、创新型人才培养等,有助于在价值关系中提炼指标,精准发力。

4) 开展差别化、包容性的"分类激励",充分调动改革积极性

本书认为,在混合所有制企业开展"分类激励",除了整体要避免"一刀切",还要把握几个基本原则,如:责任、风险、利益一致原则;物质激励与精神激励、长期激励与短期激励、过程激励与结果激励结合原则;还有效率与公平结合原则等。比如,国企改革三年行动方案的攻坚年,在贯彻责任、风险、利益一致原则时,可以考虑实行与担当勇气相匹配、与担当能力相适应、与担当风险相挂钩的差异化、包容性激励,以充分调动国企在面对分类改革时的担当作为。

首先,对于商业一类企业,主要是实施"市场化"激励模式机制。建立以货币化激励为主、职务晋升激励为辅的多元化激励要素,包括基本年薪、绩效年薪、任期激励等。另外,符合条件的企业可推行职业经理人年薪制度、灵活的股票股权

激励、限制性股票激励模式、分红激励等中长期激励。为积极稳妥推进子企业混合所有制改革,对符合条件的混合所有制企业可实施更加市场化的包容性管控。

其次,对商业二类企业,考虑到其既追求社会目标,又要提高效率;既追求利润目标,又要服务国家重大战略领域,因此,可以对其开展市场型激励与职务晋升激励并重、以职务晋升为主的激励模式。同时,为提升经营者与核心骨干的创新创业激情,同时免去上市公司股权激励程序之繁琐,商业二类可考虑设立专项激励基金,即授权超过目标利润的企业建立“蓄水池”分红激励模式。另外,为完善国有企业激励环境,还可以建立激励约束机制,包括建立声誉档案、划分声誉等级、动态跟踪与一定范围内声誉共享等。

最后,对公益类混合所有制企业,有学者提出可以参照公务员相应的行政级别、薪酬标准,并适当引入成本控制奖励。这种建议是合理的。但是同时,这并不意味着公益类企业的激励不需要创新。建立有区别的、适合自身发展的激励机制,在“准市场”激励与“准公务员”行政激励中找到一个平衡点,引进晋升激励、精神激励、长期激励等。尤其要将群众评议、社会舆论纳入激励考评体系并实施奖惩。

总之,在当前国有企业混合所有制改革的攻坚阶段,亟须将改革重心下沉,正视以往单一所有制体制下的激励机制所引发的不适应性问题,从人性深处识别、洞察混合所有制情境下管理层与员工内生动力不足、渴望变革的需求。更重要的是,相关部门与企业宜科学探索、试点推广本书所提出的具有较强针对性、实用性和适用性的多路径协同式激励模式,包括能力与企业效益协同激励模式、层级与企业效益协同激励模式、情境与激励协同模式、分类激励模式等,从而为加快国企混合所有制改革提供管理制度保障。

【专栏】　国有企业混合所有制改革与激励机制设计

国企混改关键年:正视混改实践难题,调动混改双方激情[①]

2020 年是全面建成小康社会和“十三五”规划的收官之年,也是即将出台国企改革三年行动方案的第一年,更是国企混合所有制改革的关键之年。尤其是,

---

[①]　本文主要内容选自:马喜芳. 国企混改须正视实践难题[N]. 企业观察报,2020 - 04 - 27(013). http://baozhi.cneo.com.cn/paper.asp? Aid=639&Fid=376. 文章后为今日头条、搜狐网、新浪科技、地方国资委官网等转载。

在经历了一季度的新冠肺炎疫情影响,作为国民经济的重要支柱与经济社会发展的"稳定器""压舱石",我国国有企业在接下去的二三四季度在稳经济增长、提质增效方面任重而道远。

作为国企改革突围的重要突破口,混合所有制改革整体成果斐然:上市、重组、员工持股、分类改革、集团层面推进混改等正在"有序推进、多点开花"。然而,混改面临的实践困难也十分明显。

当下,疫情席卷全球、国内外经济越发充满不确定性,这对我国经济深化改革、国企加速推进混改提出了更高的要求。国企混改关键年,我们尤其要凝心聚力,脚踏实地,正视混改实践难题,认清混改的关键障碍,以自我完善、自我革新的勇气修正混改工作中存在的问题,特别要找到激发混改的内生动力,从人性深处激发和调动混改双方的奋斗激情与活力,保质保量完成国资委2020年初制定的全年经营目标和改革任务。

(一)国企改革关键年,混改面临哪些深层次激励难题

我国国有企业原有的激励机制比较守旧,主要表现在其激励未能与市场充分接轨,未能体现价值导向,在方法上以岗位工资为主,以形式大于实质的绩效工资为辅;另一方面,国有资本与非国有资本、国有企业管理层与民营企业管理层合并后,国企激励改革的节奏与步伐依然较慢,激励机制、激励方法与手段方面尚未取得突破性进展,尤其经不起以下几个问题的追问:

首先,混合所有制的"混"不仅是资本的"混合",也是国企高管与民企高管的"混合"。混改后,是沿用国有企业之前刚性僵化的岗位工资制,还是采用民营企业高度柔性的绩效工资制激励体系? 如果是沿用其中一方而放弃另一方激励模式,那么这种激励模式对另一方来说是一种协同还是掣肘? 如果是博采众长,整合应用,那么该如何给以"取舍"与"混合"呢?

其次,由于多年来浓重的行政色彩,原有的国有企业高层激励与中低层激励基本独立:对高层来说,奉行的是固定年薪制(如"限薪令");对中层或基层来说,主要实施岗位工资制,晋升机会相对有限。原国企的激励体系一定程度上固然促进了社会公平性,但同时被认为扼杀了创新动力与创业激情。那么,混改后,国企原有的相对僵化的激励模式会否受到冲击? 进一步追问,这种可能"冲击"会否遭到原国企的抵制?

（二）调动混改双方激情是破解国企混改实践难题的前提

混改难题的背后，是亟需优化的激励机制。笔者调研中获悉，一些国企高管担心民资注入后国企地位受到冲击；更多的担心万一出错，自身待遇下降甚至乌纱帽不保；因此，"宁可不做，也不可出错"，以致混改中一部分国企只拿出不赚钱的业务；或者只动二级、三级子公司，而母公司"流于形式"。另外，一些混改实施"一刀切"，所有员工取消原有行政级别重新竞聘上岗，国企员工产生极大的不安全感，本能上抵制混改举措。

民企高管则坦承，最大的顾虑是被视为"野蛮人"，因"国进民退""被吃掉"。据笔者调研，很多民企担心混改过程中，得不到应有的重视，最后落得"为他人作嫁衣裳"。

（三）国企改革关键年，混改的激励难题，如何破

最好的激励是找到"三观吻合"的事业搭档。国企的优势在于雄厚的资金与技术实力，民企的优势在于深谙市场、拥有与生俱来的野性与拼劲；国企讲政治守规则重流程，民企乱中求变、稳中求进、看重利润。混合所有制的第一步，就是找好合作伙伴。脾气秉性不同不要紧，只要求混合双方对投身混改有强烈的激情，有着比较契合的事业观、发展观与价值观，"三观吻合"，能够互相包容互相发挥彼此优势。

用制度来激励国企高管"真才实干""冒险创新"。对国企高管的激励，一方面鼓励，一方面要规范。在有效监督的前提下，鼓励国企高管放开手脚干事业，考虑建立容错与补偿机制，对推进混改过程中因缺乏经验、先行先试而出现的失误，同明知故犯、违纪违法区分开来；鼓励更多的国企高管主动请缨投身混改，大胆推行职业经理人年薪制、股权激励等。同时，开启"契约化"管理，高薪背后是严格的选聘退出机制与绩效考核机制。

用制度保障民营资本话语权，尤其要保障市场部具有一定的话语权。考虑到民企的市场优势以及混改后一般由民企承担开拓市场重任的特点，可以从制度上加大原民企员工或部门（如市场部）的"分权"和"分利"。允许对民企高管实施更加灵活高效的工资总额，如"销售超额累进制"激励等，以充分释放民企高管熟悉市场的"野性"与拼劲，加速混合所有制企业"增效"。

对非上市公司，可试点推广"红利蓄水池"或"海尔模式"，以激发全员创新创业。针对广大非上市混合所有制企业，可考虑推进更加灵活的、包容性激励机

制。即对实际业绩超过预定目标的混合所有制企业,实施"红利蓄水池"分红激励模式,旨在从增量中实现再分配。同时,也可以鼓励试点"海尔模式"激发全员创新创业。"海尔模式"将"人人都是CEO"变成了可能,是一种激发个体活力成功的典范,值得一些混改规模不大、资产投入不大、市场碰到壁垒的企业尝试。通过探索平台主、小微主和创客三级制管理模式,使得员工与企业真正成为合伙人,从根本上消除混改后的企业养懒汉和闲人。

以"声誉机制"建立完善的职业经理人激励约束机制。以重点行业与龙头企业为抓手,建立、跟踪并动态更新入库人才信息,包括长期绩效、同行评价等,构筑有效的信任机制与行为规范。如此以"声誉机制"约束优胜劣汰、优进拙退、解聘威胁等,建立人才的中长期约束机制,促进职业经理人注重混合所有制企业的长期绩效。

国企混改关键年,不是说在这一年中一蹴而就,一混就灵;国企混改激励机制的探索,没有现成的良方可循。它是这么一个过程:解放思想,下沉重心,鼓足直面实践困难的勇气;然后不断地审视其复杂的混改背景、组织模式、混改双方的反应策略等;然后,有针对性地建立能有效促进国企混改的创新型的激励模式。只有这样,才能实现"心往一处想、劲往一处使",才能促进混改各方"同权利""同甘苦""共发展"。唯此奋进,才能完成国企改革关键年所承担防疫抗疫与恢复经济的双重使命与主要任务。

参考文献

[1] Adler P. S, Borys B. Two types of bureaucracy: enabling and coercive[J]. Administrative Science Quarterly, 1996, 41(1): 61 – 89.

[2] Amabile B. T. M. A Model of creativity and innovation in organizations. Research in Organizational Behavior [J]. Research in Organizational Behavior, 2010, 10(10):123 – 167.

[3] Amabile T M, Conti R, Coon H, et al. Assessing the work environment for creativity [J]. Academy of Management Journal, 1996, 39 (5): 1154 –1184.

[4] Annavarjula M, Mohan R. Impact of technological innovation capabilities on the market value of firms[J]. Journal of Information & Knowledge Management, 2009, 8(3): 241 – 250.

[5] Armstrong M., Murlis H. Reward management: A Handbook of Remuneration Strategy and Practice[M]. London: Kogan Page Publishers, 2007.

[6] Avolio B J, Bass B M, Jung D I. Re-examining the components of transformational and transactional leadership using the Multifactor Leadership[J]. Journal of Occupational and Organizational Psychology, 1999, 72(4): 441 – 462.

[7] Balliet D, Van Lange P A M. Trust, punishment, and cooperation across 18 societies A Meta-Analysis[J]. Perspectives on Psychological Science, 2013, 8(4): 363 – 379.

[8] Barnes C. M., Reb J., Ang D. More than just the mean: moving to a

dynamic view of performance-based compensation[J]. Journal of Applied Psychology, 2012, 97(3):711-718.

[9] Barnard C. The Functions of the Executive[M]. Cambridge, MA: Harvard University Press, 1938

[10] Bass, Bernard M. Two decades of research and development in transformational leadership[J]. European Journal of Work & Organizational Psychology, 1999, 8(1):9-32.

[11] Briscoe, F. From iron cage to iron shield? How bureaucracy enables temporal flexibility for professional service workers[J]. Organization Science, 2007, 18(2): 297-314.

[12] Bryan K A, Lemus J. The direction of innovation[J]. Journal of Economic Theory, 2017, 172: 247-272.

[13] Burns J M. Leadership[M]. New York: Harper and Row, 1978.

[14] Bushardt S. C., Glascoff D. W., Doty D. H. Organizational culture, formal reward structure, and effective strategy implementation: A conceptual model[J]. Journal of Organizational Culture Communications & Conflict, 2011, 15(2): 57-70.

[15] Burns J. M. Leadership[M]. New York: Harper and Row, 1978.

[16] Casson M. Entrepreneurship and the theory of the firm[J]. Journal of Economic Behavior & Organization, 2004, 58(2):327-348.

[17] Choi J K, Ahn T K. Strategic reward and altruistic punishment support cooperation in a public goods game experiment[J]. Journal of Economic Psychology, 2013, 35(1):17-30.

[18] Eisenbeiß, S. A., and Boerner, S. A double-edged sword: transformational leadership and individual creativity[J]. British Journal of Management, 2013, 24(1): 54-68.

[19] Farh J L, Hackett R, Liang J. Individual-Level Cultural Values as Moderators of Perceived Organizational Support—Employee Outcome Relationships in China: Comparing the Effects of Power Distance and Traditionality[J]. Academy of Management Journal, 2007, 50 (3): 715-729.

[20] Fu R, Subramanian A, Venkateswaran A. Risk, uncertainty, organizational

structure and incentives[J]. Ssrn Electronic Journal, 2007.

[21] Gomez-Mejia L R, Welbourne T M. Compensation strategy: An overview and future steps[J]. Human Resource Planning, 1988, 11(3): 173 – 189.

[22] Holagh S. R., Noubar H. B. K., Bahador B. V. The effect of organizational structure on organizational creativity and commitment within the Iranian municipalities[J]. Procedia—Social and Behavioral Sciences, 2014, 156: 213 – 215.

[23] Hofstede, Geert. Culture's consequences: Comparing values, behaviors, institutions and organizations across nations[M]. Sage publications, 2001.

[24] Huang, X. and Van de Vliert, E. Job Formalization and cultural individualism as barriers to trust in management[J]. International Journal of Cross-Cultural Management, 2006, 6(2):221 – 242.

[25] Juillerat T L. Friends, not foes?: Work design and formalization in the modern work context[J]. Journal of Organizational Behavior, 2010, 31 (2 –3):216 – 239.

[26] Klotz A C, Wheeler A R, Halbesleben J R B, et al. Chapter 24—Can reward systems influence the creative individual? [J]. Handbook of Organizational Creativity, 2012: 607 – 631.

[27] Kark, R., Van Dijk, D., and Vashdi, D. R. Motivated or demotivated to be creative: the role of self-regulatory focus in transformational and transactional leadership processes[J]. Journal of Applied Psychology, 2018, 67(1): 186 – 224.

[28] Khalili, A. Linking transformational leadership, creativity, innovation, and innovation-supportive climate[J]. Management Decision, 2016, 54 (9): 2277 – 2293.

[29] Kim K Y, Eisenberger R, Baik K. Perceived organizational support and affective organizational commitment: Moderating influence of perceived organizational competence[J]. Journal of Organizational Behavior, 2016, 37(4):558 – 583.

[30] Kirkman, B. L., Chen, G., Farh, J. L., Chen, Z. X., and Lowe, K. B. Individual power distance orientation and follower reactions to transformational leaders: A cross-level, cross-cultural examination[J].

Academy of Management Journal，2009，52(4)：744－764.

[31] Koh D，Lee K，Joshi K. Transformational leadership and creativity：a meta—analytic review and identification of an integrated model [J]. Journal of Organizational Behavior，2019，40(6)：625－650.

[32] Larkin I，Pierce L，Gino F. The psychological costs of pay-for-performance：Implications for the strategic compensation of employees [J]. Strategic Management Journal，2012，33(10)：1194－1214.

[33] Lumpkin G T，Dess G G. Clarifying the entrepreneurial orientation construct and linking it to performance [J]. Academy of Management Review，1996，21(1)：135－172.

[34] Mahmood M，Uddin M A，Luo F. The influence of transformational leadership on employees' creative process engagement：A multi-level analysis[J]. Management Decision，2019，57(3)：741－764.

[35] Malik M A R，Butt A N，Choi J N. Rewards and employee creative performance：Moderating effects of creative self—efficacy，reward importance，and locus of control[J]. Journal of Organizational Behavior，2015，36(1)：59－74.

[36] Ma X，Jiang W，Wang L，et al. A curvilinear relationship between transformational leadership and employee creativity [J]. Management Decision，2020，58(7)：1355－1373.

[37] Ma X，Jiang W. Transformational leadership，transactional leadership，and employee creativity in entrepreneurial firms [J]. The Journal of Applied Behavioral Science，2018，54 (3)：302－324.

[38] Ma X，Rui Z，Zhong G. How large entrepreneurial-oriented companies breed innovation：the roles of interdepartmental collaboration and organizational culture[J]. Chinese Management Studies，2022，DOI 10.1108/CMS－06－2021－0247.

[39] Ma X，Shu R，Zhong G. How customer—oriented companies breed HR flexibility and improved performance：evidence from business—to—customer companies in China [J]. Asia Pacific Journal of Human Resources，2021，59(2)：330－353.

[40] Hughes M，Morgan R E. Deconstructing the relationship between

entrepreneurial orientation and business performance at the embryonic stage of firm growth[J]. Industrial Marketing Management, 2007, 36 (5): 651 - 661.

[41] Juillerat T L. Friends, not foes?: Work design and formalization in the modern work context[J]. Journal of Organizational Behavior, 2010, 31 (2): 216 - 239.

[42] Mittal, S. and Dhar, R. L. Transformational leadership and employee creativity: mediating role of creative self-efficacy and moderating role of knowledge sharing[J]. Management Decision, 2015, 53(5): 894 - 910.

[43] Morrell D L. Employee perceptions and the motivation of nonmonetary incentives[J]. Compensation & Benefits Review, 2011, 43(5): 318 - 323.

[44] Oldham, Greg R., and J. Richard Hackman. Relationships between organizational structure and employee reactions: Comparing alternative frameworks[J]. Administrative Science Quarterly, 1981, 26(1): 66 - 83.

[45] Pierce, J. R. and Aguinis, H. The too-much-of-a-good-thing effect in management[J]. Journal of Management, 2013, 39 (2): 313 - 338.

[46] Podsakoff P M, Mackenzie S B, Moorman R H, et al. Transformational leader behaviors and their effects on followers' trust in leader, satisfaction, and organizational citizenship behaviors [J]. Leadership Quarterly, 1990, 1(2):107 - 142.

[47] Porter M E. Competitive advantage of nations: creating and sustaining superior performance[M]. New York: Simon and Schuster, 2011.

[48] Pugh D. S., Hickson D. J., Hinings C. R., et al. The dimensions of organization structure[J]. Administrative Science Quarterly, 1968, 13 (1):65 - 91.

[49] Ryan, R M, Deci, E. L. When rewards compete with nature: the undermining of intrinsic motivation and self-regulation[J]. Intrinsic and Extrinsic Motivation, 2000:13 - 54.

[50] Schwenk M, Kock A, Gemuenden H G. How autonomy and formalization influence the effect of group creativity on product innovativeness [J]. Academy of Management Annual Meeting Proceedings, 2014, 2014(1): 13394 - 13394.

[51] Shalley C E, Gilson L L. What leaders need to know: A review of social and contextual factors that can foster or hinder creativity[J]. Leadership Quarterly, 2004, 15(1):33-53.

[52] Sharma S, Mukherjee S, Kumar A, et al. A simulation study to investigate the use of cutoff values for assessing model fit in covariance structure models [J]. Journal of Business Research, 2005, 58 (7): 935-943.

[53] Smith W K, Lewis M W. Toward a theory of paradox: a dynamic equilibrium model of organizing[J]. Academy of Management Review, 2011, 36(2): 381-403.

[54] Tosi H L, Werner S, Katz J P, et al. How much does performance matter? A meta-analysis of CEO pay studies[J]. Journal of Management, 2000, 26(2): 301-339.

[55] Vanacker T, Collewaert V, Zahra S A. Slack resources, firm performance, and the institutional context: Evidence from privately held European firms[J]. Strategic Management Journal, 2016, 38(6):1305-1326.

[56] Weber, M. The theory of social and economic organization[M]. Translated by A. M. Henderson and T. Parsons, 1947, Oxford: Oxford University Press.

[57] Woodman R. W., Sawyer J. E., Griffin R. W. Toward a theory of organizational creativity[J]. Academy of Management Review, 1993, 18 (2): 293-321.

[58] Yang, J. S. Differential moderating effects of collectivistic and power distance orientations on the effectiveness of work motivators [J]. Management Decision, 2020, 58(4): 644-665.

[59] Zhang Y, Waldman D A, Han Y L, et al. Paradoxical leader behaviors in people management: Antecedents and Consequences [J]. Academy of Management Journal, 2015, 58(2):538-566.

[60] 陈建勋, 凌媛媛, 刘松博. 领导者中庸思维与组织绩效:作用机制与情境条件研究[J]. 南开管理评论, 2010, 13(02):132-141.

[61] 陈岩, 綦振法, 陈忠卫, 等. 中庸思维对团队创新的影响及作用机制研究[J]. 预测, 2018, 37(2):15-21.

[62] 段永瑞,王浩儒,霍佳震.基于协同效应和团队分享的员工激励机制设计[J].系统管理学报,2012,20(6):641-647.

[63] 方光华,张卫平,张欣.改革开放40年我国中小企业与非公经济发展面临的现状经验问题及建议[J].经济界,2019,139(01):9-20.

[64] 耿紫珍,赵佳佳,丁琳.中庸的智慧:上级发展性反馈影响员工创造力的机理研究[J].南开管理评论,2020,23(01):75-86.

[65] 韩复龄,冯雪.国有企业混合所有制改革背景下的商业银行业务机会[J].经济与管理,2014,000(004):45-49.

[66] 胡新平,廖冰,徐家运.员工中庸思维、组织和谐与员工绩效的关系研究[J].西南大学学报(社会科学版),2012,38(05):166-172+176.

[67] 江轩宇.政府放权与国有企业创新——基于地方国企金字塔结构视角的研究[J].管理世界,2016(9):120-135.

[68] 綦好东,郭骏超,朱炜.国有企业混合所有制改革:动力、阻力与实现路径[J].管理世界,2017(10):8-19.

[69] 綦好东.国有企业混合所有制改革:动力、阻力与实现路径[J].管理世界,2017,289(10):8-19.

[70] 林巧,黄婷婷.企业家角色身份,政策注意力与创业导向——来自中国民营企业的证据[J].科技创业月刊,2020,033(005):1-11.

[71] 刘计含,王建琼.中国传统文化视角下的企业社会责任行为研究[J].管理世界,2017,03(No.282):190-191.

[72] 刘姗姗,乐菲菲,崔丽华.政治关联对企业创新绩效的影响——国有企业与民营企业的对比[J].沈阳大学学报:社会科学版,2020,022(001):19-25.

[73] 刘振.高管报酬,行为选择与公司绩效——基于中国上市公司的经验数据[J].经济与管理研究,2012(5):41-48.

[74] 李文贵,邵毅平.薪酬差距、高管的政府任职经历与国有企业创新[J].南京审计学院学报,2017,14(002):20-28.

[75] 李子萱,王晓刚,毕重增.什么样的人偏爱中庸思维?——社会认知基本维度框架的初步描述[J].心理技术与应用,2019,007(001):17-22.

[76] 罗瑾琏,管建世,钟竞,等.基于团队双元行为中介作用的双元领导与团队创新绩效关系研究[J].管理学报,2017,799(06):31-39.

[77] 马喜芳,芮正云.激励前沿评述与激励协同研究展望——多学科/学派,多

层次，多维度视角[J]. 科学学与科学技术管理，2020，41(6)：143-158.

[78] 马喜芳，颜世富，钟根元. 基于互动博弈的组织不同层级间激励协同机制设计[J]. 软科学，2016，30(11)：86-90.

[79] 马喜芳，颜世富. 变革型领导一定比交易型领导更有效吗？CEO领导风格、组织激励对组织绩效的协同性研究[J]. 中国人力资源开发，2015，24(19)：47-55.

[80] 马喜芳，颜世富. 创业导向对组织创造力的作用机制研究——基于组织情境视角[J]. 研究与发展管理，2016，28(1)：73-83.

[81] 马喜芳，颜世富. 企业集团母子公司监控博弈分析及机制设计研究[J]. 中国人力资源开发，2014，24(21)：66-71.

[82] 马喜芳，颜世富. 新常态下激励协同对组织创造力影响机制研究[J].管理工程学报，2019，33(01)：84-93.

[83] 马喜芳，钟根元，颜世富. 基于胜任力的薪酬激励机制设计及激励协同[J]. 系统管理学报，2017，6(6)：1015-1021.

[84] 马喜芳，钟根元，颜世富. 组织激励与领导风格协同对组织创造力影响机制研究[J]. 管理评论，2018，030(008)：153-167.

[85] 马喜芳. 国企混改关键年：正视混改实践难题，调动混改双方激情[N]. 企业观察报，2020. http://cnsoe.com.cn/gqiyegg/49825.jhtml.

[86] 马喜芳. 国企深改须以科学与协同思维破解激励难题[N].经济参考报，2020-10-19(007)，国企周刊(智库).

[87] 马喜芳."分类考核"为国企提质增效提供新路径[N]. 经济参考报，2021-08-09,007,国企周刊(智库).

[88] 马喜芳. 推进民企参与"混改"需解决激励缺位问题[N]. 企业观察报，2020-03-30(015). http://baozhi.cneo.com.cn/paper.asp? Aid=778&Fid=442.

[89] 马喜芳. 国企改革要在"动态平衡"中探索前进[N].经济参考报，2020-08-17(007)，国企周刊 智库.

[90] 南存飞. 有效激励与民营企业的持续快速发展——来自正泰集团的激励与发展实践经验研究[D]. 2014.

[91] 沈昊，杨梅英. 国有企业混合所有制改革模式和公司治理——基于招商局集团的案例分析[J]. 管理世界，2019，035(004)：171-182.

[92] 齐平，宿柔嘉. 国企民企资源整合与创新行为的内在互动耦合机制研究

[J].理论探讨，2018(05)：107-113.

[93] 王彦玲.国企与民企创新机制和效率比较与改进研究[J].科学管理研究，2019，37(02)：112-116.

[94] 王晔，傅元略.绩效管理系统设计协同、创新模式和创新绩效——基于协同控制成本的均衡模型分析[J].软科学，2015，12(7)：60-63.

[95] 魏江茹.中庸思维程度，知识共享与员工创新行为[J].经济管理，2019，41(05)：90-106.

[96] 吴佳辉，林以正.中庸思维量表的编制[J].本土心理学研究，2005，12(24)：247-300.

[97] 夏小林.国企混改不能搞大规模"抽血疗法"——与厉以宁教授商榷[J].社会科学文摘，2018，25(01)：29-32.

[98] 徐宝达，赵树宽.融资约束与国有股权对竞争与创新的调节作用[J].中国科技论坛，2017，253(05)：153-159.

[99] 沈伊默，马晨露，白新文，等.辱虐管理与员工创造力：心理契约破坏和中庸思维的不同作用[J].心理学报，2019，51(02)：238-247.

[100] 宋渊洋，李元旭.控股股东决策控制、CEO激励与企业国际化战略[J].南开管理评论，2010，13(4)：4-13.

[101] 宋志平.中国建材集团董事长宋志平：激活微观经济才能稳住宏观经济[J].国企，2019(9)：4-4.

[102] 孙秀妍，张凌宇.国有企业混合所有制改革的路径探究[J].商，2016(31)：14-14.

[103] 谭乐，蒿坡，杨晓，宋合义.悖论式领导：研究述评与展望[J].外国经济与管理，2020，42(04)：63-79.

[104] 温柏坚，赵建之，范河山.技术人员胜任力模型构建——以电力G企业为例[J].科技管理研究，2011，31(3)：138-141.

[105] 杨柳.悖论型领导对员工工作投入的影响：有调节的中介模型[J].心理科学，2019，239(03)：136-142.

[106] 杨轶清，叶燕华，金杨华.企业家决策权力配置视角下的企业经营失败机制研究——基于大型民企集团倒闭的案例[J].中国人力资源开发，2016(4)：65-73.

[107] 杨轶清.民营企业失败的驱动因素分析——基于金融危机中倒闭浙商的案例研究[J].商业经济与管理，2014，000(010)：91-97.

[108] 杨桂通.探讨用系统哲学原理诠释科学发展观的科学内涵[J].系统科学学报,2010,26(02):1-5.

[109] 颜世富,马喜芳.中国管理学如何为世界管理学做出新贡献——"第21届世界管理论坛暨东方管理论坛"学术思想述要[J].管理世界,2018(5):165-168.

[110] 姚艳虹,范盈盈.个体—组织匹配对创新行为的影响——中庸思维与差序氛围的调节效应[J].华东经济管理,2014,28(11):123-127.

[111] 于彬,王相臣.系统论视阈下物证的融贯方法论[J].系统科学学报,2020,(03):80-83.

[112] 于樱雪.浅论国有企业混合所有制改革中存在的问题及建议[J].财讯,2017(4).

[113] 臧跃茹,刘泉红,曾铮.促进混合所有制经济发展研究[J].宏观经济研究,2016(7):21-28.

[114] 曾爱军.高管薪酬与上市公司业绩相关性研究[J].财经理论与实践,2013,34(4):64-67.

[115] 张光磊,刘善仕.企业能力与组织结构对自主创新的影响——基于中国国有企业的实证研究[J].管理学报,2012,9(08):408-414.

[116] 张光曦,古昕宇.中庸思维与员工创造力[J].科研管理,2015,36(S1):251-257.

[117] 政武经.实体经济强本固基亟须激发民企活力[J].南开学报:哲学社会科学版,2019,000(001):1-4.

[118] 周观平,周皓,王浩.混合所有制改革与国有企业绩效提升——基于定义矫正和PSM、DID、IV法的再透视[J].经济学家,2021(04):80-90.

[119] 周铭山,张倩倩."面子工程"还是"真才实干"?——基于政治晋升激励下的国有企业创新研究[J].管理世界,2016(12):116-132.

[120] 朱斌,吕鹏.中国民营企业成长路径与机制[J].中国社会科学,2020,292(04):138-158+207.

[121] 褚剑,方军雄,秦璇.政府审计能促进国有企业创新吗?[J].审计与经济研究,2018,33(06):14-25.

索 引